高校思想政治工作研究文库
教育部思想政治工作司 组编

“四个统一”视域下研究生导师立德树人案例汇编

刘宏伟　王新影　李雪梅◎编著

人民出版社

目　录

第三编 | “坚持潜心问道和关注社会相统一”典型案例

第四编 | “坚持学术自由和学术规范相统一”典型案例

前言 “四个统一”：研究生导师立德树人的价值遵循

研究生教育是高等教育人才培养的最高层次，是国家拔尖创新人才培养的重要渠道。目前我国研究生培养普遍实行导师制，《教育部关于全面落实研究生导师立德树人职责的意见》中指出：“研究生导师是我国研究生培养的关键力量，肩负着培养国家高层次创新人才的使命与重任”，因此要“把立德树人作为研究生导师的首要职责”，“要落实导师是研究生培养第一责任人的要求，做研究生成长成才的指导者和引路人”①。

习近平总书记在全国高校思想政治工作会议上强调，高校立身之本在于立德树人。教师是人类灵魂的工程师，承担着神圣使命。要加强师德师风建设，坚持“四个统一”即坚持教书和育人相统一，坚持言传和身教相统一，坚持潜心问道和关注社会相统一，坚持学术自由和学术规范相统一②。从价值论的角度看，导师作为研究生培养的第一责任人，确立并践行科学的价值引领意识，是为国家培养合格的高层次人才的客观要求，也是履行立德树人职责的现实要求。“四个统一”蕴含着以德立身、以德立学、以德施教的价

---

① 《教育部关于全面落实研究生导师立德树人职责的意见》（教研〔2018〕1号），2018年1月17日。

② 参见吴晶、胡浩：《习近平在全国高校思想政治工作会议上强调：把思想政治工作贯穿教育教学全过程 开创我国高等教育事业发展新局面》，《光明日报》2016年12月9日。

值理念，既是师德师风建设的要求，也是立德树人的价值追求，分别从价值目标、价值规范、价值导向和价值准则方面，成为研究生导师立德树人的价值遵循。

一、坚持教书和育人相统一是研究生导师立德树人的价值目标

《教育部关于进一步加强和改进研究生思想政治教育的若干意见》中指出："教书和育人是导师的两大基本职责。导师负有对研究生进行思想政治教育的首要责任"①。习近平总书记提出的“四个统一”中，“坚持教书和育人相统一”居于首位，是引领研究生导师立德树人的价值目标。教书和育人涵盖了知识传授和道德培养，与立德树人是高度契合的。“如果要从‘四个统一’中选出一个作为整体的代表，那么很显然一定就是‘教书和育人相统一’”②。教书和育人相统一在立德树人中发挥价值引领作用。

教师是人类历史上最古老的职业之一。孔子被称为教师的鼻祖，他教学生的“六艺”分别为礼、乐、射、御、书、数，放在首位的“礼”即为社会规范与做人的规矩。《论语》中记载“子以四教，文、行、忠、信”③，其中忠、信都是做人品质方面的，可见孔子是将培养学生做人视为教师这一职业的本分。韩愈在《师说》中说：“师者，所以传道授业解惑也”，将“传道”置于“授业解惑”之前，表明“传道”在教师职责中处于首位。习近平总书记对此有非常精辟的论述：“传道”是第一位的。一个老师，如果只知道“授业”“解惑”而不“传道”，不能说这个老师是完全称职的，

① 《教育部关于进一步加强和改进研究生思想政治教育的若干意见》（教思政〔2010〕11号）2010年11月17日。

② 刘建军：《论师德师风建设的“四个统一”》，《中国高校社会科学》2017年第2期。

③ 《论语·述而》。

充其量只能是“经师”“句读之师”，而非“人师”了。[①] 古人云：“经师易求，人师难得。”一个优秀的老师，应该是“经师”和“人师”的统一，既要精于“授业”“解惑”，更要以“传道”为责任和使命[②]。

教师的工作是塑造灵魂、塑造生命、塑造人。习近平总书记将好老师的标准概括为“四有”，即有理想信念、有道德情操、有扎实学识、有仁爱之心。好老师要教育学生有理想信念，并将理想信念置于国家民族发展和中华民族伟大复兴的时代洪流中；以社会主义核心价值观引领学生，增强学生的价值判断能力、价值选择能力、价值塑造能力。好老师首先自己要做道德高尚的人，引导学生把握好人生方向，“好老师应该取法乎上、见贤思齐，不断提高道德修养，提升人格品质，并把正确的道德观传授给学生”[③]。可见，有理想信念、有道德情操从根本上说都是育人的要求，有扎实学识是教书的前提，有仁爱之心也侧重于育人。教育家陶行知先生曾经说过：“教师的职务是‘千教万教，教人求真’，学生的职务是‘千学万学，学做真人’”[④]。无论在什么时代，教育的本质都是立德树人，教书和育人相统一都是教师这一职业的本质规定。

研究生教育培养的是高层次创新人才，对于未来国家发展和社会进步至关重要，而人才的道德品格、思想政治素质则更为重要，关乎人才培养的方向性问题。研究生导师如果只满足于知识传授和科研能力的培养，而将道德养成与思想政治素质培养等育人内容视为党组织或研究生管理工作的职责，那就只是“经师”，是对教师职责的片面理解。导师与研究生接触多，了解研究生特点、掌握其思想动态，在育人方面更有优势和针对性，可以而且应

① 参见习近平：《做党和人民满意的好老师——同北京师范大学师生代表座谈时的讲话》，人民出版社2014年版，第5页。

② 参见习近平：《做党和人民满意的好老师——同北京师范大学师生代表座谈时的讲话》，《光明日报》2014年9月10日。

③ 习近平：《做党和人民满意的好老师——同北京师范大学师生代表座谈时的讲话》，《光明日报》2014年9月10日。

④ 《陶行知文集》（下册），江苏教育出版社2008年版，第975页。

该在研究生培养中，将教书和育人统一起来，将专业教育与品格养成统一起来，引领研究生成长成才的正确方向。

研究生导师作为高校教师中的一个群体，不同于一般的专业教师。一般的专业教师只在上课时面对学生，很难形成紧密的联系。研究生导师则不同，他们“通过话语与研究生探讨学术、人生、政治、经济、文化与道德，从而有可能形成一个相互宽容、慷慨大方、尊重每一个人的自由、依赖于更多的共享价值的共同体”①。这个共同体不仅是学术的共同体，还应该是人生的共同体。在这样的共同体中，研究生导师与他所指导学生之间的关系是紧密的而非松散的，导师与研究生的交流不限于知识传授而是全方位的。因为这样的共同体的存在，研究生导师在教书和育人方面相比其他人具有独特的优势，既能够对研究生的学业和人格养成有主动和显性的影响，也可以通过学术水平和人格魅力给予研究生隐性的影响。导师对研究生的知识传授和人格培养从来都不可能是截然分开的，优秀的研究生导师一定是教书和育人相统一的，正所谓“道并行而不相悖”。

二、坚持言传和身教相统一是研究生导师立德树人的价值规范

言传和身教相统一是教书和育人相统一的实现方式，即是说教书育人是通过言传和身教来完成的。经过了本科阶段的培养教育，研究生处于世界观、人生观、价值观初步形成但尚未定型的时期，研究生阶段强化或是改变原有的价值观，导师起着非常关键的作用，因此要求研究生导师以言传和身教相统一作为立德树人的价值规范，做到言行一致、知行合一。

研究生群体处于一个特定的成长阶段，他们身处高等教育的最高层次，

① 武永江：《论导师与研究生对话共同体的构建》，《学位与研究生教育》2011 年第 10 期。

自我定位较高，国家和社会也对他们有更高期待。但研究生阶段也恰是许多同学比较迷茫的时期，自我和社会较高的期待与当下的学业问题、未来的就业问题，还有恋爱婚姻问题等等，构成了研究生阶段的矛盾冲突，他们也因此面临更大的压力。笔者曾在博士生思想政治理论课的课堂上以“你最关注的社会问题是什么?”请研究生作答，虽然主题是“社会问题”，但仍有许多研究生表达了对能否顺利获得学位、对未来就业的不确定性以及对于自身在职介市场上缺少竞争优势等问题的担忧。上述压力必然会影响研究生的情绪和心理，影响其学习动力和科研热情，这就更需要导师的关心关怀和正确引导，培养研究生应对压力和挫折的意志品质，提高他们的个人素养和能力，帮助他们战胜困难，顺利度过研究生生涯。

研究生阶段也是许多青年学生在矛盾中成长的时期。在面临诸多现实压力时他们自我评价可能不高，甚至产生自卑心理；但同时研究生又是文化层次最高的青年群体，在这一点上他们是充满自信的。自卑与自信之间如果不能把握好尺度，对研究生的成长会产生消极的影响。导师是研究生在这一人生阶段联系最紧密的师长，对他们影响最大。如何帮助学生既能正视现实的压力又能正确看待自己的身份，既不妄自菲薄也不盲目自信，踏踏实实做人，勤勤恳恳做学问，既需要导师在精神层面和言语上的引导和激励，更需要导师能够以身作则，不仅以较高的学术水平传授给研究生专业知识和技能，同时也在道德情操方面给学生正确的引导和示范，以身作则践行社会主义核心价值观，将爱国、敬业、诚信、友善体现在工作和生活中，做到言传和身教相统一，成为研究生人生道路上的楷模和参照。

三、坚持潜心问道和关注社会相统一是研究生导师立德树人的价值导向

研究生教育培养的是从事理论研究或科技创新的高层次人才，科研能力和专业技能是其未来的立身之本，所以研究生导师应指导学生提升专业水

平，培养科研能力和创新意识，成为创新型国家建设的生力军。

选择了研究生阶段的深造，意味着对科研和学术有所期许，坚持潜心问道即成为题中应有之义。研究生导师应该成为研究生的学术引路人，以自己的学术建树引领学生走上科学研究之路。许多在学术上有所建树的学者都是研究生期间在导师的引领下走上学术研究之路，从而取得成就的。所以研究生在校学习期间，导师应该充分发挥他们的长处，让他们参加自己的科研团队，分配给他们一定的科研任务，在科研实践中锻炼他们，帮助他们提高研究能力，为日后独当一面打下基础。

潜心问道，要求导师有较高的学术素质。“研究生导师的素质首先表现为学术素质，即研究能力和指导能力。研究能力和指导能力涵盖了渊博的学识、严谨的治学态度、较高的学术水平、丰富的教学经验、敏锐的洞察力等很多方面”①。学术素质是学识和能力的综合体现，其养成绝非一日之功，所以优秀导师既要自觉提升个人的学术水平和指导能力，同时也在指导学生的过程中与学生共同成长，带领学生潜心问道。

潜心问道，要求导师不被外界的纷扰和各式各样的诱惑影响，专注学术专注科研，以学术成就和学术建树为研究生树立榜样。在社会急剧发展变化的时代，社会上的浮躁之风难免会对高校有所影响。即便如此，研究生导师更应对自己有所要求，不受各种外界诱惑或压力的影响，以责任感和使命感对待所从事的工作。习近平总书记曾勉励“广大知识分子要肩负起自己的使命，立足岗位、不断学习、学以致用，做好本职工作。当老师，就要心无旁骛，甘守三尺讲台，‘春蚕到死丝方尽，蜡炬成灰泪始干’。做研究，就要甘于寂寞，或是皓首穷经，或是扎根实验室，‘板凳要坐十年冷，文章不写一句空’”②。研究生导师是知识分子中学识最高的群体，更应牢记使命，以敬畏之心对待学术、对待事业。

---

① 杨春梅：《论研究生导师的有效指导》，《学位与研究生教育》2009年第12期。

② 习近平：《在知识分子、劳动模范、青年代表座谈会上的讲话》，《光明日报》2016年4月30日。

潜心问道取得的学术成就与创新成果，是否应用于社会、造福于人民，是检验导师立德树人成效的标准。“增强研究生社会责任感。鼓励研究生将个人的发展进步与国家和民族的发展需要相结合，为国家富强和民族复兴贡献智慧和力量”①，是研究生导师立德树人的重要内容之一。潜心问道和关注社会并不矛盾而是统一的，可以说，潜心问道恰恰是为了关注社会。研究生导师既要具备学术素质，更要具有社会责任感。不论自身的学术研究还是指导研究生，都应瞄准国家战略和社会现实需求，以问题为导向，解决理论问题与现实问题。学术成果如果不为社会所用，无异于屠龙妙技，其意义和价值便缺少得以彰显的途径。

我国要建成创新型国家还有很长的路要走，高校是科技创新的生力军，研究生导师队伍是其中的佼佼者，沉下心来踏实钻研，并将学术成果应用于实践，为实现国家创新驱动发展战略作出应有的贡献。对于人文社会科学的导师来说，关注社会问题本来就是学术研究的选题来源，问道正是为解决问题提供良方。因此，不论自然科学还是社会科学领域的学者们，潜心问道钻研的都应是国家和社会发展进步之道，这是一个学者和老师的责任和使命所在。“好老师心中要有国家和民族，要明确意识到肩负的国家使命和社会责任”②。学术成就与社会责任的统一是对所有学者的要求，也应是研究生导师立德树人的价值追求。

四、坚持学术自由和学术规范相统一是研究生导师立德树人的价值准则

学术自由是从事学术研究的前提条件。学术研究是为了探索未知和解决

① 《教育部关于全面落实研究生导师立德树人职责的意见》（教研〔2018〕1号），2018年1月17日。

② 习近平：《做党和人民满意的好老师——同北京师范大学师生代表座谈时的讲话》，《光明日报》2014年9月10日。

现实问题，因此需要自由的氛围，不受既定框架的限制，通过不懈探索和试错，才有理论创新和科技创新。但这一切都应以遵守学术规范为基本前提。

导师负有培养研究生学术创新能力的职责，应强化学术指导，营造自由和谐的学术环境，鼓励学生大胆探索，“培养研究生的创新意识和创新能力，激发研究生创新潜力；引导研究生跟踪学科前沿，直面学术问题，开拓学术视野，在学术研究上开展创新性工作”①。近期教育部、财政部、国家发展改革委联合印发《关于高等学校加快“双一流”建设的指导意见》，再次强调要“提升研究生创新能力”②。

自由的学术氛围对于培养创新意识、产出创新成果十分重要。除了国家为高校和研究机构创造宽松自由的学术研究氛围和条件以外，对于研究生导师来说，也应该给予学生探索的自由。导师可以引领学生的学术研究，帮助他们少走弯路，但更要鼓励和带领学生大胆探索，在科研工作中减少束缚和限制，这样或许会产生更好的创新成果。尤其在研究中遇到曲折和挫折时，更是考验导师能否坚持自由的创新探索。创新成果的取得不可能一蹴而就，是不断试错和纠错的否定之否定过程，导师对学术自由的坚守是将研究生培养成为创新人才的重要因素之一。

倡导学术自由并非可以忽视学术规范。如同自由从来都不是没有约束和底线一样，学术自由必须以学术规范为准则和保障。研究生导师在从事科学研究的过程中，应本着科学严谨的态度和求真务实的精神，自觉遵守学术道德，维护学术诚信，摒弃一切有违学术道德和学术伦理的行为，做一个学术品格高尚的导师。学术品格就是一个学者在学界和同行中的口碑。一个有好口碑的学者会赢得学界和同行的尊重。笔者在多年与研究生接触中也注意到，研究生们选择导师时会考虑导师的学术水平和名气，但入门以后，他们

① 《教育部关于全面落实研究生导师立德树人职责的意见》（教研〔2018〕1号），2018年1月17日。

② 《教育部、财政部、国家发展改革委关于高等学校加快“双一流”建设的指导意见》（教研〔2018〕5号），2018年8月20日。

更在意自己导师在业界的口碑，一个能赢得学生长久尊重并让学生愿意追随的导师，一定是既能引领探索创新又能恪守学术规范、具有高尚学术品格的导师。

研究生导师在自觉遵守学术规范的同时，也负有引导研究生“自觉遵守科研诚信与学术道德，自觉维护学术事业的神圣性、纯洁性与严肃性，杜绝学术不端行为”① 的职责。对于刚走上科研道路的研究生，导师既要引领他们大胆探索真理，更要向他们灌输学术道德观念和规则意识，告知他们各种规章制度，了解学生的研究阶段和研究程度，从文献到数据务必求真求实，提升研究生的学术道德水准和修养。主管部门也应将研究生的学术道德行为表现，列入考核导师立德树人成效的指标体系，督促导师在研究生培养的过程中高标准严要求，以高尚的学术品格引领研究生的学术之路。

五、“四个统一”视域下研究生导师立德树人案例选编说明

案例研究方法（case study method）是一种常用的定性研究方法，是运用历史数据、档案材料、访谈、观察等多种方法收集资料和数据，并遵循一定的原则和技术对个体事件进行深入分析，从而得出带有普遍性结论的经验式研究方法。通过对具体案例的深入分析解读可以挖掘出共性问题，进而归纳推理至具有一般性和普遍性的研究结论，从而形成对特定研究对象更加深入的认识。因此，案例研究在各学科中均有广泛应用。案例研究蕴含价值教育与价值引领功能。好的案例分析既要体现理论思想，又要实现价值引导。案例分析不是普通的故事叙述，而是通过分析体现案例选择意图、将思想理念与价值引导融入其中的过程。

本书通过择取具有代表性的研究生导师履行立德树人职责的案例，运用

① 《教育部关于全面落实研究生导师立德树人职责的意见》（教研〔2018〕1 号），2018 年 1 月 17 日。

案例分析方法，以“四个统一”为分析脉络，从四个方面将立德树人的价值导向以案例形式展现出来。通过案例文本展示研究生导师立德树人的具体事例，通过案例分析体现“四个统一”正确的价值引领，通过延伸阅读进一步突出案例分析的主题，将学术价值与应用价值融为一体。

本书共包括 21 个案例。以“四个统一”为研究视角，按照“四个统一”的标准划分为四个主题。通过择取典型案例，分析了当前研究生导师立德树人职责履行情况，从中总结归纳研究生导师履行立德树人职责的共性特征和一般规律，并从理论和实践层面进行问题和对策分析，以求为全面履行研究生导师立德树人职责提供建议和参考。每个案例由案例导读、案例文本、案例分析、参考文献和延伸阅读五个部分构成。其中“案例导读”主要阐释本案例的典型性和代表性，说明择取该案例的依据和理由，并简单介绍案例主题和核心内容；“案例文本”部分主要呈现案例内容和主题，通过丰富生动的案例情节直接展现研究生导师履行立德树人职责的情况；“案例分析”是案例研究的重要内容，主要是结合案例内容，并密切联系实际，在相关理论的指导下进行背景、原因、对策等分析；“延伸阅读”部分既是对案例文本的补充和扩展，也是对案例主题和内容的深化。

（一）“坚持教书和育人相统一”典型案例

教书育人是教师的基本职责，也是中国特色社会主义教育事业发展的现实要求。实践中，绝大多数研究生导师都能够认真完成教书育人任务，自觉开展研究生培养工作，并涌现出了大量“教书育人”楷模。这些典型案例为我们加强师德师风建设、进一步完善研究生培养机制、提升研究生培养质量提供了重要示范。围绕“坚持教书和育人相统一”这一主题，这一部分编写了六个典型案例：人民教育家卫兴华教授、力学泰斗钱令希院士、心理学家黄希庭教授、长江学者清华大学曾攀教授、中科院院士何雅玲教授、江西科技师范大学博士生导师徐景坤教授，他们用自己的实际行动践行了“教书和育人相统一”的重要理念，取得了人才培养的累累硕果。

（二）“坚持言传和身教相统一”典型案例

言传身教既是中国优秀传统文化一直倡导的重要教育理念，更是当今时代背景下研究生导师履行立德树人职责的现实要求。教师要做到“传道授业解惑”，就要坚持“言传”和“身教”相统一。作为教师教育学生的两种最主要的手段，通过二者的结合，既可以向学生传授知识和技能，还可以通过自己的实际行动来影响和塑造学生的人格和思想。导师负责制为研究生导师坚持“言传身教”提供了独特优势，也提出了更高的要求。围绕“坚持言传和身教相统一”这一主题，本部分编写了五个典型案例：已故的著名历史地理学家谭其骧先生、“红色理论家”郑德荣教授、河北农业大学博士生导师李保国教授、新疆大学理论物理学家查朝征教授和他指导的维吾尔族女博士沙依甫加马力·达吾来提教授、北京师范大学林崇德教授，他们将言传和身教相统一成为高尚的“人师”。

（三）“坚持潜心问道和关注社会相统一”典型案例

研究生导师立德树人，必须坚持“四个统一”并将其内化于心、外化于行，并养成高度的自觉体认。“坚持潜心问道和关注社会相统一”就是其中的一个重要方面。习近平总书记在谈到人民教师神圣使命时指出：“传道者自己首先要明道、信道。”而在“明道”“信道”之前首先要“问道”，因为只有经过自己的探索和追问的道理，自己才有更深入的理解，也才能建立起坚定的信奉。因此，习近平总书记要求高校教师“潜心问道”，所问之道正是所明之道、所信之道和所传之道。尤其是研究生导师，在立德树人工作中发挥着更直接的作用，必须以身作则。围绕“坚持潜心问道和关注社会相统一”这一主题，本部分编写了五个典型案例：战略科学家黄大年教授、不忘初心与梦想的钟扬教授、将教书与环保视为终生事业的钱易院士、爱心永恒的刘秀梵院士、以国家需求为研究导向的贾振元教授，都是既潜心问道又关注社会的楷模。

（四）"坚持学术自由和学术规范相统一"典型案例

以改革创新为核心的时代背景下，我们要推进学术创新，必须大力促进和保证高校和科学机构的学术自由。如果没有一定的自由研究空间，学术活动就不可能开展，也不可能正常进行。对于日益正规化且规模不断扩大的学术领域，应该有其存在的自由空间。但是学术自由不是不要学术规范，学术研究应该有自己的规范和准则。学术规范并不是对学术自由的限制，而是对学术自由的有力保证。只有大家都遵守学术规范，社会的学术活动才能有序地进行；否则，只会造成学术混乱，也会影响学者的成长和进步。习近平总书记强调的"坚持学术自由和学术规范相统一"具有重要现实意义。围绕这一主题，本部分编写了五个典型案例：身正为范的吴常信院士、坚持实事求是进行历史研究的金冲及先生、我国高分子学科奠基人之一的于同隐教授、钢铁院士崔崑教授、将科研成果写在大地上的康绍忠院士，通过对上述案例的分析解读，为广大研究生导师自觉坚持学术自由和学术规范相统一提供了理论依据和实践遵循。

第一编

“坚持教书和育人相统一”典型案例

案例 1

人民教育家——卫兴华教授

➢ 案例导读

他是我国著名的马克思主义经济学家，是马克思主义经济学中国化的奠基人之一，也是中国特色社会主义政治经济学理论体系的构建者之一，他就是国家荣誉称号获得者、中国人民大学荣誉一级教授卫兴华。从教 60 多年来，他坚持马克思主义的科学信仰，秉持立学为民、治学报国的理念，教书育人、桃李天下。学生曾送给卫兴华教授一幅词匾："倾一腔热血，携两袖清风，默默以育人为乐；招八方弟子，探九州方圆，时时凭真诚敬业。"① 这正是卫兴华教授作为一名"人民教育家"的人生写照。

➢ 案例文本

2019 年 9 月 29 日，中华人民共和国国家勋章和国家荣誉称号颁授仪式在人民大会堂金色大厅隆重举行。中共中央总书记、国家主席、中央军委主席习近平向国家勋章和国家荣誉称号获得者颁授勋章奖章并发表重要讲话。

① 高毅哲、谢天武：《卫兴华：为学当如金字塔》，《中国教育报》2016 年 8 月 14 日。

在中华人民共和国即将迎来70华诞的喜庆日子里，党和人民以至高礼遇向这些功勋模范人物表达了敬意。经济学家、中国人民大学荣誉一级教授卫兴华就是其中的一员，他被授予了“人民教育家”国家荣誉称号。

立学为民　治学报国

卫兴华教授常说，他的命运是与党和国家的命运紧紧联系在一起的。1925年，他出生在山西省五台县善文村的一个农民家庭，父母给他取了乳名“玉童”，寄托了家人对这个孩子的美好祝愿。小学毕业后，他获得去邻近的高等小学读书的机会，小学老师给他取“官名”卫显贵，希望他将来能够享有荣华富贵。在中学学习时，他目睹了日军侵华的暴行和父老乡亲的苦难生活，就把自己的名字改为“卫兴华”，并立下了抗击日寇、振兴中华的远大志向。

家乡被日军占领后，他不甘接受奴化教育，几经周折后通过了日军封锁线，进入晋西隰县，并考入进山中学。就是在这里，他结识了对他人生影响最大的一位师长——中共地下党员、情报战线的先驱、教育家赵宗复；也是在这里，少年卫兴华接触阅读了大量进步文艺书刊和社会科学读物，接受了革命思想教育，他还被选为学生会理事长，参加了进步社团“投枪社”，成长为一名进步青年。

1946年，卫兴华参加了党的地下工作，并于1947年在解放区正式加入中国共产党。1948年，他进入华北大学学习。新中国成立后中国人民大学成立，卫兴华转读于该校经济系。1950年，中国人民大学成立政治经济学教学研究室，苏联专家要培养研究生，卫兴华被挑中，成为中国人民大学的首届研究生，也是新中国的第一届政治经济学专业研究生。1952年，卫兴华以全优成绩毕业并留校任教，开始了自己教学、研究的治学之道。

作为我国著名的马克思主义经济学家，卫兴华教授60多年来一直致力于马克思主义经济学和社会主义经济理论的教学与研究工作，紧紧地将自己的工作与国家的需要相结合并取得了丰硕成果：累计发表了《中国特色社会主义经济理论体系研究》等文章 1000 多篇，出版了《走进马克思经济学殿堂》等著作 40 多部，成为中国最多产的经济学家之一。他主编的《政治经济学原理》教材是全国影响力和发行量最大的教材之一。① 因其在经济理论和经济改革研究方面的卓越贡献，他的研究成果先后荣获了孙冶方经济科学奖第一、二届论文奖；2013 年，作为马克思主义经济学中国化的奠基人之一，他还获得了世界马克思经济学奖；2015 年，他又获得了吴玉章人文社会科学终身成就奖。

学界是这样评价卫兴华教授的：他是以马克思主义态度从事经济学研究的典范，是坚持马克思主义学风的楷模，是当代中国从事马克思主义经济学教学与研究的大师。他的科学观点令马克思主义者推崇、非马克思主义者认知、反马克思主义者敬畏，是社会主义经济理论的宝贵财富。② 回顾自己的人生历程，卫兴华教授深情地说："对马克思主义的信仰给了我最大的人生动力。所以我不能从个人角度考虑问题，而要从国家和人民利益得失的角度考虑。"③

求真务实　追求创新

"不唯上、不唯书、不唯风、不唯众"，这是卫兴华教授终生牢记的座右铭；"把理论作为真理的喉舌，在研究中绝不做'风派理论家'"，这是卫兴华教授一直秉持的理念。以实事求是的态度科学严谨治学、勇于创新，是卫兴华教授的学术操守，也是他做人做学问的根本原则。

在多年的工作中，他始终践行一个信条：要善于独立思考，肯于独立思考，敢于独立思考，要服从真理。1956 年，初出茅庐的卫兴华在《经济研究》上发表了一篇文章，引发了学界的广泛关注，文章对当时苏联和我国

---

① 参见阳娜、马晓冬：《立学为民、治学报国——记经济学家卫兴华》，2019 年 9 月 26 日，见 http://www.xinhuanet.com//2019-09/26/c_1125043888.htm。

② 参见张寒：《卫兴华：杰出的马克思主义经济学家》，《人民论坛》2015 年第 27 期。

③ 高毅哲、谢天武：《卫兴华：为学当如金字塔》，《中国教育报》2016 年 8 月 14 日。

经济学界在资本主义级差地租与绝对地租加总计算上普遍存在的错误提出批判。1959年，他提出了社会主义商品经济论，引发国内经济学界展开了新一轮的学术争鸣与探讨。在奉苏联经验为圭臬的时代，卫兴华教授在认真细致研究论证的基础上，针对三个问题对苏联教科书提出了不同意见：一是货币没有阶级性；二是抽象劳动不是商品经济范畴；三是反对“固定资本的周转快慢影响利润率高低”的观点。① 这些观点在后来的经济实践中都被证明是正确的。卫兴华教授曾说：“马克思主义揭示和追求的是真理，我就要用追求真理的精神去坚持马克思主义、发展马克思主义。”正是因为对真理的执着追求，才让他具有了过人的理论勇气和自信。

改革开放后，伴随着中国特色社会主义经济建设的深入发展，卫兴华教授的研究进一步深入，将马克思主义政治经济学基本原理与我国具体实践相结合，提出了一系列具有创新性的重要理论观点，为推动社会主义经济理论和实践的发展作出重要贡献。1980年，他撰文提出应突破传统的生产力二要素或三要素论，结合当时的经济实践倡导发展多要素共同推动生产力发展。1986年，他又撰文提出了社会主义经济运行机制理论，探讨了公有制经济的实现形式问题。20世纪90年代初，他提出非公有制经济是社会主义市场经济组成部分的重要观点。此后，针对当时在理论和实践层面出现的一些认识误区与争论，他又进一步提出不能混淆“社会主义经济”和“社会主义市场经济”两个不同的概念。进入21世纪后，年逾80的卫兴华教授依旧高度关注中国特色社会主义市场经济的发展，并于2006年对混淆公有制的存在形式和实现形式的错误观点作了理论澄清，于2010年提出发展和完善社会主义，应将生产力标准和社会主义价值标准（主要是生产关系标准）统一起来等一系列重要学术理论和观点。②

---

① 参见高毅哲、谢天武：《卫兴华：为学当如金字塔》，《中国教育报》2016年8月14日。

② 参见张怡恬：《卫兴华：矢志不渝求真理　不做风派理论家》，《人民日报》2015年5月15日。

2015 年是卫兴华教授 90 华诞暨从教 63 周年，中国人民大学经济学院于 2014 年 10 月 6 日举办了“卫兴华教授 90 华诞暨政治经济学创新与发展学术研讨会”。来自教育部、中国社会科学院、全国高校的 100 多位专家学者都出席了这一盛会。研讨会上，北京大学厉以宁教授讲到卫兴华教授最令人佩服的两点：一是他为人正派，从不说假话、套话；二是长期以来他在马克思主义经济理论方面作了深入的钻研，是大家学习的榜样。①

教书育人　桃李天下

卫兴华教授既是一名杰出的理论家，也是一位优秀的人民教师。从教 60 多年来，他为国家培养了大批优秀人才：先后指导博士生近 60 人，其中很多人都已成为教授、博士生导师，有人成为大学校长，有人成为经济学领域的著名学者，可谓桃李满天下。卫兴华教授的二儿子卫宏曾说，在他的记忆中，父亲除了上课就在自己的书房待着，学生登门和他探讨问题时，他最随和。②

著名经济学家、南京大学前党委书记洪银兴教授是卫兴华教授指导的第一批博士生。多年后，洪银兴还记得在进校后第一次拜见老师时，卫兴华教授就对他们提出要求：不仅要拿到博士学位，还要成为有作为的经济学家。在跟随卫兴华教授攻读博士学位期间，洪银兴深刻地感受到了老师做学问的认真严谨和对学生的关心教诲。卫兴华教授不仅给学生讲授《资本论》和《社会主义经济理论研究》等课程，每周还会组织学生开展学术讨论，指导他们撰写学术论文，为学生们未来的学术研究打下了坚实基础。尤值一提的是，卫兴华教授在培养学生时，并不要求学生的理论观点与他的观点完全一致，而是主张教学相长，鼓励大家提出不同意见，实事求是地开展理论

---

① 参见何召鹏：《卫兴华学术思想研讨会召开——追求真理　坚持创新》，《中国教育报》2014 年 10 月 31 日。

② 参见阳娜、马晓冬：《立学为民、治学报国——记经济学家卫兴华》，2019 年 9 月 26 日，见 http://www.xinhuanet.com//2019-09/26/c_1125043888.htm。

研究。①

卫兴华教授不仅重视对学生专业素养的培养，更加重视对学生人格的培养，始终坚持教书和育人相结合，既教授知识，也传递信仰。他常和学生讲：做学问是一种实打实的事，需要安心治学，踏踏实实，付出辛勤的劳动，一步一个脚印地前进，来不得半点虚假，没有取巧的捷径。要理论功底扎实，知识基础宏厚。要视野广阔，关心国家和人民的利益。这就需要人品和文品都达到一个比较高的境界，因为人品和文品是统一的。不能投机取巧、急功近利、唯利是图。②

如何让马克思主义经济学的精髓传承下去，这是卫兴华教授多年来一直苦苦思索的问题。为了解决这一问题，他高度重视对马克思主义经济学人才的培养，他曾说：“理论要掌握群众，首先就要掌握高等院校的青年学生。只有他们真学真信、踊跃投身，才能为发展当代中国马克思主义注入新鲜血液和生机活力，才能让创新理论为社会主义建设事业服务。”③ 2015 年年底，卫兴华教授获得了吴玉章终身成就奖，他第一时间将 100 万元奖金无偿捐赠，用于支持马克思主义政治经济学的教学研究、人才培养及优秀成果奖励。

如今，94 岁的卫兴华教授仍坚守在教学一线，并担任博士生导师指导培养学生。尽管年事已高、病痛缠身，他依然坚持每隔一到两周给学生上一次专题讨论课，每次课都要讲 2、3 个小时。即使卧病在床，他还是会把学生叫到床边进行学术探讨，指导论文写作。

在卫兴华教授 90 华诞之时，他的学生、时任中共中央政治局委员、国务院副总理的马凯同志发来了亲笔信，并为自己的导师赋诗一首：“九十长卷为兴华，桃李芬芳映晚霞。任尔东西风南北，攀峰不止自成家。”④ 诗后

---

① 参见洪银兴：《卫兴华：求实唯真的理论自信》，《光明日报》2017 年 11 月 9 日。

② 参见唐未兵：《卫兴华教授访谈录》，《经济学动态》2018 年第 6 期。

③ 蔡万焕：《从经典著作论述中把握中国经济改革与发展的逻辑——访中国人民大学荣誉一级教授卫兴华》，《高校马克思主义理论研究》2016 年第 2 期。

④ 胡岳岷：《九十长卷为兴华　桃李芬芳自成家——卫兴华教授 90 华诞暨政治经济学创新与发展学术研讨会侧记》，《当代经济研究》2014 年第 11 期。

还标注了四点注解：第一句是讲老师的人生追求——振兴中华；第二句是讲老师的教育成果——桃李天下；第三句是讲老师的理论品格——求实唯真；第四句是讲老师的学术成就——无愧大家。① 这表达了学生们对卫兴华教授的尊重和爱戴。

➢ 案例分析

2016 年 7 月 8 日，习近平总书记主持召开了经济形势专家座谈会，并在会上指出："坚持和发展中国特色社会主义政治经济学，要以马克思主义政治经济学为指导，总结和提炼我国改革开放和社会主义现代化建设的伟大实践经验，同时借鉴西方经济学的有益成分。"② 这是在新时代新形势下党和国家对经济学家提出的要求和期望，也是每一个从事中国特色社会主义政治经济学教学研究的工作者所肩负的历史责任。卫兴华教授就是这样一个自觉承担责任使命的人民教育家。他坚持以马克思主义经济学为指导，以中国特色社会主义经济实践为基础，在人才培养和科学研究中积极推进马克思主义政治经济学的中国化和时代化，为中国特色社会主义政治经济学的发展作出了重要贡献。

案例内容呈现了卫兴华教授作为一名马克思主义经济学家的学术品格和责任担当：他不仅在经济学理论研究方面成果卓著，在人才培养方面更是取得了累累硕果，从教 60 多年来一直坚持教书和育人相统一，既向学生传授知识，也向学生传递科学信仰，被认为是"当代中国从事马克思主义经济学教学与研究的大师"③。

卫兴华教授是坚定的马克思主义经济学家，60 多年来始终坚守在教学

① 参见洪银兴：《卫兴华：求实唯真的理论自信》，《光明日报》2017 年 11 月 9 日。

② 新华社：《习近平主持召开经济形势专家座谈会》，2016 年 7 月 8 日，见 http://www.xinhuanet.com//politics/2016-07/08/c_1119189505.htm。

③ 李经：《推进学术创新须弘扬优秀品质——"卫兴华教授 90 华诞暨政治经济学创新与发展学术研讨会"述要》，《人民日报》2014 年 10 月 17 日。

科研第一线，在教学科研中取得丰硕成果。在2014年举行的“卫兴华教授90华诞暨政治经济学创新与发展学术研讨会”上，时任教育部党组成员、国家教育行政学院原院长顾海良教授用十个字概括了卫兴华教授的教学科研过程：求真、求实、求新、求善、求美。① 他不仅多年为学生讲授《资本论》等课程，被境外誉为中国《资本论》研究权威，他还要求学生具备更加广阔的学习视野，形成健全的知识体系和结构。他曾在一次访谈中说：作为政治经济学专业的教师和学生，要首先深入学好马克思主义经济学，也要弄懂西方经济学，避免片面性。②

与此同时，卫兴华教授在人才培养中高度重视对学生人格、学风的引导塑造，将育人作为人才培养的最高目标。他曾在一篇文章中谈到自己对青年学生的希冀：“人总要朴素一点，学风也要朴素一点，不能夸夸其谈……学生应该有正确的人生观、价值观，应该在行动上更多地考虑弱势群体的利益，更多地考虑国家的利益、人民的利益，为他们做一些工作，为他们服务。我们在行动时应该时时有这样一个信念：怎么把我们国家的经济工作搞得更好，怎么使我们的民族更加强盛……我们应该成为人民的经济学家，应该成为人民拥护的经济学家，替老百姓、替人民说话的经济学家。”③

卫兴华教授经常跟学生讲，做学问、理论研究，要独立思考，实事求是，追求真理。要不唯书、不唯上、不唯风、不唯众，要敢于独立思考、善于独立思考、勇于独立思考。④ 这对他的学生产生了深远的影响，学生们也因此才会称赞他是“我们的人生导师，人民的忠诚卫士”⑤。卫兴华教授将自己的治学方法归纳为四句话：严肃的态度，严谨的学风，严格的要求，严

① 参见何召鹏：《卫兴华学术思想研讨会召开——追求真理 坚持创新》，《中国教育报》2014年10月31日。

② 参见何召鹏：《创建和发展中国特色社会主义政治经济学的基本理论问题研究——访中国人民大学经济学院荣誉一级教授卫兴华》，《马克思主义理论学科研究》2017年第5期。

③ 姚晓丹：《卫兴华：真理在交锋中迸出火花》，《光明日报》2019年9月29日。

④ 参见侯润芳：《卫兴华 最怕听到“泰斗”的叫法》，《新京报》2017年9月27日。

⑤ 胡岳岷：《九十长卷为兴华 桃李芬芳自成家——卫兴华教授90华诞暨政治经济学创新与发展学术研讨会侧记》，《当代经济研究》2014年第11期。

密的论证。[①] 曾担任中共中央政治局委员、国务院副总理的马凯同志曾深情地回忆卫兴华教授对自己的培养指导：求学时虽然学习条件很艰苦，但老师对大家的学习要求是非常严格的。在学习《资本论》时，老师会带着几个学生逐段、逐句地学，大家有了问题直接问老师。直到毕业多年后，马凯同志还保留着原来读的《资本论》，翻开后全书密密麻麻全是标注。这样严格的训练对他以后分析问题、提炼问题、解决问题起到了很大的作用。卫老师勤奋的学习态度、严谨的治学精神和求实的治学品格也给他留下了非常深刻的印象，让他受益匪浅。[②]

谈到对青年学生的希望，卫兴华教授曾说："为学当如金字塔，要能博大要能高。我希望我的学生能够成为人民的经济学家，成为人民拥护的经济学家，替老百姓、替劳动人民说话的经济学家。中国还没有世界级的经济学大师、泰斗，希望中国出这样的大家。"[③] 这就是一位人民教育家的胸怀和品格，这就是一位人民教师认真履行教书育人、立德树人职责的使命和担当。

➢ 延伸阅读

用学识和人格魅力滋养学生

2019 年 9 月 29 日，习近平总书记在国家勋章和国家荣誉称号颁授仪式上发表重要讲话指出："今天受表彰的国家勋章和国家荣誉称号获得者，是千千万万为党和人民事业作出贡献的杰出人士的代表。他们身上生动体现了中华民族精神和社会主义核心价值观，他们的事迹和贡献将永远写在共和国

---

① 参见宗可：《一个经济学家的追索——记中国人民大学经济学系教授、博士生导师卫兴华》，《人才管理》1995 年第 5 期。

② 参见叶雨婷：《坐热人文社科研究"冷板凳"》，《中国青年报》2015 年 12 月 19 日。

③ 高毅哲、谢天武：《卫兴华：为学当如金字塔》，《中国教育报》2016 年 8 月 14 日。

史册上!”[①] 在得知自己获得国家荣誉称号后，卫兴华教授的获奖感言饱含深情：“愿马克思主义经济理论之树根深叶茂，祝人民教育事业蓬勃发展。”[②] 一路走来，卫兴华教授正是用自己教书育人的切实行动、用自己渊博的学识和人格魅力滋养学生，无愧于“人民教育家”这一国家荣誉称号。

卫兴华教授是一位坚定的马克思主义者，他对马克思主义经济学是真学、真懂、真信、真用，为捍卫马克思主义经济学、传播马克思主义经济学作出了不懈努力。[③] 这既体现在他在革命战争年代对党的事业的忠诚和奉献，也体现在和平建设时期，他在理论研究、教书育人方面的探索和成就。一方面，他鼓励学生独立思考、提出不同意见，欣慰于学界争鸣和学术思想火花的碰撞；另一方面，他对任意歪曲马克思主义原理和社会主义理论与实践的观点从不容忍，敢于亮剑；他反对僵化地理解马克思主义，主张对马克思主义基本原理活学活用，将马克思主义的一般理论与中国实际相结合，既关注理论研究，也回应现实问题。2015 年年底，卫兴华教授获得了第四届吴玉章人文社会科学终身成就奖，颁奖词是这样写的：“历经 65 载，努力前行不改初衷。他辛勤耕作经济学原理，成果丰硕；他诲人不倦，桃李满园；他治学严谨，不跟风，不盲从。”[④] 这段话生动地描述了卫兴华教授作为一名马克思主义经济学家所走过的人生历程、所作出的重要贡献。

卫兴华教授曾提出，尽管存在各种分歧，但在创建中国特色社会主义政治经济学理论体系时应有一些共同遵循：“一是真心诚意学好马克思主义政治经济学的基本原理与方法，求其真解，避免误解、错解；二是发表关于创建中国特色社会主义政治经济学的论文和搞学术讲座，少讲点云山雾海的大

---

① 习近平：《在国家勋章和国家荣誉称号颁授仪式上的讲话》，《人民日报》2019 年 9 月 30 日。

② 唐景莉、韩晓萌、颜梅：《用学识和人格魅力滋养学生——记“人民教育家”国家荣誉称号获得者卫兴华》，《中国教育报》2019 年 9 月 30 日。

③ 参见胡岳岷：《走近马克思的经济学——读卫兴华著〈走进马克思经济学殿堂〉》，《政治经济学评论》2015 年第 2 期。

④ 叶雨婷：《坐热人文社科研究“冷板凳”》，《中国青年报》2015 年 12 月 19 日。

话、套话、空话，多讲点真话、实话，讲点看得见摸得着的以具体事例为根据的意见。”① 这既是先生的自我要求，也是他对学生的要求和期待。每次给学生上第一课时，他都会反复讲学风和治学态度，叮嘱学生做学问不能随风转，不能做“墙上一棵草，风吹两边倒”的“学者”。② 他的学生洪银兴还记得，卫兴华教授在一次给全校新入学研究生讲话时，引用了李大钊先生的两句话，即“铁肩担道义，妙手著文章”，并阐释了自己的理解。他说：“铁肩担道义，就是肩负钢铁般的担当意志，担当国家道义、民族道义、人民道义。妙手著文章，就是要立志成才，成为具有深厚理论和学问抱负的社会栋梁。”③

对卫兴华教授来说，他最重要的人生格言是“让理论成为真理的喉舌，而非权势的奴仆”；他的学术目标是“替最广大的劳动人民说话，实现民富国强”，最赞赏的学风是“严肃的态度、严格的要求、严密的论证和严谨的叙述”；他认为成功的要诀是“独立思考、求真求实，勤读、勤思、勤写”，对自己学生的最大希望是“超越自己、德才兼备”。④

➢ 参考文献

[1] 高毅哲、谢天武：《卫兴华：为学当如金字塔》，《中国教育报》2016 年 8 月 14 日。

[2] 阳娜、马晓冬：《立学为民、治学报国——记经济学家卫兴华》，2019 年 9 月 26 日，见 http://www. xinhuanet. com//2019-09/26/c_1125043888. htm。

[3] 张寒：《卫兴华：杰出的马克思主义经济学家》，《人民论坛》2015 年第

---

① 姜婧：《创建中国特色社会主义政治经济学需要明辨理论是非——访中国人民大学荣誉一级教授卫兴华》，《马克思主义研究》2017 年第 8 期。

② 参见唐景莉、韩晓萌、颜梅：《用学识和人格魅力滋养学生——记“人民教育家”国家荣誉称号获得者卫兴华》，《中国教育报》2019 年 9 月 30 日。

③ 洪银兴：《卫兴华：求实唯真的理论自信》，《光明日报》2017 年 11 月 9 日。

④ 参见侯为民：《批判与创新：著名经济学家卫兴华教授素描》，《管理学刊》2011 年第 2 期。

27 期。

[4] 张怡恬:《卫兴华:矢志不渝求真理 不做风派理论家》,《人民日报》2015 年 5 月 15 日。

[5] 胡岳岷:《九十长卷为兴华 桃李芬芳自成家——卫兴华教授 90 华诞暨政治经济学创新与发展学术研讨会侧记》,《当代经济研究》2014 年第 11 期。

[6] 何召鹏:《卫兴华学术思想研讨会召开——追求真理坚持创新》,《中国教育报》2014 年 10 月 31 日。

[7] 洪银兴:《卫兴华:求实唯真的理论自信》,《光明日报》2017 年 11 月 9 日。

[8] 唐未兵:《卫兴华教授访谈录》,《经济学动态》2018 年第 6 期。

[9] 蔡万焕:《从经典著作论述中把握中国经济改革与发展的逻辑——访中国人民大学荣誉一级教授卫兴华》,《高校马克思主义理论研究》2016 年第 2 期。

[10] 新华社:《习近平主持召开经济形势专家座谈会》,2016 年 7 月 8 日,见 http://www.xinhuanet.com//politics/2016-07/08/c_1119189505.htm。

[11] 李经:《推进学术创新须弘扬优秀品质——“卫兴华教授 90 华诞暨政治经济学创新与发展学术研讨会”述要》,《人民日报》2014 年 10 月 17 日。

[12] 何召鹏:《卫兴华学术思想研讨会召开——追求真理 坚持创新》,《中国教育报》2014 年 10 月 31 日。

[13] 何召鹏:《创建和发展中国特色社会主义政治经济学的基本理论问题研究——访中国人民大学经济学院荣誉一级教授卫兴华》,《马克思主义理论学科研究》2017 年第 5 期。

[14] 姚晓丹:《卫兴华:真理在交锋中迸出火花》,《光明日报》2019 年 9 月 29 日。

[15] 侯润芳:《卫兴华 最怕听到“泰斗”的叫法》,《新京报》2017 年 9 月 27 日。

[16] 宗可:《一个经济学家的追索——记中国人民大学经济学系教授、博士生导师卫兴华》,《人才管理》1995 年第 5 期。

[17] 叶雨婷:《坐热人文社科研究“冷板凳”》,《中国青年报》2015 年 12 月 19 日。

[18] 习近平:《在国家勋章和国家荣誉称号颁授仪式上的讲话》,《人民日报》2019 年 9 月 30 日。

[19] 胡岳岷:《走近马克思的经济学——读卫兴华著〈走进马克思经济学殿

堂〉》，《政治经济学评论》2015 年第 2 期。

［20］姜婧：《创建中国特色社会主义政治经济学需要明辨理论是非——访中国人民大学荣誉一级教授卫兴华》，《马克思主义研究》2017 年第 8 期。

［21］唐景莉、韩晓萌、颜梅：《用学识和人格魅力滋养学生——记“人民教育家”国家荣誉称号获得者卫兴华》，《中国教育报》2019 年 9 月 30 日。

［22］侯为民：《批判与创新：著名经济学家卫兴华教授素描》，《管理学刊》2011 年第 2 期。

案例 2

力学泰斗　桃李竞芳——钱令希院士

➢ 案例导读

钱令希院士（1916—2009），中国共产党党员，著名力学家、我国计算力学与工程结构优化设计的开拓者，在国内外学术界享有盛誉。钱先生将自己的一生都奉献在力学学术研究和人才培养上：除了在学术上取得了系列重大成果，对我国科技事业、国家重大工程项目有卓越贡献外，他还是我国著名的教育家，他的教育思想和实践十分丰富，尤其是在人才培养方面更是取得显著成就：他坚持教书育人 60 余载，桃李满天下，仅培养出的两院院士就有 6 位之多，被誉为“伯乐院士”。“力学泰斗，自幼立志报国，知行并重，造桥、筑坝、建港，引领计算力学，誉满神州；一代宗师，毕生教书育人，慧眼独具，爱才、识才、育才，赢得桃李满园，天下芬芳。”① 这是钱令希院士一生的真实写照，也是他科学精神、教育理念的直接呈现。

---

① 张铁、姜云飞、丁雷、吕东光：《献身科教效春蚕——追记著名力学家、教育家钱令希》，《大连日报》2009 年 4 月 27 日。

➤ 案例文本①

钱氏家族可谓星光熠熠的名门望族：20世纪以来100多年的时间内出现了“人才井喷”现象，先后培养出了6位院士，著名力学家、教育家钱令希院士便是其中之一。钱令希先生是一位科学家，他是我国第一批中科院院士，参与了武汉长江大桥的设计、建造以及南京长江大桥等重大工程的规划，是我国计算力学工程结构化设计的开拓者、国际著名工程学家，一生科研成果丰硕、著作等身。与此同时，钱先生也是一位著名教育家，他躬身耕耘60余载，为国家和社会培养出无数优秀人才，尤其是在研究生培养方面，不断探索研究生培养的有效方式，最终取得人才培养的累累硕果。

投身教育　躬身耕耘

1916年，钱令希出生于江苏无锡城外的一个书香世家。受家中父兄的影响熏陶，钱令希自幼聪颖好学、学业优秀。1928年，12岁的钱令希跳级考上了上海中法国立工学院高中部，并于1932年以优异课业考入了上海中法国立工学院大学部的土木科。在大学学习的几年时间里，他人小志高，一直保持着积极向上的学习劲头，年年考试都是第一。1936年9月，钱令希以土木科第一名的成绩大学毕业，同年10月被学校保送到比利时布鲁塞尔自由大学留学。1938年，钱令希顺利完成了学业，并获得了“最优等工程师”学位，由于才华出众，导师希望他能留在比利时工作。

而此时日本发动了侵华战争，千百万中国人民生活在水深火热之中。为

① 本案例主要参考以下文献资料编写而成：刘元芳：《钱令希的治学育人理念与实践——纪念钱令希先生诞辰100周年》，《高等教育研究》2016年第9期；武金瑛：《最宝贵的精神财富——缅怀钱令希先生》，载王希诚、武金瑛、谷俊峰等主编：《科学殿堂的力学之光——第五届全国力学史与方法论学术研讨会文集》，大连理工大学出版社2011年版，第181—193页。

了挽救民族于危亡之中，中国共产党和一些爱国志士奋起抗日，正在以不同的方式打击着日本侵略者。血气方刚的钱令希立下了“科学救国”之志，怀揣着“天下兴亡，匹夫有责”的赤诚之心，毅然放弃优厚待遇回到祖国。钱令希回国后得知，昆明刚刚成立叙昆铁路局，要修建一条从四川叙府①直达云南昆明的“叙昆铁路”，与滇缅铁路接通，以期为全民抗战打开一条国际通道。钱令希觉得自己学的知识正好可以派上用场，于是立即赶到昆明应聘，当上了一名助理工程师。1941 年，云南大学看中钱令希，将他聘为土木系教授，那年他刚刚 25 岁。

在云南大学，钱令希丰厚的知识底蕴、生动活泼的讲课风格，非常受学生欢迎。很快钱令希在教育界声名鹊起，不少学校和教育界前辈都知道了云南大学有个钱令希，于是纷纷约他执教。1943 年秋，浙江大学工学院院长王国松教授向钱令希发出邀请，力邀他到浙江大学任教。在浙江大学期间，钱令希深受校长竺可桢倡导的“求是”学风熏陶，除了认真讲课外，还埋头钻研学术问题，经过不懈努力，写出了一篇篇颇有见地的学术论文，发表后在国内外反响强烈，在学术界崭露头角，并于 1950 年担任了浙江大学土木系主任。

1952 年 1 月，钱令希接受大连工学院（即大连理工大学的前身）院长屈伯川博士“三顾茅庐”之邀，来到大连工学院土木工程系任教授。在大连理工大学工作的 40 年中，钱令希不拘一格培养人才，着力促进国内外学术交流，培养了无数蜚声海内外的力学与土木工程专家。其间，他还创建了工程力学系和工程力学研究所，使该校的工程力学成为我国首屈一指的重点学科。他是国内倡导并践行加强高校“学术细胞”的第一人，他创立的“启发式认真教”和“创造性自觉学”的教学理念，开了理工科教学改革的先河，令学生们终生受益。

在钱先生那儿，教学与教育是紧密相连的，教育目的是培养人，教学是

① 叙府：今四川省宜宾市别称。

达到教育目的的手段。尽管艰巨的科研任务、繁忙的行政事务、频繁的社会活动让他在时间上受到牵制，但他还是千方百计抽时间去讲课，他是一名不脱离课堂的教育家。此外，他还十分珍惜那些专门从事教育研究和在相关教育期刊工作的朋友的友谊，由此，大连工学院高等教育研究所、大连工学院《高等教育研究》杂志都得到了钱先生的关心。

不拘一格　爱才育才

作为一位有眼光的教育家，钱先生一直认为，一名教师作为个人来说想永远保持优势是不可能的。因此他在教书育人的同时，积极培养年轻人，并鼓励学生超过自己。他说："学生要是不比先生强，我们的科学和教育还怎么发展?"正是基于这种认识，钱先生在执教的几十年中，大力提携年轻人，先后为国家培养出了一大批栋梁之才，其中国家重量级人物潘家铮、胡海昌、钟万勰、邱大洪、杨锦宗、程耿东这 6 位院士都是他的学生，而且这些学生在各自的领域里都取得了骄人的业绩，钱先生也因此获得了"伯乐院士"的美誉。

教育教学是钱先生一直高度重视的工作。他刚到浙江大学任教的时候，开了一门选修课——高等结构力学。当时选修这门课的只有胡海昌和潘家铮两个人。钱先生并不因为选课人少而懈怠，相反，他利用这个机会开创了独树一帜的"启发式认真教"模式。在课堂上，钱先生用讨论交流的方式进行教学，当学生提出有见地的新想法时，就把它吸收到自己的教材中去。就这样，师生之间切磋琢磨，教学相长，学生学到了扎实的知识，老师也感到很有收获。后来，这两位学生胡海昌和潘家铮都很有建树，于 1980 年双双当选为中国科学院学部委员（后改为中科院院士），并各自在当初钱先生为他们选择的道路上取得了璀璨的成果。多年后，潘家铮院士在文章里感慨地写道："我们从钱先生那里学到的不是读了几本书所能衡量的。他坚持以启发学生思考为主的教学方式，对我们一生的治学都有重要意义。"钱先生对教学工作的重视坚持一生，到了 2002 年，已经 86 岁高龄的钱先生，依然关心学校的本科生教学工作。他选了《工程力学》和《理论力学》两门课程，亲自进行全程听课和跟踪，研究如何提高教学质量。

钱先生的先进教育理念还体现在对人才的高度重视和不拘一格的培育方式上。如今已是大连理工大学桥隧研发基地负责人、桥梁工程研究所所长、大工设计院桥隧分院院长、大工检测公司桥隧检测所所长、桥隧结构实验室及风洞实验室主任的张哲教授，在谈到钱令希院士时，依然感慨当年他的支持和帮助。土木工程系的张哲教授专长于桥梁设计，带队设计了包括广东金马大桥在内的近 20 座高水平的桥梁，是大连理工大学桥梁学科的带头人。1997 年学校评选博士生导师时，他因发表的论文没有达到规定数量，在投票中落选。钱先生看准张教授在设计上的创新性，爱才之心再一次按捺不住，他找到学校领导和评审组，力推破格提升张哲为博士生导师。他强调：“成功的工程设计要比论文数量更加重要，没有丰富的学识和强烈的事业心是根本没有办法做好工程的！”经过评审组的复议，张哲终于当选博士生导师。事实验证了钱先生的判断：张哲至今已培养出 26 名博士生、100 多名硕士生，为学校和国家培养了一大批桥梁专业人才，2015 年 11 月通车的大连星海湾跨海大桥的设计就出自张哲之手。

春风化雨　桃李竞芳

钱先生来到大连后，把全部的心血都献给了大连理工大学。为了育人，他创建了工程力学系和工程力学研究所，组建了一支教学与科研并重的骨干梯队，使大连理工大学的工程力学成为国家的重点学科。在大连理工大学的校园里，一直流传着他和钟万勰“伯乐识千里马”的故事。

反右运动中，钟万勰耿直地表达了对钱伟长被打成右派的看法，对钱伟长所谓的“反党”表示“没看出来”，因而被下放。已是 80 多岁高龄的钟万勰院士是这样描述当时情况的：“当时谁都不敢要我。”谁都不敢要，可偏偏惜才如命的钱先生敢要！他趁着大连理工大学与科学院力学研究所交换人才的机会，把钟万勰要了过来。钱先生这样对劝阻他的人说：“这个年轻人，一头钻进科研里了，对党能有什么坏心眼儿?”

1962 年，钟万勰一到大连，钱先生就把《结构力学》这门课交给他来讲。钟万勰很意外，这门课一直是钱先生最得意的课程，也最能体现先生的研究成果。可以说，钱先生这个伯乐，为了钟万勰这匹沉寂已久的千里马能够脱颖而出，作出了长足的准备和安排。对钟万勰来说，孤身来到大连也算背井离乡，钱先生每一个周日都会邀请他到自己家，谈天、论学、对弈都是他们常做的事。钱先生在科学方面的造诣不断感染着钟万勰，再加上大连工学院宽松的学术环境，钟万勰的成绩愈发显著。

“文化大革命”期间，受到波及的钱先生遇到一个转折：“潜艇结构锥——柱结构壳在静水压力下的稳定分析”任务，受命于周恩来总理的钱先生承担起研究解决核潜艇这一力学难题的重要工作。钱先生成立了理论与实验两个研究组，指派钟万勰担当理论组组长。研究组夜以继日地抓住一切机会推进科研进程，钟万勰不负众望，即便是在作为研究主力又一次被关进“牛棚”的情况下，依旧心无旁骛。他捡别人不要的废纸，在背面推导出潜艇结构的强度计算规则，并利用出外“放风”的机会，把纸条秘密塞给了钱令希。处境如此艰难，钟万勰依旧攻克了核心难题，钱先生大受感动，迅速分析整理出一套结论性研究报告。这些科技成果成功地应用于我国第一代核潜艇的研制，并被纳入国家技术规范。1993 年，钟万勰当选为中国科学院院士，每每谈到这位“爱徒益友”，钱先生总是说：“多好啊，钟万勰的路子宽，干劲大，早跑到我前面去了。”

1982 年 3 月，钱先生领衔的计算力学博士点跨学科招收了第一位博士研究生施浒立。施浒立 1968 年在浙江大学机械工程系毕业后，从事雷达天线座架结构设计工作。他在西安电讯工程学院对天线进行系统的学习和研究，并获得了硕士学位，后来在大连工学院学习计算力学这一第三专业。钱先生对此十分赞赏，经过考核，欣然录取了他，给予了精心的指导。1984 年 7 月，施浒立跨学科的博士学位论文《双反射面天线“结构—电磁”系统优化设计的研究——复合场的最佳偶合设计方法》，受到了专家们的高度评价，顺利地通过了答辩，被一致认为是有开创意义的论文。钱先生说：“施浒立的论文涉及两个学科，一部分内容超出了我的专业，我是不熟悉的。我就是喜欢学生的知识面比教师的更宽、更加现代化。这就是一代更比一代强!”接着，施浒立被论文答辩委员会主席、中国科学院学部委员、北京天文台台长王绶绾教授录取为北京天文台天体物理专业的博士生。1987年，他的第二篇博士论文《天文望远镜设计理论与方法的研究和探索》又获得通过，他本人也成了“双科博士”。

1986年，大连工学院第一个不脱离工作岗位、结合工作实际进行科学研究写出博士论文并获得博士学位的刘英卫，在钱先生指导下出色完成了学业，在我国开创了培养在职研究生的新路。刘英卫是南昌飞机制造公司的工程师，他于清华大学毕业后，就从事飞机设计工作，成绩突出，多次受到奖励。1983年，经南昌飞机制造公司和航空界三位教授的推荐，钱先生对他进行考核，认为他是一个很难得的人才。就这样，刘英卫跨过硕士生阶段，直接成为攻读计算力学专业的在职博士生。刘英卫带着他所承担的航空工业部“六五”攻关项目——现代飞机结构分析与优化设计的课题，边搞科研，边写博士学位论文。他的博士学位论文，也就是他所承担的科研工作，有6项通过了航空工业部鉴定。他本人在1985年被中华全国总工会授予了全国五一劳动奖章，并荣获“全国优秀科技工作者”的光荣称号。

在注重学生专业知识和技能培养的同时，钱先生还非常重视人才的全面培养，坚持立德树人。他利用各种机会教导他的弟子和学生，如何做人，树立正确的人生观、价值观、幸福观，如何担当起为民族和国家振兴的责任。他写了很多字幅赠送给他的学生，内容都非常切合对方，实际上也是一种思想教育。1994年9月30日，在首届“钱令希力学奖励基金会”颁奖仪式上，钱先生送给青年人一番令人深思的话，他说：“有人说，‘教授穷，博士傻’。我说穷富是相对的，有钱叫富，有知识也叫富。没钱不行，钱多也不一定是好事。所以，对金钱的追求应当适可而止，而对知识的追求应该是无止境的。知识多了，为人类谋利益，心情平稳，家庭幸福。能说有知识不幸福吗？现在，经济大潮来了，紧跟着知识大潮就要来。我希望在座的要甘于清贫，做知识的富有者。要打好基础，开阔眼界，真正成为高质量的跨世纪人才。”一席话引得全场掌声雷动。

在培养研究生的过程中，钱先生对培养创新能力尤为重视和关注。他认为，作为更高平台的研究生教育仅使知识再度更新是完全不够的，创新能力的培养是根本支点。在他看来，创新就是要能提出新概念、新思想，独立思考地解决问题，为了实现这一目标，应该改变以往强调全面发展而忽视个性发展的倾向，为研究生营造一个宽松的学术环境，适合研究生个性发展，使研究生有足够的自由选择和发展的空间。

1993 年，一批跟随钱先生多年的学生，为了学习钱先生重视培养人才的崇高精神，表达对钱先生多年培育的敬意，鼓励有志于从事力学研究与应用优秀人才的成长，争取到多方面的捐助 30 余万元，设立了大连理工大学钱令希力学奖励基金，钱先生为基金会名誉理事长，钟万勰为理事长。1994 年 9 月，钱先生特意书写了“春风化雨点滴入土”的字幅，上面还写道：“本基金……虽是杯水车薪，也足以表达对力学教学与研究的殷切期望与鼓励，令人感奋。”“钱令希力学奖励基金会”自 1993 年成立以来，已奖励了 799 名优秀的青年力学人才，有力地推动了力学人才的培养和学科的持续发展。

2006 年，在庆祝钱先生 90 岁生日的前夕，《大连日报》一名记者曾问过他：“您一生中最骄傲的是什么？”老人回答道：“是我的学生们都比我强”“像潘家铮啊，那是三峡工程的技术核心人物，还有胡海昌、钟万勰、程耿东……他们都比我强，我心里高兴啊！”

➢ 案例分析

研究生培养是我国高等教育的重要组成部分，研究生导师在其中发挥非常重要的作用。广大研究生导师能否自觉做到“四个统一”、做“四有”好老师，对研究生培养质量和水平具有决定性影响，从长远看，对我们实现中华民族伟大复兴的中国梦、建成社会主义现代化强国都有重要而深远的影响。案例中钱令希院士一生投身于教育事业，坚持将教书和育人相统一，在人才培养方面积累了宝贵经验，对我们今天的研究生培养工作具有重要指导意义。

首先，钱先生将教书（教学）工作视为重中之重，通过教学讲解知识、传授方法、培养能力，从教 60 多载为国家和社会培养了无数优秀人才。早在 20 世纪五六十年代，钱先生在指导研究生时就十分重视他们的基础理论和专业知识的学习，严格要求他们打好基础，扎扎实实练好基本功。他和研究生第一次谈话就勉励他们路要一步一步走，不要企图一下子写出高级的论文，而首先要提高“位能”，打好基础。钱先生在教书传授知识的过程中，高度重视培养学生的使命感和责任感，他常常对弟子们说的一句话就是：“科技工作者的一个重要使命就是应该能够解决实际工程问题，为国家的重大工程服务。”① 他本人以面向工程的服务精神和研究风格为力学界，尤其是他的学生们树立了理论与实践结合的榜样。

钱先生投入了极大的精力在教书工作中，并形成了亲近听众的明朗讲课风格：概念叙述深入浅出、简洁流畅，理论推导化难为易、化繁为简，叙述表达通俗易懂、饶有风趣。不仅课堂讲授如此，学术演讲也如此。直至老年，他依然保持这种风格。钱先生的讲课风格熏陶了周围的弟子，钱先生的学生、北京工业大学教授隋允康曾谈到自己在教学中受到钱先生的影响，思考怎样化繁为简，化难为易，深入浅出。② 这是钱先生认真履行教书责任的一贯写照。在当前的研究生培养中，导师同样应该认真向钱先生学习，严格

---

① 刘万生：《宝贵的精神财富　永恒的前行动力——大连理工举行钱令希院士百年诞辰学术思想座谈会》，2016 年 7 月 22 日，见 http：//news. sciencenet. cn/htmlnews/2016/7/351888. shtm。

② 参见白欣、马祎、杨谦：《钱令希院士在大连理工大学期间对隋允康教授的培养——隋允康教授访谈录（下）》，载王希诚、武金瑛、谷俊峰主编：《科学殿堂的力学之光——第五届全国力学史与方法论学术研讨会文集》，大连理工大学出版社 2011 年版，第 162 页。

履行教书责任，而且也要教好书，在教书过程中实现育人，从而为国家和社会发展培养更多有用的高端人才。

其次，钱先生在人才培养过程中，既注重专业技能的培养，更重视思想品德、责任担当等意识和品质的培养。他发现有的学生写读书报告字迹潦草，龙飞凤舞，缺乏工架时，就提出严厉批评，要求他们不要轻视写字这一基本功，并推荐颜真卿的“多宝塔”等字帖，介绍练字的基本方法，建议他们平时多临摹。钱先生对每个学生都充满热忱，真诚地关心每个学生。潘家铮院士曾回忆说：“我考入大学后，父亲去世，母亲重病，哥哥和姨母患精神病，二年级时经济上陷入绝境，经过再三思考，我决定休学去当教师。老师不知从哪里知道了消息，立即劝我放弃休学的念头，并从微薄的薪资中挤出钱来资助我，让我完成了学业。”① 同样被人们熟悉的还有钱先生和程耿东院士的故事。程耿东院士说：“钱先生在我人生的关键时刻给了我机会。”② 程耿东是唐立民教授和钱先生在 1964 年招的两位颇有才华的研究生之一，但被当作“修正主义苗子”派到北大荒劳动。钱令希就经常利用出差的机会去找他，给予热情的鼓励和帮助。后来，又费尽周折，把程耿东调回了大连，让他在自己身边工作。对此，程耿东院士说：“钱老最大的成就不仅在他的学术上，更在育人上。”③

在研究生创新能力培养方面，钱先生更是进行了卓有成效的探索和尝试。他认为，“导师这个环节非常重要。导师培养研究生的创新能力并不是一成不变的，更需要创新”。④ 钱先生的学生、大连理工大学刘元芳教授总结了钱先生治学育人三结合的理念：第一个结合是将教师与科研相结合，第

---

① 沈黎明：《钱令希院士的科教人生》，《传承》2008 年第 8 期。

② 吕东光、谢小芳：《改革开放 40 年的见证者中国科学院院士程耿东——让改革开放的好时代改变命运》，《大连日报》2018 年 12 月 17 日。

③ 刘玉：《他是一座宏伟的“桥”——追记著名力学家、教育家钱令希院士》，《中国教育报》2009 年 6 月 12 日。

④ 钱令希、徐新生：《关于培养研究生创新能力的思索》，《教育改革与管理——研究生教育研究》1999 年第 2 期。

二个结合把教学理论与实践相结合，第三个结合则是将理学与工学相结合。[①] 苏联教育家加里宁认为，教师的世界观，他的品行，他的生活，他对每一现象的态度都这样或那样地影响着全体同学。[②] 钱先生正是通过自己春风化雨般的熏陶和引导，实现了人才培养目标。

最后，钱先生将教书和育人相统一，勇于打破束缚、不拘一格培养人才，对我们今天的研究生培养工作有重要启示。“教书”是指教师传授知识的全部教学过程；“育人”则是培养学生成为德、智、体、美、劳全面发展的合格人才，坚持二者统一，就要求教师在有目的、有计划地传授知识和培养能力的同时，对学生进行思想政治教育和品德教育，实现人才培养目标。钱先生人才培养和教育理念的一个重要内容就是准确认识和定位研究生与导师之间的关系。钱先生曾多次提出，在研究生教育中“导师总比学生高明”的想法是错误的，在学术上导师和研究生是平等的关系，尊重导师并不是一切服从导师，不愿培养学生超过自己的导师不是好导师，容忍学生与自己激烈争论的导师才具有较高的学术和道德水准。[③] 他还明确提出“交朋友式”研究生培养方式，认为在学术上师生应该是同事和朋友的观点才有利于研究生创新能力培养，“交朋友式”的培养研究生是一个很好和有益的方式，平等和谐的学术环境更有利于培养出研究生的创新能力。正是基于这一理念，钱先生把流行的俗语“一日为师，终生为父”创造性地改为“一日为师，终生为友”，一字之变彰显了他对培养创新人才的深刻思考和领悟的真谛，也体现了先生对研究生培养的殷切期盼。

教书必须育人，二者具有内在统一性，这是由教育的内在规律决定的。有的教师认为“我只管教书，育人不是我的工作”；有的教师则认为“我要

① 参见刘元芳：《钱令希的治学育人理念与实践——纪念钱令希先生诞辰 100 周年》，《高等教育研究》2016 年第 9 期。

② 参见［苏］加里宁：《论共产主义教育和教学》，陈昌浩、沈颖译，人民教育出版社 1957 年版，第 186 页。

③ 参见钱令希、徐新生：《关于培养研究生创新能力的思索》，《教育改革与管理——研究生教育研究》1999 年第 2 期。

育人，那就不用承担教学工作了”，这些观点都是单方面地、错误地理解了“教书育人”的内在关联性，进而把二者分离甚至是对立起来。事实上，教书和育人必须相统一，这是一条不以人的主观意志为转移的、具有科学性和客观性的教育规律，这在钱先生的教育实践中得到了最有力的体现。中国特色社会主义进入新时代，高校教书育人的发展也必须紧扣立德树人这一根本要求，不断创新理念和手段，在教学和工作实践中探索更加适合学生需求的工作方法，在理论研究中探求教书育人的时代内涵和科学规律，让教书育人真正成为教师的自觉行为和思想政治工作的内生动力，① 这也是新时代对广大研究生导师提出的新要求。

➢ 延伸阅读

师贤方能生斐——谈导师在和谐研究生师生关系中的角色和作用②

司马迁《史记·仲尼弟子列传第七》中有一段话：“孔子曰：‘授业身通者七十有七人，皆异能之士也。’”这就是所谓三千弟子中的七十贤人。孔子作为伟大的思想家和教育家，理所当然被尊崇为圣人。后世常说孔子与他的弟子为圣贤，其实含有“师圣方能生贤”之理。借用“圣师”方能育出“贤生”的道理说明导师与研究生的关系是颇有道理的。不过，如果用圣人要求导师，可能要求有些太高而令人难以企及，于是改为“师贤方能生斐”。《王力古汉语字典》（中华书局 2000 年版）解释“贤”为“才德出众的”，“斐”为“五色相错，文采貌”，因此导师用“贤师”要求自己是应

---

① 参见冯刚：《改革开放四十年中国高校教书育人的发展与展望》，《上海交通大学学报（哲学社会科学版）》2019 年第 1 期。

② 本材料摘编自隋允康：《师贤方能生斐——谈导师在和谐研究生师生关系中的角色和作用》，《学位与研究生教育》2010 年第 12 期。

当的，而借“有斐君子”形容具有文明修养的研究生也是恰切的。

回顾恩师钱令希院士作为教育家“教书育人”和“科研育人”的事迹，更加确信：“师贤方能生斐”，亦即，只有德才出众的导师，方能培养出具有德才修养的学生。下面结合钱令希先生的事迹和笔者自己培养研究生的体会，阐述导师营造和谐的师生关系、达到“师贤生斐”目标的六个方面的具体定位或做法。

一、亦师亦父

恩师钱令希先生对于笔者，具有父辈般的师恩。而笔者对于钱先生，则是亦生亦徒的晚辈。

早在“文化大革命”之前，大连理工大学在全校选拔两名在学业上具有创新精神的学生提前读研究生，笔者有幸被选中；若能够考取，将成为钱先生的研究生。学校要求笔者利用寒假自修完四、五年级的课程。当笔者刚刚自修通过了所有课程，“文化大革命”就开始了，笔者因此被批判成修正主义苗子。

毕业后笔者先是在部队进行军农锻炼，接着先后在建筑施工部门和设计部门从事技术工作，钱先生那时在向吉林省柳河县民主街467号的小草房寄“有限元”“优化设计”等讲义和写信时，可能并没有想到这是为他后来的年轻助手构筑必要的研究基础，而只是出于对一个青年人好学上进的欢喜和关怀。

在神州大地上拨乱反正之后，高校也恢复了研究生招生，那时笔者真想圆“文化大革命”前读研究生的旧梦，钱先生在给笔者的信中劝道：你在工程部门，没有老师指导就能自己选方向做课题，已经独立地进行研究，还在杂志上发表那么多文章，说明懂得了如何做研究，独立工作能力超过了研究生，还是直接回校当老师吧！他派一位老师专门到笔者工作的通化地区建筑设计室游说恳谈，终于把笔者调回母校大连理工大学，那时是1978年。回到了母校，一面给当年的师兄、师弟们上研究生课，一面协助钱令希和钟万勰院士从事计算力学方面的科研项目，在老先生言传身教下成长起来。笔者一开始协助他们指导博士生和硕士生，还协助程耿东院士指导硕士生，以后又单独指导硕士生和博士生。现在统计下来，笔者已经指导博士生 26 名、硕士生 67 名和博士后研究人员 4 名。

现在回顾一下，钱先生培养年轻人实际上有“师带徒”与“师导生”两种模式。“文化大革命”之前，研究生招生数量少，他培养年轻人多采用“师带徒”方式，大连理工大学数理力学系的中、青年力学骨干多数是他亲自带出来的，其中包括后来当选为院士的钟万勰院士、“文化大革命”后第一批调回来的程耿东院士、林家浩教授，笔者是第二批也是最后调回来的“徒弟”。

所谓“师带徒”方式，就是老先生培育年轻人做科研课题、讲课和协助指导博士生和硕士生，这是年轻人在干中成长的稳健、快速之路。笔者其实是钱先生“师带徒”方式培养的关门弟子。1978 年恢复研究生招生以来，由于招生数量大为增多，钱老像其他老先生一样，进入了“师导生”为主培养人才的阶段。

这里，笔者思考两个问题：现在还有没有“师带徒”的方式？“师带徒”方式有没有值得“师导生”方式借鉴的地方？其实，博士后研究人员、同一科研团队或教学团队的年轻教师、外校的进修教师或国内访问学者（将来也许会有国外访问学者），都应当列入老教师作为“师父”所带的“徒弟”之列。

毫无疑问，“师徒”之间具有情同父子的色彩，更深的感情沟通，更浓的和谐氛围，更直接的干中学模式，更快的实践中成长结果。概括起来，“师带徒”的方式对“师导生”方式的可借鉴之处在于其人性关怀和人文精神，有利于学术指导与人生指导的融合。

不过，“师带徒”方式缺乏“师导生”方式的以下优势：1. “师带徒”方式不授学位，没有博士学位的年轻人有可能舍弃高水平的“师父”，而纳入“师导生”模式就读于低水平的老师。2. “师带徒”方式要求“徒弟”有较高的起点。3. 除非老先生有较高的敬业精神，否则，他宁可不做“师带徒”的工作，而愿意多做“师导生”的工作。

二、亦仁亦德

钱先生对笔者除了有业务上的熏陶，也有人品上的重要影响。他的榜样作用使笔者悟出一个道理：要当好一名优秀的导师，必须为人师表，亦仁亦德。我们说孔夫子是“万世师表”，可见师表的分量很重，师——老师，表——表率。我们是老师，可是未必能称得起“师表”。为什么？“师表”是不简单的，他不光要有学问，更要有人品、人格魅力。凡是认识钱令希先生的，无不称他为师表，因为他具备了上述这些方面的品质。

笔者经常在琢磨：为什么钱先生有那样好的口碑？同其他老先生比较后，笔者终于想通了——他总是在为年轻人着想。不管是否是他的学生，不管他是否认识，他总是有求必应。尽管其他老先生也能做到这些，可是他比别人更加投入，而且他常常主动地为年轻人着想。一句话：心地善良，助人为乐，也就是说：内在的仁爱心派生出外在的德行，从而发挥了师表的作用。

为了向钱令希先生学习，笔者从做人入手——以修身工程开始要求自己，按照先贤的教诲就是格物、致知、诚意、正心、修身、齐家、治国、平天下。

道德也好，修身也罢，都是做人的途径，要在日常生活中学“做人”，在日常生活中修养自己。为此，我认真钻研了二十字（爱国守法、明礼诚信、团结友善、勤俭自强、敬业奉献）的公民道德规范，从中凝练出四字——“敬、诚、和、勤”。

“敬”，以敬仰、崇敬、恭敬、尊敬等意表达四个要点，即爱国、守法、明礼、敬业，实际是对国家、法纪、他人、事业的敬爱之心；引申为“心敬”。

“诚”，可看成诚信的缩写，表达了精诚、忠诚、诚恳、诚实之意；引申为“意诚”。

“和”，以和气、亲和、和蔼、平和等意表达团结、友善两个要点，实际是内心善良、平和之态的外在流露；引申为“态和”。

“勤”，以勤奋、勤恳、勤勉、勤劳表达了勤俭、自强、敬业、奉献四个要点，是自尊、自重、自强美德自然表现出来的身心的勤勉；引申为“身勤”。

“敬、诚、和、勤”引申出的“心敬、意诚、态和、身勤”，实际上反映了优秀的道德准则演化出高尚的行为表现。

从过程与目标的关系来看，“敬、诚、和、勤”只是道德实现的目标，道德的养成过程则体现在内在的修身养德的功夫上，这在道德规范中没有写上，作为准则性质的规范，只要明确目标就足矣。然而精美目标的达到，离不开过程中的砥砺磨炼，也就是“修养道德、建功立业”。

如果说“建功立业”与“敬、诚、和、勤”都是目标，那么，前者是外在的，后者是内在的，只有内在的目标实现了，才能转化为外在的目标。然而，目标的实现离不开过程，这就要瞄准“敬、诚、和、勤”的目标，在认真实践的过程中，一点一滴地修养道德。

“敬”“诚”“和”“勤”其实都植根于一个“善”；在修养道德时，抓住了“善”这一根本，才能自然而然地派生出“敬、诚、和、勤”。笔者把自己的体会讲给我的研究生们听，希望他们能够按“敬、诚、和、勤”要求自己。笔者还经常把报刊上的富有启发性的文章（例如介绍宋健院士成长的报道、关于评选优秀博士学位论文的情况总结等）复印给每位研究生，让他们从中体悟修身与做事的道理。

三、亦示亦言

我们常说“身教胜于言教”，这句话强调了老师的表率作用，有人却以此建议老师少一点婆婆妈妈。其实老师真要少说话必须有两个前提。其一，老师的身教能被学生体会和领悟；其二，学生明白了之后能够步其后尘。若不能做到这两点，则言教不但不可少，而且还得在不使学生产生逆反心理的条件下，予以强化。因为只有借助于说，才能使悟性低或心浮气躁的学生体味老师身教的含义，毕竟多数人不可能顿悟，只能渐悟。

要言教就得苦口婆心，就得旗帜鲜明。

一方面我们要在各方面关怀爱护学生，耐心指导学生，另一方面又要十分严格地要求学生，不允许有丝毫的懒惰、造假现象，批评要直率甚至是严厉，因为对学生的帮助是诚恳的、发自内心的，只有直率甚至是严厉才能振聋发聩。

针对学生中流传的学生给老师“干活”的说法，笔者认为应当在观念上拨乱反正。哪里有同任何项目都没有关系的“纯粹”培养学生的课题？如果导师真的没有项目，恐怕不是他的研究能力出了问题，就是他的研究方向值得反思了。导师正是通过在干实际项目中给予学生具体指导，使他们增长才干。何况真实的项目对于年轻人的锻炼最大，虚拟项目是无法与之比拟的。

辩证地看，不应把为老师“干活”与为自己“干活”对立起来，也不应把“干活”与“成长”对立起来。那种狭隘的认识不是来自糊涂观念，就是来自浮躁、急功近利的市侩哲学，在纯洁神圣的师生伦理面前显得十分渺小。笔者还指出：导师把花大半辈子工夫摸索到的学术“法宝”毫无保留地传给学生，无私地把学生引到学科前沿，这是学生干那一点“活”能换回来的吗？

总之，在当今，必须把“身教胜于言教”改为“身教与言教并重”。“身教”是无声的示范，“言教”是有声的辐射，二者兼有，就是“亦示亦言”。只示不言其实是过高估计了研究生的悟性，只言不示则无法对研究生产生感召力。

四、亦道亦术

导师培养研究生，无论是在“德”还是在“才”上，都应当剖分出若干层面，位于上面的可以划归为“道”，位于下面的可以划归为“术”。“道”是抽象的规律、原理，“术”是具体的方法、技术。由于“道”与“术”又可以各自细分，因而总的说是多层次的“道术”关系。

老子在《道德经》中指出：“合抱之木，生于毫末；九层之台，起于累土；千里之行，始于足下。”这句话用于修道德和做学问上都十分贴切。

千里之行是我们做学问的理想——立志做教育家与科学家的复合型人才，不要使自己单一化（单纯科研型或单纯教学型）。不要当教书匠，要当教育家，不要当科研匠，要当科学家，而且要做德才出众的教育家兼科学家。

始于足下是我们做学问的实践——肩挑双担（教学、科研）。一手做两“课”——搞好课堂教学的学问，搞好课题研究的学问，做到教研相长。不但注意科学研究的学问，也注意教学研究的学问。要主动实现教育观念、学习观念上的转变，用高层次的道指导低层次的术。

不少同学开始读学位时别说独立思考和独立工作能力，连从事科研的基本技能都不掌握。我们就要从基本功开始教他们：怎样查文献，怎样选题，怎样写开题报告，怎样推导公式，怎样构筑程序框架，怎样编写程序，怎样考核例题，怎样归纳总结，怎样写科技文章，怎样写学位论文，可以说是手把手地教学生。不仅要有宏观方向的揭示，也要有具体思想、做法的传授和指导，甚至每个公式的推导表达，文章中每个字、句的修改完善。老师诲人不倦、诚心帮人的特点不仅在课堂教学生上如此，而且要像语文老师那样逐字逐句地给他们改文章，通过具体例子的点评耐心教他们准确、鲜明、生动地撰文，避免假话、大话、空话、套话。在具体的指导中，使他们由无从下手到会干工作，由会之较少到会之较多，逐渐掌握研究方法，提高研究能力。同时，导师还要把他们引向某个研究方向的前沿，使他们避免走弯路，避免漫长的摸索，使他们站在老师的肩膀上攀登，这样他们才有可能很快成为某个领域的国际前沿专家之一。

五、亦德亦才

学习钱先生做一名好导师，有两个首要条件：以做人为基点，以做学问为途径。这两点也意味着导师对研究生要有德和才两方面的指导。而要做到这一点，除了加强个人的修养，还涉及具体的做法。

回顾笔者多年来指导研究生的做法，大概经过了这么几个阶段：

1. 随时沟通

研究生可以随时推开门找笔者请教。这种做法有随时交流、及时反馈的优点，但是因为教学、科研等工作的繁忙，学生很难随时找到我，于是他们建议改为定期汇报。

2. 每周定时个别指导

定于每周某天的上午或下午，研究生挨个陆续汇报和请教。这个办法持续了一段时间，笔者发现研究生们有许多共性的问题，要不断地重复指导，于是改变为每周定时集体指导。

3. 每周定时集体指导

定于每周某天上午或下午，全体博士生与硕士生都到实验室，从博士生开始，接着是硕士生，凡是已开题的研究生陆续汇报。集体汇报是对学生一周工作的检阅，汇报中，笔者抓住共性的问题，实时指导，事半功倍，效果很好。更重要的是，勤奋学生受到鼓励，懒惰学生受到压力，有利于形成努力工作的氛围。

4. 以做人的集体学习促进做学问的集体指导

在指导学生的过程中，笔者深刻地体会到：指导他们做学问并不难，难的是如何卓有成效地指导他们做人。笔者从杨叔子院士的德育做法上得到了启迪。杨院士要求自己的博士生、硕士生在论文答辩前要背会相当多段落的《道德经》与《论语》，据说此举对于他的研究生做人、做学问都大有促进。于是在七年前，笔者决定效仿杨院士，组织研究生学习传统道德典籍的精华，但是笔者不要他们背诵，而只要求学习。先是学习清代学者李毓秀的《弟子规》，花了一个学期。每次汇报活动的开始，都是学习一小段，然后，我结合学生们的情况，联系实际进行讲解与阐发。为了加强效果，每次要一位同学记录，整理成文档，然后通过电子信箱传给我，我再修改，最后定稿后传给每个学生，效果十分好。从 2003 年开始，先后集体学完两遍《弟子规》后，又学习了曾子的《大学》，学习子思的《中庸》，现在正在学习《论语》。

六、亦慈亦严

倡导导师做研究生的好朋友，从师生人格平等角度出发，此话说得很在理。然而和谐的师生关系属于“不对称的均衡美”。所谓“均衡”，指师生朋友关系的人格本质一致——平等；所谓“不对称”，是指师生定位之别——“师导生学”。如果说，平辈之间的“对称的均衡美”概括为“友”，师生之间的“不对称的均衡美”应当概括为“师慈生”和“生尊师”。

师为主导，生为主体，这是必须承认的“不对称”。拿“均衡”反对“对称”，过分强调师生的“平等式”的朋友关系，是对“不对称均衡美”的误解。更重要的是，不利于彰显“师严生”的要点，而这是描述“不对称的均衡美”的另一个侧面。导师对待研究生如同对待自己的子女一样，要集严父与慈母于一身；多严缺慈则偏于冷峻，多慈缺严则溺爱不明。

钱令希先生的风范表明他对于研究生和中青年教师亦慈亦严。无论慈还是严，都是仁爱派生出来的。退一步看平辈的朋友，其实“友爱”也有“柔”与“直”两个侧面。正如做朋友要当诤友不可做谄友，导师也应当做诤师，对于研究生的缺点不能缄口不言，要直言不讳，有表扬也敢于批评。

研究生往往喜欢表扬不喜欢批评，原因何在？人们虽然知道良药苦口、忠言逆耳、口蜜腹剑、笑里藏刀诸如此类成语的含义，可是还是不喜欢喝苦口的良药，而宁愿饮甘饴的鸩汁。我告诉自己的研究生，对你们诤言直语就是为了切中要害，避免婉言曲语表达不清。人生路上，能遇到直亲诤师并不容易，要珍惜。

做诤师难。难在“婆婆妈妈”、絮絮叨叨；难在口舌厉害却心肠火热；难在因为严格要求而导致学生不理解。“子不教，父之过。教不严，师之惰。”《三字经》上这一朴素的言语，真值得我们为人师表者去深思。一个确有师德的老师，不能忘记一个“严”字，应当集慈母与严父的特点于一身。

正如诤友不一定总是对朋友疾声厉色和大呼小叫，严师的严也不一定是严厉，而应当是严格、严肃和严密，即对学生品德和学问要有严密的风范、严肃的态度和严格的要求。正如诤友的本质是对朋友肝胆相照、仗义执言，严师的本质是真诚和率直，从而有了严密、严肃和严格的表现。高明的严师会营造“如沐春风”的氛围，但是我们可以从中领略到“严”字的全方位表现。

追到底，导师的责任心、真诚心和率直心更深地发自其仁爱心。在学风有待整顿之际，应当大声呼唤每个导师都成为具有爱心的严师。果真如此，何愁学风不正，何愁学风不好！研究生们也就会理解导师们的真心、苦心和爱心了。

➢ 参考文献

［1］刘元芳：《钱令希的治学育人理念与实践——纪念钱令希先生诞辰 100 周年》，《高等教育研究》2016 年第 9 期。

［2］武金瑛：《最宝贵的精神财富——缅怀钱令希先生》，载王希诚、武金瑛、谷俊峰等主编：《科学殿堂的力学之光——第五届全国力学史与方法论学术研讨会文集》，大连理工大学出版社 2011 年版，第 181—193 页。

［3］隋允康：《师贤方能生斐——谈导师在和谐研究生师生关系中的角色和作用》，《学位与研究生教育》2010 年第 12 期。

［4］张铁、姜云飞、丁雷、吕东光：《献身科教效春蚕——追记著名力学家、教育家钱令希》，《大连日报》2009 年 4 月 27 日。

［5］刘万生：《宝贵的精神财富　永恒的前行动力——大连理工举行钱令希院士百年诞辰学术思想座谈会》，2016 年 7 月 22 日，见 http：//news. sciencenet. cn/htmlnews/2016/7/351888. shtm。

［6］白欣、马祎、杨谦：《钱令希院士在大连理工大学期间对隋允康教授的培养——隋允康教授访谈录（下）》，载王希诚、武金瑛、谷俊峰主编：《科学殿堂的力学之光——第五届全国力学史与方法论学术研讨会文集》，大连理工大学出版社 2011 年版，第 168—180 页。

［7］沈黎明：《钱令希院士的科教人生》，《传承》2008 年第 8 期。

[8] 吕东光、谢小芳：《改革开放 40 年的见证者中国科学院院士程耿东——让改革开放的好时代改变命运》，《大连日报》2018 年 12 月 17 日。

[9] 刘玉：《他是一座宏伟的“桥”——追记著名力学家、教育家钱令希院士》，《中国教育报》2009 年 6 月 12 日。

[10] 钱令希、徐新生：《关于培养研究生创新能力的思索》，《教育改革与管理——研究生教育研究》1999 年第 2 期。

[11] [苏] 加里宁：《论共产主义教育和教学》，陈昌浩、沈颖译，人民教育出版社 1957 年版，第 186 页。

[12] 钱令希、徐新生：《关于培养研究生创新能力的思索》，《教育改革与管理——研究生教育研究》1999 年第 2 期。

[13] 冯刚：《改革开放四十年中国高校教书育人的发展与展望》，《上海交通大学学报（哲学社会科学版）》2019 年第 1 期。

案例 3

培养值得自己崇拜的学生——黄希庭教授

➢ 案例导读

西南大学首位资深教授黄希庭，是我国著名的心理学家。自 1961 年于北京大学心理学专业毕业后，黄希庭教授已在西南大学执教 50 余年。半个多世纪的潜心耕耘，他教书、育人、科研“三位一体”，走出了一个中国知识分子闪光的学术人生，并荣膺 2012 年度“全国教书育人楷模”。黄希庭教授最欣赏的一句话是“青出于蓝而胜于蓝”，他认为一位好教师应能培养出值得自己崇拜的学生。为了实现这一目标，在精心指导培养学生的同时，黄教授还在教学中总结积累了许多教学经验和教学方法，并运用在教学的全过程，在教育和培养人才方面达到了事半功倍的效果。这既体现了黄希庭教授半个世纪以来教书育人的丰硕成果，也是他所秉持和遵循的教育智慧的宝贵结晶，值得我们深入挖掘和认真学习。

➢ 案例文本

在美丽的西南大学校园林荫大道上，人们经常看到一位满头银丝的慈祥长者的身影，身边还经常跟随着几个青年学生，他们或走或停，或激烈讨论，或温和交流，或认真倾听，那便是黄希庭教授和他的学生们。从 1961 年北大毕业后毅然投身西部高校任教至今，他已经在自己钟爱的高等教育道路上，行走了半个多世纪。

1937 年，抗日战争全面爆发的那一年，黄希庭教授出生了。在经历了国家和民族的内忧外患之后，中国人民终于迎来了新中国的成立，少年黄希庭也和祖国同步，开启了全新的人生历程：1961 年，黄希庭从北京大学心理学专业毕业，毅然奔赴祖国最需要、最艰苦的地方，来到西南大学的前身——西南师范大学任教，从此开启了自己的教师生涯。这期间，他带领西南大学的同仁们，倾心投入心理学的发展建设并取得重要成果：心理学成为西南大学第一个国家重点学科，建成了国家重点学科基础心理学博士点，成为心理学一级学科博士学位授予权单位。

在过去的半个世纪里，黄希庭教授一直坚持将教书、育人和科研三项工作有机结合，既讲授了多门深受学生欢迎、让学生受益终生的课程，如：他为本科生讲授过 11 门课程，至今仍坚持为学生授课；也一直坚守学术前沿并取得了系列重要研究成果：从大学毕业后，他对时间心理问题及规律的探索坚持至今，获得了一系列成果——最先将模糊统计赋值等应用于时间心理研究，开辟了时间隐喻的跨文化研究；提出了时间认知的分段综合模型和时间人格的概念；他从心理学的角度给出了价值观的定义，最先把价值观引入国内的教科书，并把价值分为十大类进行实证研究，提出了许多合理化的教育建议，他的研究成果被国外学术专著及国内多本教科书引用。① 作为一名教师，黄希庭教授真正做到了率先垂范，在心理学研究领域取得重要成果：已出版著、译作 50 余本，共发表学术论文 300 余篇。

更重要的是，他坚持诲人不倦，作为西南大学心理学部的“常青藤”，

① 参见《漫漫人生求索路　书写学术新篇章——记西南大学首位资深教授黄希庭》，2012 年 7 月 4 日，见 http：//www. jyb. cn/china/rwfc/201207/t20120704_ 501239. html。

半个世纪的岁月见证了黄教授桃李满天下：从教 50 年，他为国家培养了 123 位硕士研究生、58 位博士、8 位博士后、15 位国内高级访问学者。① 他所指导的博士学位论文，一篇被评为全国百篇优秀博士论文，一篇获优秀博士论文提名奖，为我国心理学人才培养作出了突出贡献。

认真教书：五十年如一日满腔热忱

自从教以来，黄希庭教授对待教学工作总是满腔热情、一丝不苟。多年来，他一直坚持为本科生上课，先后讲授过自然辩证法、公共课心理学、普通心理学、实验心理学、现代心理学流派、认知心理学、人格心理学、心理学教学法等十几门课程。在教学中，黄教授十分重视向学生讲解基础知识，通过对相关课程基本概念、基本理论、基本原理等基础知识内容的讲解，引导学生打下扎实的学习基础，并在此基础上更好地深入学习，形成牢固科学的知识体系。

除了重视基础知识的教学外，黄希庭教授还非常重视引导学生养成良好的学习习惯。为了达到这一目标，他在教学中会告诉学生怎样学以致用，怎样把心理学中的相关理论应用到自己生活和学习的实践，怎样养成良好的学习和生活习惯。例如，黄教授会指导学生学会正确的学习方法，教会他们怎么阅读教科书，怎么做好学习笔记，怎样有效克服自己的拖延症，学会科学合理地管理自己的时间。通过这样的教学，黄希庭教授不仅向学生讲解了专业知识，也引导他们将学习与生活有机结合，在学习和生活上都有收获和进步。也正是在这样的谆谆教诲中，黄希庭教授把自己生命中最美好的岁月奉献给了最令他自豪和欣慰的学生们，奉献给了中国的教育事业。

古人云：“授人以鱼不如授人以渔”。黄希庭教授也是秉持这样的教育理念，十分重视对学生的创新观念、创新能力的培养。他不主张教师对学生

---

① 参见胡光楠：《心理学泰斗黄希庭五十载潜心育桃李》，2012 年 9 月 18 日，见 http://news.xinhuanet.com/edu/2012-09/18/c_113119862.htm。

进行单方面的灌输，而是十分鼓励学生独立思考，引导学生通过独立思考来发现问题、提出问题、解决问题，从而培养学生的创新观念和创新能力。就像别具情趣的"散步式教学法"，事先约好学生边走边谈，好多具有创新意义的研究课题，就是在这样轻松愉快的谈话里得到肯定、提炼并逐渐成熟。① 这是他实施的最生动的个别教学和愉快教学，也是最具开放性和创新性的教学。黄希庭教授的学生、西南大学心理学部张庆林教授在谈及黄老师对自己的教导时曾表示：黄希庭教授经常教育我们，科学研究不是单纯为了发表文章，也不是仅仅为了获得科研项目或成果奖励，科学研究的本质是创新，创新是科学研究的真谛。创新是学科发展的动力，是人才成长的摇篮，也是我们职业生涯的灵魂。②

潜心育人：半世纪育英才桃李芬芳

黄希庭教授最欣赏的一句话是"青出于蓝而胜于蓝"，他认为一位好教师应该能培养出值得自己崇拜的学生。秉承着这样的理念，他精心指导和培养学生，尤其是在研究生培养过程中更是投入了大量精力，为国家和社会发展培养了大量优秀人才。

如何才能教好学生？很多教师都会思考这样的问题。在黄希庭教授看来，教师要教好学生至少应该做到以下四个方面：第一，教学生掌握"三基"，即基本概念、基本原理、基本理论；第二，教学生树立该门学科的理念；第三，教学生怎样为学，就是指学习，做学问，学习知识，创造知识；第四，教学生怎样为人，成为什么样的人。做学问也是做人，老师应该教学生思考并实践应该成为什么样的人。一名好教师的职责是教书育人，教师在传授科学文化知识的同时，要培养学生优良的思想品德，使他们养成正确的

---

① 参见孙家莉、张烁：《西南大学心理学系教授黄希庭——培养让自己崇拜的学生》，《人民日报》2012 年 9 月 18 日。

② 参见张庆林：《创新是科学研究的真谛——学习黄希庭教授勇于创新的精神》，2012 年 9 月 8 日，见 http：//old. moe. gov. cn/publicfiles/business/htmlfiles/moe/s7108/201304/150596. html。

价值观，学会独立思考，并具有把知识应用于实际的能力。①

作为博士生导师，黄教授深知要把学生教好不容易。为了给学生指明发展方向，他在给博士生上第一次课的时候就会明确提出四点要求：第一是要立志，立大志；第二，博士生要学会做科研；第三，3 年时间一晃而过，你们必须学会管理好自己时间；第四，也是最重要的，做有健全人格的人，学会用辩证观点看待世界、时间和成败，用辩证观点对待自己和他人。②

在黄希庭教授看来，做研究不应该是“书斋里的研究”，而教书育人也是广义的，因此只要是对人才成长有利的事都应该被支持。遵循这样的育人理念，他殷切地鼓励每一个学生，无论是在学习中，还是在生活上，都要做一个自立、自信、自尊、自强的幸福的进取者。黄教授常常教导学生：“做人不能贪图享福，要在进取中享福，没有进取就没有幸福。”③

在人才培养中，黄希庭教授允许学生与老师有不同看法，激励学生从不同的视角去观察问题，甚至偏爱那些勇于争论、有不同观点的学生。黄教授的学生、西南大学心理学院院长张庆林教授说，黄希庭教授坚持因材施教、学术民主。每一届新生的第一堂课，他都会发一个郑重的声明：“在学术上我们平起平坐，你们可以跟我的观点不一样，甚至可以来批判我的观点。”④黄希庭教授不仅鼓励学生独立思考和创新，而且会及时发现学生有价值的新观念新思想，进而指导学生将其转化为新的学术研究课题，实现学术思想的发展和创新。

爱之深责之切，黄教授对学生的要求也非常严格。他的门下弟子众多，但是每一名博士生、硕士生的论文他都要逐字逐句地修改，给予学生最认真

---

① 参见黄希庭、陈红：《点燃心灵：心理学研究与教学的契合——黄希庭教授专访》，《苏州大学学报（教育科学版）》2016 年第 1 期。

② 参见陈丹：《重庆教授黄希庭从教 47 年竟不知教师节是哪天》，2008 年 9 月 8 日，见 http://old.moe.gov.cn//publicfiles/business/htmlfiles/moe/s7107/201304/150610.html。

③ 朱丽亚：《黄希庭：校园里不老的传奇》，《中国青年报》2012 年 9 月 24 日。

④ 张国圣、侯定君：《点亮“第一盏灯”——西南大学首位资深教授黄希庭》，《光明日报》2012 年 9 月 16 日。

负责的学术指导。他常对学生说："做科学研究最需要的品质是严谨治学，一丝不苟，宁愿慢些，但要好些……"这种严谨的学风不仅体现在他自己的科学研究上，也体现在对博士生的指导和培养上。黄教授的学生都要经过严格的学术过程才能完成学业、获得学位，每个学生都要经过确定选题、完成高质量的文献综述、进行开题报告、取得实验或研究的初步成果、进行预答辩等多个阶段，所有这些环节都通过完成后才能进行最后的正式答辩。

凡是做过黄希庭弟子的人都领教过他的认真。博士生陈国有说："我们每个人都保留着入师门后的第一篇论文原稿。每一篇，黄老师都会逐字逐句地修改，笔迹有蓝色的、有黑色的，有些地方还贴有签条，这是黄老师独特的风格。"① 作为黄老师的弟子，西南大学心理学院陈红教授对黄老师严谨认真的育人品格有着深刻体会："记得老师通知我开题是在清晨六点多钟，但他已经工作一个多小时了。论文交上去后老师把它批改得满是红字，甚至不放过一个标点符号，这样的严谨治学精神深深地震撼了我，我告诫自己做学问不可以有丝毫的马虎!"②

黄教授对学生在学术和事业上的严格要求，并没有影响他对弟子在生活上的关心和关爱。课堂外，黄希庭教授更像是一位慈父。他对学生的爱是无私的，即使生病住在医院中，他也带着学生的论文进行修改，或者与学生讨论研究设计。有学生生病住院，黄希庭教授都会亲自前去看望。对于经济困难的学生，黄希庭教授帮助他们寻找勤工助学的岗位，锻炼他们的能力，减轻经济压力。③ 在获得"2012 年度全国教书育人楷模"奖之后，黄希庭对他的弟子们说："这个奖杯应该由你们来拿。"

半个世纪的教师生涯中，黄教授获得了无数荣誉：从"重庆市劳动模范"到"四川省优秀教师"、从"国家级突出贡献中青年专家"到首届

---

① 朱丽亚：《黄希庭：校园里不老的传奇》，《中国青年报》2012 年 9 月 24 日。

② 陈红：《师恩难忘》，2003 年 9 月 4 日，见 http://old.moe.gov.cn/publicfiles/business/htmlfiles/moe/s7108/201304/150592.html。

③ 参见余颖：《严师慈父　学术人生》，《经济日报》2012 年 9 月 24 日。

“国家级教学名师奖”、从“全国先进工作者”到“全国优秀科技工作者”，再到2012年被授予“全国教书育人楷模”荣誉称号……但黄教授从未停下教书育人的脚步。直到现在，他还会站上讲台，给学生授课：西南大学心理学部每届本科新生的第一课，都是由黄希庭教授讲授，传统延续至今。①

黄希庭教授坚守人民教师的职业操守，为教学、科研、人才培养倾尽了毕生精力。如今，满头银丝、神采飞扬的黄教授正引领着一大批心理学骄子，行走在科学研究服务人类的最前沿，书写着中国知识分子的家国情怀，描绘着一个科研工作者学术人生的不老春天。

➤ 案例分析

教书育人是教师的基本职责，也是中国特色社会主义教育事业发展的现实要求。实践中，绝大多数教师都能够认真履行教书育人职责，广大研究生导师更是将教书育人作为履行其立德树人职责的重要方式和手段。案例中黄希庭教授作为全国教书育人的楷模，50多年来一直坚守在教学科研第一线，认真教书、倾心育人，收获了累累硕果。学习黄希庭教授教书育人的典型事迹，对我们进一步强化研究生导师履行立德树人职责有重要启示。

首先，对于高校教师来说，教学、科研和育人是其最重要的工作内容，虽然工作方式和内容各有不同，但从人才培养的理念和实践层面看，这三者又是一个内在关联、相互融合的过程。尤其要注意的是，我国高等教育发展方向是同我国发展的现实目标和未来方向紧密联系在一起的，这就要求新时代研究生导师立德树人要具备相应的职责。② 因此在教育实践中，不能够将三者分离或对立，而是在尊重教育基本规律和人才成长规律的基础上，实现

① 参见李卓君：《教师节专访丨西南大学教授陈红：遇见黄希庭 遇见人生的真善美》，2018年9月10日，见http://education.cqnews.net/html/2018-09/10/content_50050308.htm。

② 参见刘林：《研究生导师立德树人职责与实现途径探究》，《思想教育研究》2018年第5期。

三者的有机统一，这也是研究生导师履行其立德树人职责的前提和基础。

案例中黄希庭教授不仅是著名的心理学家，也是著名的教育学家。他非常重视人才培养，“个性化成才教学”是他的教学“秘方”。他与学生交心，了解学生优点，结合学生自身的特长进行培养，从而有效地达到育人目标：1998 年前后，成都市武侯区投资 3000 万元改造了簇桥乡的一所中学，改造后学校的硬件设施非常齐全，但是这所学校在人才及教育方面比较薄弱，不少学生学习兴趣不高。面对这种局面，黄希庭教授受当地教育局领导所托，担任该校的名誉校长。5 年的时间，黄教授带领的团队成员住在学生公寓，吃在学生食堂，用“个性化”的方法发掘学生特点，因材施教，把该校打造成了全国示范学校。①

教学是为育人目标服务的，科学研究也要服务于这一目标，尤其是在指导研究生的过程中，导师与学生所进行的科学研究都应该以“育人”为最高目标。有学者指出，在我国高等教育包括研究生教育日益走向大众化的今天，研究生教育的价值取向正在从单一的“学术价值取向”向更加多元的“社会价值取向”转变，从单一的专业化、学术化、精英化教育向更加关注和面向社会发展的“全面教育”转变。② 这就对研究生导师提出了更高的要求。案例中黄希庭教授主张教学与科研相结合，以科研的精神来搞好教学。他高度重视教材建设和教学工作，是因为他把教学当作科研，在教学和科研过程中都会想学生之所想，教学生之所需，鼓励学生对教材提出自己的看法，培养学生发现问题、分析问题、解决问题的能力，他不仅传授学生现有的知识，还指点学生如何去获取新的知识，从而有效培养学生的学习能力。黄教授科学研究的一个重要方向是人格问题，尤其是在人格研究中国化方面作出了重要贡献。他几十年如一日，孜孜以求，并逐步形成了自己的理论观

---

① 参见胡光楠：《心理学泰斗黄希庭五十载潜心育桃李》，2012 年 9 月 18 日，见 http：//news. xinhuanet. com/edu/2012-09/18/c_113119862. htm。

② 参见徐国斌、马君雅、单珏慧：《“立德树人”视野下研究生导师育人作用发挥机制的探索——以浙江大学为例》，《学位与研究生教育》2014 年第 9 期。

点，发展出具有中国特色的健全人格概念，并将这些重要成果应用到人才培养中来，要求他的研究生成为“健全人格者”，鼓励学生“以辩证的态度看待世界、他人、自己、过去现在和未来、顺境与逆境，做一个自立、自信、自尊、自强、幸福的进取者”①。

黄希庭教授对高校教师的职责有着非常深刻的理解认识，他认为在大学里任教，不能光做教书匠，还必须从事科学研究。因为只有通过科学研究，教师才有可能不断掌握学科前沿信息，更新教材内容；才能充分体会到创新观念和创新思维对于学生的重要性；才能看得出学生的创新苗头，为之提供发展机会；才能真正懂得怎样培养学生的实践能力和创造能力，才能实现育人目标。由此可见，教学、科研都是开展育人工作、实现人才培养目标的有效方式。充分调动多重手段，形成育人合力，是新时代教师履行立德树人职责的新要求。

其次，教书育人相统一是教师履行立德树人职责的本质要求，研究生导师在培养、指导研究生的过程中更要自觉坚持教书育人有机结合。从古至今，教师都承担着知识传授、道德熏陶、人格塑造、价值引导等责任，这其中教书育人是教师的核心和基础性工作，也是其履行上述职责的重要方式和手段。这体现了千百年来中国人所秉持的教育理念、遵循的教育原则和追求的教育目标，这些都凝结为“立德树人”这一根本目标和职责。为了规范、引导教师更好地履行立德树人职责，2014 年 7 月 8 日教育部制定了《严禁教师违规收受学生及家长礼品礼金等行为的规定》，设立 6 条“红线”，要求学校领导干部要严于律己，带头执行规定，切实负起管理和监督职责；广大教师要大力弘扬高尚师德师风，自觉抵制不正之风；对违规违纪者，要依法以纪严肃处理。针对这一规定，黄希庭教授谈了自己对教师所承担的“传道、授业、解惑”职责的看法：“传道”就是向学生传授有关宇宙人生

---

① 参见黄希庭：《再谈人格研究的中国化》，《西南师范大学学报（人文社会科学版）》2004 年第 6 期。

的基本规律，传授社会主义核心价值观，使学生能够正确看待宇宙人生，正确为人处世；“授业”就是向学生传授文化知识和获取知识的方法，使他们能够在走向社会后具有谋生和创造财富的本领；“解惑”就是帮助学生解除其身心成长过程中所遇到的各种疑难问题，使他们能够成为幸福的进取者。因此，教师应该是社会行为规范的代表，具有丰富的知识和高尚的道德素养，同时也是学生们学习的榜样。① 在黄教授看来，做好教书育人工作是每一位教师应尽的职责。

黄希庭教授的学生、西南大学陈红教授在 2016 年举行的“黄希庭先生治学与教书育人理念学术研讨会”上曾经深情地表达：黄希庭先生多年来，教书育人师爱无疆，弟子们从先生的人格魅力和学术涵养等方面所得到的启迪是仅仅用语言无法描述的，唯有将黄先生的教诲投入到自己的生活之中，成为幸福进取者，努力成为建设祖国的优秀人才，方可回报老师的教育恩情。我们要像先生那样时刻牢记教书育人的使命，甘为人梯，以自己的人格魅力陶冶学生的心灵，以自己渊博的学识开启学生的智慧大门，让“勤奋、严谨、创新、求实”的学风代代传承下去!② 这直接体现了黄希庭教授多年来的教书育人理念和取得的重要成果。

最后，师德师风建设对教师履行立德树人职责具有重要作用。2014 年教师节前夕，习近平总书记来到北京师范大学，看望教师学生，观摩课堂教学，进行座谈交流。习近平在讲话中指出：一个人遇到好老师是人生的幸运，一个民族源源不断涌现出一批又一批好老师则是民族的希望，并号召全国广大教师做有理想信念、有道德情操、有扎实学识、有仁爱之心的“四有”好老师。③ 党的十九大报告指出：中国特色社会主义进入了新时代，这要求广大教师自觉做先进思想文化的传播者、党执政的坚定支持者，更好承

---

① 参见黄希庭：《教书育人是教师天职》，《中国教育报》2014 年 7 月 21 日。

② 参见西南大学心理学部报导组：《西南大学隆重举行“黄希庭先生治学与教书育人理念学术研讨会”》，《心理科学》2017 年第 1 期。

③ 参见习近平：《做党和人民满意的好老师——同北京师范大学师生代表座谈时的讲话》，《光明日报》2014 年 9 月 10 日。

担起学生健康成长指导者和引路人的责任，要加强师德师风建设，坚持教书和育人相统一，坚持言传和身教相统一，坚持潜心问道和关注社会相统一，坚持学术自由和学术规范相统一，引导广大教师以德立身、以德立学、以德施教。对于广大研究生导师来说，在培养研究生的过程中，要做到全方位育人、全过程育人，把立德树人贯穿研究生培养的各个环节和各个方面，既要教书，又要育人，既要进行学术指导，更要进行思想引导，做研究生成长成才的指导者和引路人，全面引导和促进研究生的成长和发展，使研究生成长为德才兼备、全面发展的高层次专门人才。① 这才是真正的“立德树人”。

➢ 延伸阅读

“四有好老师”和“四个领路人”

党的十八大以来，以习近平同志为核心的党中央非常重视教育工作，尤其是对教师队伍建设问题给予高度重视，从师德师风建设、教师肩负的责任使命等方面作出了一系列加强教师队伍建设、提高教师自身素养、充分发挥教师作用的重要论述，表达了党和国家对教师的期望和寄语。其中，“四有好老师”“四个领路人”和“四个相统一”的表述，既体现了对新时代教师的要求和期待，也体现了教师所肩负的神圣使命。

本书以“四个统一”视域下研究生导师履行立德树人职责为研究对象，研究生导师要真正履行好这一责任，也离不开对“四有好老师”和“四个领路人”的正确认识和自觉践行。本部分内容对这两个方面进行简要介绍，以便更好地解读研究生导师所肩负的立德树人职责。

“四有好老师”

“四有好老师”，是习近平总书记在2014年提出来的。2014年9月9日

---

① 参见骆莎：《论立德树人中导师的教育引导作用》，《思想理论教育》2018年第11期。

上午，在第三十个教师节来临前夕，习近平总书记来到北京师范大学看望教师学生，并观摩教师的课堂教学，随后又组织座谈会与北京师范大学的师生们展开深入交流。

习近平总书记在座谈会上明确指出：国家繁荣、民族振兴、教育发展，需要我们大力培养造就一支师德高尚、业务精湛、结构合理、充满活力的高素质专业化教师队伍，需要涌现一大批好老师。① 那么什么样的老师才是真正的好老师呢？对此，习近平总书记提出了“四有好老师”的标准，即有理想信念、有道德情操、有扎实知识、有仁爱之心的好老师。习近平总书记还号召全国广大教师都要以此为目标，积极做“四有好老师”，做党和人民满意的好老师。

“四有好老师”从理想信念、道德情操、知识水平和仁爱之心四个方面明确了新时代对教师的要求和期待。从内容上看，这四个方面具有内在逻辑关联，都统一于教师的“师德”建设上来：一个教师是否具有师德，师德的状态怎么样，能够通过是否具有“理想信念、道德情操、知识水平和仁爱之心”得到直接体现。教师的职业道德水平决定着整个教育工作的价值方向，教师在道德生活中的任何瑕疵，都会对学生的道德成长产生错误的影响；教师在价值观方面的偏颇，直接影响到学生内心正确价值信念的形成。②

“四个领路人”

2016 年 9 月 9 日上午，在第三十二个教师节到来前夕，习近平总书记在北京市八一学校考察并发表重要讲话。习近平总书记指出，当前我国正处于历史上发展最好的时期，但要实现“两个一百年”奋斗目标、实现中华民族伟大复兴的中国梦，必须更加重视教育，努力培养出更多更好能够满足党、国家、人民、时代需要的人才。这就要求广大教师要“做学生锤炼品

---

① 参见习近平：《做党和人民满意的好老师——同北京师范大学师生代表座谈时的讲话》，《光明日报》2014 年 9 月 10 日。

② 参见黄小华：《好教师的标准》，《光明日报》2017 年 4 月 2 日。

格的引路人、做学生学习知识的引路人、做学生创新思维的引路人、做学生奉献祖国的引路人”①。这是新时期教师角色的定位，也是教师们努力的方向。

如果说“四有好老师”是对教师师德的要求，那么“四个引路人”就是指明了教师所扮演的角色和发挥的作用。可以说，“四有”是基础，“引路人”是目标。② 广大教师要做好学生的“引路人”，就必须首先成为“四有好老师”，因为教师履行其职责使命离不开“四有好老师”要求的四个方面：理想信念是根本，道德情操是前提，扎实学识是基础，仁爱之心是关键。从目标上看，“四有好老师”和“四个领路人”最后都统一于教师的立德树人职责和使命，这是教师和教育的最终落脚点。

陶行知先生说：“学高为师，身正为范”，教师的“师范”作用正是通过对学生的全面引导来实现的。新时代是全民聚力实现中华民族伟大复兴中国梦的关键时期，广大教师能否担负起学生引路人的重要使命，对教育事业的发展、国家富强和民族复兴都有着重要影响。因此，广大教师应以此为指导，增强成为好老师的使命感，成为新时代的好老师。研究生导师作为教师队伍中的重要组成部分，应以此为目标，自觉履行立德树人职责，成为学生成长成才道路上的领路人。

➢ 参考文献

［1］张国圣、侯定君：《点亮“第一盏灯”——西南大学首位资深教授黄希庭》，《光明日报》2012 年 9 月 16 日。

［2］《漫漫人生求索路　书写学术新篇章——记西南大学首位资深教授黄希

---

① 刘奕湛、吴晶、王思北、施雨岑、魏梦佳、赵琬微：《努力培养出更多更好的人才——习近平总书记在北京市八一学校考察时的讲话引起热烈反响》，《人民日报》2016 年 9 月 11 日。

② 评论员文章：《以“四有”教师为目标做好学生“引路人”——二论学习贯彻习近平总书记在北京市八一学校考察时的重要讲话》，《光明日报》2016 年 9 月 12 日。

庭》，2012 年 7 月 4 日，见 http：//www. jyb. cn/china/rwfc/201207/t20120704_ 501239. html。

［3］胡光楠：《心理学泰斗黄希庭五十载潜心育桃李》，2012 年 9 月 18 日，见 http：//news. xinhuanet. com/edu/2012-09/18/c_ 113119862. htm。

［4］孙家莉、张烁：《西南大学心理学系教授黄希庭——培养让自己崇拜的学生》，《人民日报》2012 年 9 月 18 日。

［5］张庆林：《创新是科学研究的真谛——学习黄希庭教授勇于创新的精神》，2012 年 9 月 8 日，见 http：//old. moe. gov. cn/publicfiles/business/htmlfiles/moe/s7108/201304/150596. html。

［6］黄希庭、陈红：《点燃心灵：心理学研究与教学的契合——黄希庭教授专访》，《苏州大学学报（教育科学版）》2016 年第 1 期。

［7］陈丹：《重庆教授黄希庭从教 47 年竟不知教师节是哪天》，2008 年 9 月 8 日，见 http：//old. moe. gov. cn//publicfiles/business/htmlfiles/moe/s7107/201304/150610. html。

［8］朱丽亚：《黄希庭：校园里不老的传奇》，《中国青年报》2012 年 9 月 24 日。

［9］陈红：《师恩难忘》，2003 年 9 月 4 日，见 http：//old. moe. gov. cn/publicfiles/business/htmlfiles/moe/s7108/201304/150592. html。

［10］佘颖：《严师慈父 学术人生》，《经济日报》2012 年 9 月 24 日。

［11］李卓君：《教师节专访丨西南大学教授陈红：遇见黄希庭 遇见人生的真善美》，2018 年 9 月 10 日，见 http：//cqfb. people. com. cn/news/2018910/482039. htm。

［12］刘林：《研究生导师立德树人职责与实现途径探究》，《思想教育研究》2018 年第 5 期。

［13］胡光楠：《心理学泰斗黄希庭五十载潜心育桃李》，2012 年 9 月 18 日，见 http：//news. xinhuanet. com/edu/2012-09/18/c_ 113119862. htm。

［14］徐国斌、马君雅、单珏慧：《“立德树人”视野下研究生导师育人作用发挥机制的探索——以浙江大学为例》，《学位与研究生教育》2014 年第 9 期。

［15］黄希庭：《再谈人格研究的中国化》，《西南师范大学学报（人文社会科学版）》2004 年第 6 期。

［16］黄希庭：《教书育人是教师天职》，《中国教育报》2014 年 7 月 21 日。

［17］西南大学心理学部报导组：《西南大学隆重举行“黄希庭先生治学与教书育人理念学术研讨会”》，《心理科学》2017 年第 1 期。

［18］习近平：《做党和人民满意的好老师——同北京师范大学师生代表座谈时

的讲话》，《光明日报》2014 年 9 月 10 日。

[19] 骆莎：《论立德树人中导师的教育引导作用》，《思想理论教育》2018 年第 11 期。

[20] 黄小华：《好教师的标准》，《光明日报》2017 年 4 月 2 日。

[21] 刘奕湛、吴晶、王思北、施雨岑、魏梦佳、赵琬微：《努力培养出更多更好的人才——习近平总书记在北京市八一学校考察时的讲话引起热烈反响》，《人民日报》2016 年 9 月 11 日。

[22] 评论员文章：《以“四有”教师为目标做好学生“引路人”——二论学习贯彻习近平总书记在北京市八一学校考察时的重要讲话》，《光明日报》2016 年 9 月 12 日。

案例 4

桃李不言　下自成蹊——曾攀教授

➢ 案例导读

在导师负责制下，应该如何理解和把握研究生与导师之间的关系？清华大学机械工程系教授、博士生导师、长江学者曾攀教授用自己 20 多年的育人实践作出了回答：学生是培养的主体，教师是培养的主导，主导要环绕着主体来抉择方向，主体要在主导的条件下施展作用，二者相辅相成，共同实现培养人才的目的。秉持着这样的教育理念，曾攀教授将自己的全部精力投入到教书育人中，投入到研究生的人才培养中，他曾经先后 8 次被学生们评选为清华大学“良师益友”，并获得了首届“清华大学新百年教学成就奖”。对于曾老师来说，教学，是他热爱的事业；育人，是他终生的职责。

➢ 案例文本[①]

曾攀教授是清华大学机械工程系教授、博士生导师、长江学者，国家杰

① 本案例主要参考以下文献资料编写而成：赵藤子、周襄楠：《桃李不言　下自成蹊——记首届清华新百年教学成就奖获得者曾攀教授》，2017 年 9 月 15 日，见 http://news.tsinghua.edu.cn/publish/thunews/11075/2017/20170915114246240568071/20170915114246240568071_.htm。

出青年基金获得者。自1996年初在清华执教以来，他一直坚持点滴的积累：对教学，倾心投入；对科研，一丝不苟；对学生，谆谆教诲。曾老师曾经先后获得清华大学第二届、四届、五届、六届、七届、八届、十一届、十三届研究生“良师益友”荣誉称号，也曾获评北京市高等学校教学名师，并获得了首届“清华大学新百年教学成就奖”。这些荣誉和成就既体现了学生们对曾老师的尊重和认可，也是他多年来教书育人成果的直接体现。

教书，是他热爱的事业

“对于教学，我认为有三个层次。第一要勤于教学；第二要精于教学；最后要乐于教学。”在二十几年的教书生涯中，曾攀教授深刻领悟了教学相长的意义，既教授知识，也深得其乐，徜徉其间。可谓“得天下英才而教育之，三乐也”。

说起教学，曾老师侃侃而谈：“我一直坚持用粉笔板书，因为我所讲授的课程有大量的数学推演，书写这个推导过程，就是帮助学生们深刻领会学习的过程。”在计算机应用大行其道的今天，黑板上的“吱、吱”粉笔声显得尤为亲切，站在三尺讲台上的曾攀，用板书唤起了学生们的情感共鸣。“粉笔无言写春秋”，三尺讲台，三寸粉笔，三千桃李。

在曾老师的努力下，机械系为全校本科新生开设了新生研讨课“现代结构的数字化分析与探索”，由他带领教学，十几年来一直深受同学的欢迎。这门课以学生兴趣为主导，鼓励学生们发现生活中的点点滴滴，再尝试实证，将自己的设想科学化，并提供软件平台供大家研究讨论。课程反馈好评如潮，每次都要学生们抢课才有机会选上。“我们鼓励学生们去做自主专题研究，”曾老师说，很多不是机械系的学生来选上这门课，譬如电子系、汽车系等系的学生，大家根据自己的学科背景发现问题，我们提供技术支持和理论帮助，共同建模分析得到结论。这个过程是十分有启发性的。

曾攀教授在教学中擅长用生活的实例解释深奥的理论难题。面对来访的记者，他双手交叉进行演示，向其阐释什么是“有限元”：“习近平总书记多次在外交场合提及构建‘人类命运共同体’的理念，从国与国的命运共同体、区域内命运共同体，到人类命运共同体。这个思想就可以很好解释有限元的‘收敛性准则’：一是单元内部的完备性准则，即国家首先把自己的事情做好；二是单元边界之间的协调性准则，那就是本国和邻国和谐往来，这样理解是不是更简单一些了？”将理论明了化、生动化，不愤不启，不悱不发。曾老师正是用这种方式为学生们打通了理论的“任督二脉”、打开了学识的新视野。

“教学是一个需要持续的、均匀投入精力的、长期的过程；而科研则具备了强度高、投入集中的特点。两者并不冲突，甚至互相促进。”曾老师表示，他始终坚持将教学和科研有机结合，避免科研中心化、教学边缘化，特别是教师把最新科研成果跟学生们共享，对学生学习能力、见识见解方面都是显著的提升。“我把我们科研团队对大型液压机有限元分析的案例运用在课程中，让同学们通过学习建模来了解力学背景，通过自己做计算去验证结果是否准确。”曾老师把研究中的问题加工成了教学素材和案例，供学生们学习。在他看来，科研与教学相得益彰。

自清华大学在2014年9月开始线上慕课（MOOC）教学之后，曾老师便将有限元课程的教学从线下发展到了线上，实现了混合式教学，覆盖面也从校园扩大到社会。通过教师提前准备资料、视频录制，学生课前在网上观看的方式，把省下来的课堂讲授时间用来增加对知识掌握程度的提问、增加课内讨论。在他开设的一周三学时的3学分课程上，曾老师总要专门留出一个学时让学生作有准备的主题发言，“这样的课程更有挑战性，需要学生们在课下作更多的自主学习和研究。”

曾老师开设的有限元慕课课程，不仅登陆了清华大学“学堂在线”，还登陆了美国麻省理工学院和哈佛大学合作共建的在线教育平台edX。每学期大概有四五千全球学生在修这门课程。曾老师说，目前在edX上，这门课是英文字幕、中文解说，即便是这样，语言障碍也无法阻挡很多外国学生的选课热情，很多同学在课下讨论区表示非常期待全英文解说的版本。对此，曾老师高兴地表示：“我正在筹划中，希望能够尽早录制出来，供同学们观看学习。”

在接受学生采访时，曾老师谦虚地表示：“我这个人比较笨，但是我始终相信‘好记性不如烂笔头’。”除了教学方法，他还始终坚持从源头思考教学问题，“面对学生，我应该具有什么样的态度?”日积月累的勤奋付出之下，曾老师将自己的教学成果写成了三本厚厚的教材，《有限元分析及应用》《有限元基础教程》以及《工程有限元方法》，涵盖了从本科到研究生、从理论研究到工程应用多个层次。此外，曾教授还翻译了国际著名的有限元优秀教材以及专著，这些书已经成为国内学生学习有限元的经典书籍，他编写的教材入选教育部“研究生教学用书”、北京市高等教育精品教材、国家级“十二五”规划教材。这些丰硕的研究成果为曾老师的教学工作提供了有力的支持。

育人，是他终生的职责

曾攀教授曾说：“面对自己，我希望能够保持一种教学的勤奋；面对学生，我希望能持有一种谦逊的态度。此外，如果能够在传授知识以外对学生的人生发展有所帮助，那就更好了。”正是在这一理念的指导下，他不仅高度投入教学工作，还在传授、讲解知识的同时积极培养研究生的综合能力，从学术规范到思想道德，研究生成长的每一步都渗透着曾老师无微不至的关心。

如何认识和把握研究生导师与研究生之间的关系，这是每一个研究生导师都必须思考的重要问题，它在很大程度上决定了研究生培养的基调，也决定了研究生导师对自己职责的界定和履行。对此，曾教授是这样理解的：在教师和学生的关系中，教师是“主导”，学生是“主体”，只有二者相辅相成，充分发挥自身的能动性和积极性，才能成功实现人才培养的目标。曾教授认为：一名大学老师最基本的义务就是培养优良人才，老师所有的工作都应当是围绕着这个任务开展的。① 在曾老师看来，教师必须摆正自己的位置，坚定以人才培养为目标，既要为学生指导学术研究的方向，也要引导学生的人格养成，关心学生的思想道德情况，这要求教师平等地对待学生，与学生形成亦师亦友的友好关系，有效履行教师的立德树人职责。无论是在学术上，还是在生活中，曾教授都十分关心学生，努力为学生营造良好的学术和生活氛围，组织学生进行组会的讨论，交流彼此的心得体会，也会组织学生进行体育锻炼，如与学生打羽毛球等。通过这些活动，既可以让学生得到身体上的锻炼，也可以使学生获得情绪上的放松，有效缓解心理压力，还能够增进师生间的情感，让老师更好地了解学生、关心学生、指导学生、帮助学生。

为了更好地开展研究生培养工作，曾攀教授每周都会和学生们进行一次小组研讨会，跟学生们讨论一些科研中遇到的困难或细节，包括实验设备的更换等问题；每个月进行一两次团队会，主要是通过学生们的学术报告来促进师生之间的互动；而平时通过电话、邮件与学生的沟通与交流，就更是不计其数了。在曾教授看来，师生间必要的交流和讨论，能够帮助学生们在自主学习的过程中得到有效的提高，这是人才培养最基础的、也最重要的工作之一。

为什么这么喜欢跟学生在一起？在被问到这个问题的时候，曾教授扶了扶眼镜，想了一会儿，说："我愿意和学生们在一起讨论问题，这个过程是充满着惊喜的，好奇心是学问之源。看着同学们成长，也是我最开心的事。"

至今，机械系2017级直博生孙其星仍然十分感谢曾攀老师。"曾老师是我在清华五年多时间中遇到的讲课最好、最用心的教授之一。现在我仍然记得当时大作业的选题是分析房屋梁结构受力情况。定好选题了，不知道如何

---

① 参见孙维泽：《严谨敬业 诲人不倦——访第十三届"良师益友"称号获得者曾攀传授》，2012年12月6日，见 http://news.tsinghua.edu.cn/publish/thunews/10303/2012/20121206111934198232524/20121206111934198232524_.html。

下手去做。曾老师把往年学长的大作业材料发给我，并指导我梳理建模思路、提炼建模要点、建立模型并分析。”

在曾教授指导的研究生中，机械系 2012 级博士生谢炜给他留下了深刻印象。在一次一起去参加学术论坛的出差路途中，他们共同探讨了关于风力发电变桨的斜轴折叠变桨原理的设想。回到学校后，受到启发的谢炜一下子钻进了这个问题，经过一段时间的集中研究，在国际期刊《能源》（*Energy*）和《能源转换与管理》（*Energy Conversion and Management*）上发表系列论文，完成了《水平轴风机的折叠变桨原理与气动性能研究》高水平博士论文，并获得了清华大学优秀博士学位论文一等奖。把设想变成现实——这不仅是学生的智慧结晶，也体现了一位老师在启发式教学中的良苦用心。如今，谢炜仍然记得和曾老师在一起的点点滴滴，“在我的博士课题刚开始的时候，每天晚上曾老师都抽出时间，从家里到办公室和我讨论课题，一起讨论研究方案，无论是在周五还是周末，只要是我约他，他都会来，无论风吹雨打，都会准时到办公室，有几次都讨论到凌晨”“那段时间很感动，也很有干劲。也正是这样的关心和指导，才有了最后我获得清华大学优秀博士生、优秀博士论文的荣誉。曾老师获得新百年教学成就奖实至名归。”

机械系 2017 级直博生黄万慧提及曾教授，也是非常感慨，“当时曾老师招研究生，我就去面试了。曾老师不仅关心我的学习情况，还从我的平时生活、未来打算等多方面考察。后来我有幸成了曾老师的直博生，本科毕业设计也是在曾老师的指导下完成的。”

既要教书也要育人——这是曾攀教授教育学生的基本理念，也是他 20 多年教师职业生涯的真实写照。

➤ 案例分析

人才培养、科学研究、服务社会是高等院校的三项基本职能。其中，人才培养则是高校的中心工作：“高校立身之本在于立德树人。只有培养出一流人才的高校，才能够成为世界一流大学。”① 研究生导师作为高校教师队伍的重要组成部分，自然也面临着如何履行好“立德树人”职责的重要使命，这也是习近平总书记提出的坚持“四个统一”重要思想的主要内容，是研究生导师履行其立德树人职责的重要方式和路径。案例中曾攀教授坚持将教书和育人相统一，乐于教书、勤于育人，为当前受到广泛关注甚至引起争议的“研究生导师与研究生关系”这一社会性问题的解决作出了非常有益的探索。

首先，坚持“教书育人”相统一是研究生导师正确履行其立德树人职责的基本要求。“教书育人”，就是指教师在有目的、有计划地传授知识和培养能力的同时，对学生进行思想政治教育，依据全面发展的要求，实现培养目标。② 研究生作为各个学科领域高层次专门人才的后备军，是未来各行各业发展和振兴的中坚力量，研究生培养质量的保障和提高至关重要。研究生教育作为国民教育的顶端和国家创新体系的生力军，承担着“高端人才供给”和“科学技术创新”的双重使命。③ 正因为如此，教育部近年连续发文强调提高研究生教育质量，其中对导师的作用进行了明确要求。在2014 年全国研究生教育质量工作会议暨国务院学位委员会第三十一次会议上，中共中央政治局委员、国务院副总理、国务院学位委员会主任委员刘延东在会上强调，要认真贯彻落实党中央、国务院决策部署，全面深化综合改革，创新人才培养模式，坚持问题导向，大力提升研究生教育质量，为创新驱动发展、国家现代化建设培养更多高端人才。要按照“四有”标准建设一支造诣精湛、德学双馨的导师队伍，突出科教结合和产学结合，不断提升研究生教育的国际化水平；要健全法律法规、完善制度规范、强化监督责任，建立完善内部质量保障与外部评估体系，努力开创研究生教育改革发展

① 《习近平谈治国理政》第二卷，外文出版社 2017 年版，第 377 页。

② 参见秦德祝：《高校教师教书育人原则新探》，《高等函授学报（哲学社会科学版）》2011 年第 5 期。

③ 参见何秀超：《努力创建研究生教育评估体系 全面提升研究生人才培养质量》，《学位与研究生教育》2018 年第 11 期。

新局面。[①] 这一讲话为新时期的研究生人才培养工作指明了方向和要求。

案例中曾攀教授从教 20 多年来，一直坚持利用板书的方式为本科生和研究生上课，之所以坚持这一做法，是因为曾教授深谙自己身上所承担的人才培养的重担。曾教授认为，对于大学生和研究生来说，将来都有可能会从事科学研究工作，那么在学习中就要有意识地培养自己的科研能力。按照这一思路，曾攀教授在教学中通过书写板书这一形式，既向学生清晰展示了教学思路，也引导学生跟着老师的思路深入思考，进而建立起系统的知识体系，实现了教师与学生之间在课堂上的良性互动。

在坚持传统板书教学方式的同时，曾教授在教学中也会交叉使用一些现代化的教学手段，使得课程生动活泼、图文并茂，既调节了课堂气氛，也调动了学生的学习积极性。正是通过在教学工作中投入的大量精力，曾老师取得了优异的教学成绩，更为重要的是，在这个过程中也有效培养了学生的独立思考能力、团队协作能力和社会担当的意识与能力，真正做到了“教书育人”的统一，也有效履行了研究生导师所肩负的立德树人职责。

其次，坚持“教书育人相统一”是对当前部分变形的“研究生导师与学生关系”以及与此引发的社会争议的有力回应。良好和谐的师生关系是教育取得预期的理想效果以及学生健康成长的必要保证。[②] 但近些年，在一些高校，许多研究生把导师称作“老板”，这一表述方式直接凸显了部分师生关系的异化。数学家谷超豪曾在一次教师会议上严肃指出，如今研究生教育中，有些教授把学生当成廉价劳动力，学生则称呼导师为“老板”。在他看来，这样很不好，因为教书育人不是商品买卖，没有雇佣关系，何来“老板”一说。[③]

---

① 参见刘延东:《在全国研究生教育质量工作会议暨国务院学位委员会第三十一次会议上的讲话》,《中国教育报》2015 年 1 月 5 日。

② 参见姚叶、黄俊伟:《过去大学的师生关系与现在大学的师生关系》,《大学教育科学》2010 年第 2 期。

③ 参见李波:《老师，千万别把自己当老板》,《光明日报》2018 年 1 月 29 日。

大学的本体功能在于其育人价值，其他功能都必须以其教学本体功能为基础才可能获得存在的合法性。① 以此为遵循，现实生活中绝大多数导师都能够做到认真负责、爱护学生，尽职履行教书育人的神圣职责，但个别导师的做法，如将学生视为替自己打工的“雇佣人员”，导致正常的师生关系出现异化，应该引起高度重视。造成上述非正常现象的原因是多种多样的，但其中暴露的共性原因则主要体现在部分研究生导师未能充分履行其立德树人职责，未能将教书和育人有机统一：实践中，有的导师将精力全部投入到自己的科研工作中，研究生成了为导师进行试验、报销等工作并从导师那获取物质报酬的“雇佣人员”，导师在工作中也不注重对学生进行学术规范、思想品质、道德情操的培养和教育。道之所存，师之所存也。② 从全国高校思想政治工作会议精神，到《关于加强和改进新形势下高校思想政治工作的意见》，其关键词“立德树人”已经明确了研究生导师所肩负的重要职责。案例中曾攀教授将师生关系界定为既是师生也是朋友，通过营造良好的学术氛围，以及定期开展学术交流等方式，既培养学生的科研能力，更重视学生的德智体美劳全面发展，从而实现了师生关系的和谐与良性互动。

最后，坚持在“教书育人”相统一基础上履行立德树人职责，为新时代的研究生培养工作指明了发展方向。应该说，我国研究生教育近些年发展迅速，取得的成绩是巨大的：研究生培养单位面向国民经济主战场、面向国家重大需求、面向世界科技前沿，在科教融合、原始创新、基础研究、技术变革等方面发挥了不可替代的重要作用。③ 但与此同时，研究生培养工作也存在明显的不足，如：研究生培养理念还需发展、研究生培养质量保障和监督力度不足等，因此进一步完善研究生培养机制就成为当前研究生培养工作的重要任务。正如刘延东同志在全国研究生教育质量工作会议上指出的那

---

① 参见徐冬青：《教书育人是大学的天职》，《中国教育报》2018 年 12 月 12 日。

② 参见韩愈：《师说》。

③ 参见黄宝印、王顶明：《继往开来，坚定自信，促进研究生教育高质量发展——纪念研究生教育恢复招生 40 周年》，《研究生教育研究》2019 年第 1 期。

样：要深刻把握全球经济科技竞争新趋势，坚定不移推动改革，使研究生教育成为高端人才的聚集器、国家科技创新的倍增器和中华优秀文化传承创新的推进器。要树立科学的质量观，解决好培养什么人、为谁培养人的问题，围绕经济社会需求优化结构，坚持质量为核心的内涵式发展，着眼提升创新与实践能力改革培养模式，把握好规模与质量、借鉴与弘扬的关系。①

科学的研究生培养机制首先要解决的问题就是：培养什么人、为谁培养人、怎么培养人的问题。现阶段，我国在校研究生近180万人，其中博士生近30万人。引导他们树立正确的世界观、人生观、价值观，不仅是关乎学生成长成才的实际问题，也是关乎现代化建设全局的原则性问题，更是关乎中华民族伟大复兴中国梦实现的重要战略问题。2018年5月2日，习近平总书记在北京大学师生座谈会上的讲话指出，大学是立德树人、培养人才的地方，是青年人学习知识、增长才干、放飞梦想的地方。② 我们的教育要培养德智体美劳全面发展的社会主义建设者和接班人，这是我们党的教育方针，是我国各级各类学校的共同使命。这为新时期的研究生培养工作尤其是研究生培养机制的变革提出了方向和要求。今后的研究生培养工作要深刻领会、贯彻党的教育方针，落实立德树人根本任务，抓住培养社会主义建设者和接班人这个根本，把培育践行社会主义核心价值观纳入人才培养的全过程，真正培养出具有坚定理想信念、高尚道德情操、高度社会责任感、强烈创新精神、精深专业素养和开阔国际视野的高层次专门人才。

在2018年9月召开的全国教育大会上，习近平总书记就我国教育的地位、方向、目标、任务等根本问题发表了重要讲话，并多次、反复强调了教育必须坚持立德树人的根本任务，强调“培养什么人，是教育的首要问题”，并且具体指出：“要把立德树人融入思想道德教育、文化知识教育、社会实践教育各环节，贯穿基础教育、职业教育、高等教育各领域，学科体

① 参见刘延东：《在全国研究生教育质量工作会议暨国务院学位委员会第三十一次会议上的讲话》，《中国教育报》2015年1月5日。

② 参见习近平：《在北京大学师生座谈会上的讲话》，《人民日报》2018年5月3日。

系、教学体系、教材体系、管理体系要围绕这个目标来设计，教师要围绕这个目标来教，学生要围绕这个目标来学。”① 这为新时代研究生导师认真履行立德树人职责指明了要求和方向，也明确了努力的目标。而这一目标的实现，离不开广大导师立德树人职责的有效履行，离不开教书和育人在理念和实践层面的有机统一，离不开无数位和案例中曾攀教授一样的“四有”好老师的共同努力。

➢ 延伸阅读

导师与研究生：师徒过招那些事②

王桓（化名）在结束他 8 年的研究生生涯之际，写了 8 万字的长文回顾自己浸淫已久的这个“江湖”。

他感叹，课题组就好像一个封闭的小世界，极度缺乏外部的监管与干预。就好像一个封建王国，遇到“开明君主”就国富民强，若是导师不甚开明、能力不强，就可能产生师生之间的“明争暗斗”。

导师可以运用自己的权威发号施令、指点江山；而研究生则可能使用暗器，如同武侠小说里的“化功散”，伤人于无形，比如在毕业时故意保留自己多年积累的实验经验、技巧，不告诉导师和师弟师妹，让本该进行下去的实验处于停顿状态。

他把自己的感悟文章发在网络论坛上，引来一片附和声。

前不久，中国人民大学教授公开宣布与门下弟子断绝师生关系一事，又一次让导师与研究生的关系成为教育热点话题。现如今，研究生和导师的关

① 《习近平在全国教育大会上强调　坚持中国特色社会主义教育发展道路　培养德智体美劳全面发展的社会主义建设者和接班人》，《人民日报》2018 年 9 月 11 日。

② 本材料摘编自李雅娟：《导师与研究生：师徒过招那些事》，《中国青年报》2015 年 10 月 26 日。

系，真的如王桓所言，像江湖般深不可测？

一旦涉及钱，“老板”就只是老板

尽管舆论屡屡批评如今研究生教育中的师生关系变为雇佣关系是一种异化，但现实中，“老板”这一用于导师身上的称谓已经被越来越多的研究生认可并接受。

郑梦（化名）在上海读研三，研一时，听师兄师姐称导师为老板，她还感到很不习惯，但在跟导师做了一年多实验后，她感慨道：“真的是老板！”

郑梦所在的研究院，各个实验室自负盈亏，郑梦的导师以做横向课题为主，通过为企业服务来挣钱。

郑梦目前的实验进展不太顺利，导师很不满意，直截了当地说：“实验室要赚钱，你要对实验室有贡献才行。”

郑梦说，“一旦涉及钱，‘老板’就只是老板。”郑梦有个同学做导师的污水处理项目，为了帮工厂解决技术问题，这个同学研二一年都待在这家工厂。

身为“老板”，有些导师对待学生毫不客气。

王桓的博士生导师批评学生时非常严厉，“根本不会顾及学生的面子，有时候就在人来人往的楼道里骂”。王桓的一个师妹初进实验室时被骂哭过好几次。

和职场上一样，如果遇到不喜欢的“老板”，研究生们也有自己的斗争方式：三言两语就能打消想要投到导师门下的本科生的积极性；想方设法尽早溜之大吉，比如，可以直博的，宁愿拿到硕士学位就走人。

郑梦研一时曾考虑过跟导师继续读博，但现在却打消了这个念头：“大部分实验都是在重复重复重复！”因为应用型研究的技术相对成熟，她做的研究其实没什么创新点。

围绕论文的过招最激烈

“师生的共有成果”，往往体现为论文，而这也是师生矛盾的一大焦点。

首先，论文署名权常常让师生间心生芥蒂。

对于学术型研究生，大部分高校都有发表论文的要求，至少一篇。而按照目前通行的规定，只有导师有投稿权，即老师通过自己在期刊上注册的账号投递、发表出的论文才会被学校认可，如果是学生以自己的名义投论文，即便能成功发表，也不会被学校承认。而且，这样的事情一旦发生，也会严重影响学生在学术圈内的名誉——因为他破坏了默认的规则。

由老师当通讯作者、写论文的学生当第一作者，成了很多师生约定俗成的做法。通讯作者，通常是实验项目的负责人，提供实验设备、药品和资金；第一作者，是对论文贡献最大的人，一般是实验的直接操作者。

但也有老师会同时任第一作者和通讯作者，如果老师对学生的指导不多，就很容易引起学生的反感。在一些学术论坛上，关于导师在论文上署名的吐槽屡见不鲜。

王桓在读博士和做博士后期间都遇到了类似的情况。

读博时，王桓做出的实验数据已经足够发表论文，但是导师要求他在某个方向再作探索。他按照老师的设想又做了两个多月的实验，但并没有得到预期的结果，最后只好按照原先的数据发表了论文。

“这其实有一定的赌博性质。”王桓说，如果老师判断准确，论文的档次能提高很多；如果判断失误，就只能白费工夫。但对科研来说，判断的准确率并没有保证，既要看老师的水平，也要靠运气。

面对“赶快发论文毕业”与“攒着发个大的”的冲突，上海交通大学电子信息与电气工程学院教授陶梅霞认为，如果学生还打算继续做科研，导师可以用科研精神来说服学生；但如果学生不同意，导师也只能尊重学生的意愿。

而论文的数量和质量能否达到毕业要求，则是一些研究生与导师矛盾激化的根源。季珊（化名）说，研究生们在一起聊天时，会有人抱怨自己的导师“太有原则”——按照学校的要求，学生发表的论文数量已经能够毕业了，但因为达不到导师的实验室标准，学生只好推迟毕业。

在陶梅霞看来，这是必须遵守的底线。她认为，导师带学生，就像树立一个品牌，“我得为我的品牌质量把好关”。如果带出的学生质量高，也会形成良性循环。

陶梅霞强调说，学生是否达到毕业标准，论文数量并不是唯一的衡量标准，如果学生只发表了一篇质量非常高的论文，也会准许毕业。但目前为止，还没有这样的先例。

事实上，论文问题也带给导师们极大压力。

陶梅霞曾带过一个博士生，这个学生已经读了4年，但论文甚至还没达到上海交通大学博士生预答辩的标准。陶梅霞认为其“学术水平远远没有达到标准”，建议学生延迟毕业、继续做实验。不料，这个学生跑到她办公室里哭闹，还以跳楼相威胁。无奈之下，陶梅霞组织教授委员会为这位学生进行预答辩，结果“五六个评委老师也认为学术水平还不够”。后来学生服气了，延后了半年毕业。

“你是来做学术的，如果只要到老师办公室里哭闹、只要凑够4年就能毕业，这个学位就不值钱了。”陶梅霞说，如果博士生的毕业论文外审时的得分在该学院排在后10%，学生甚至可能需要延迟一年才能答辩。

类似的事情不少导师都经历过。有的导师怕学生出事，不得不降低要求，“放水”让学生毕业拿学位；有的导师实在无奈，只好一遍遍自己动手帮学生改论文甚至重写。

而经历了“跳楼”事件后，陶梅霞能做的，就是在招生时更加谨慎。

导师和学生是一个共同体

虽然认为学生和导师之间有明争暗斗，但王桓也表示，多数导师和学生之间的关系还是比较和谐的，很多导师和研究生感情深厚。

王桓自己读硕士期间的导师就给了他很大自主权，让他探索自己感兴趣的方向，这让他觉得“读研很开心”。

厦门大学教育研究院院长刘海峰关注高等教育领域多年。他认为，在20世纪80年代，研究生与导师之间更像中国传统的师徒关系——老师只带一两个学生，师生之间关系紧密。

而自 90 年代以来，导师带学生做项目、给学生酬劳的现象越发普遍，尤其是在理工科。如果老师要求学生做项目、给钱又很少，就容易引发师生矛盾。这种现象在理工科更为常见，人文学科因为项目较少，师生之间的经济利益关联相对较少，关系也较为单纯。

一位不愿透露姓名的导师说，如今研究生和导师之间之所以矛盾多、摩擦多，一个重要原因就是研究生不断扩招，一个导师有时一届就要招十几名学生，"现在研究生培养就像工厂流水线制造产品，师生之间没有充分的交流与沟通，能不产生矛盾吗?"

"师生其实是一个共同体。"陶梅霞说，导师和学生需要相互扶持，才能彼此受益。

而作为学生，季珊对导师的期待很简单：只希望导师能尽快回复邮件，不要总是要学生再发短信提醒了。

➢ 参考文献

[1] 赵藤子、周襄楠：《桃李不言　下自成蹊——记首届清华新百年教学成就奖获得者曾攀教授》，2017 年 9 月 15 日，见 http：//news. tsinghua. edu. cn/publish/thunews/11075/2017/20170915114246240568071/20170915114246240568071_ . htm。

[2] 李雅娟：《导师与研究生：师徒过招那些事》，《中国青年报》2015 年 10 月 26 日。

[3] 孙维泽：《严谨敬业　诲人不倦——访第十三届"良师益友"称号获得者曾攀传授》，2012 年 12 月 6 日，见 http：//news. tsinghua. edu. cn/publish/thunews/10303/2012/20121206111934198232524/20121206111934198232524_ html。

[4]《习近平谈治国理政》第二卷，外文出版社 2017 年版，第 377 页。

[5] 秦德祝：《高校教师教书育人原则新探》，《高等函授学报（哲学社会科学版）》2011 年第 5 期。

[6] 何秀超：《努力创建研究生教育评估体系　全面提升研究生人才培养质量》，《学位与研究生教育》2018 年第 11 期。

[7] 刘延东:《在全国研究生教育质量工作会议暨国务院学位委员会第三十一次会议上的讲话》,《中国教育报》2015 年 1 月 5 日。

[8] 姚叶、黄俊伟:《过去大学的师生关系与现在大学的师生关系》,《大学教育科学》2010 年第 2 期。

[9] 李波:《老师,千万别把自己当老板》,《光明日报》2018 年 1 月 29 日。

[10] 徐冬青:《教书育人是大学的天职》,《中国教育报》2018 年 12 月 12 日。

[11] 韩愈:《师说》。

[12] 黄宝印、王顶明:《继往开来,坚定自信,促进研究生教育高质量发展——纪念研究生教育恢复招生 40 周年》,《研究生教育研究》2019 年第 1 期。

[13] 习近平:《在北京大学师生座谈会上的讲话》,《人民日报》2018 年 5 月 3 日。

[14]《习近平在全国教育大会上强调 坚持中国特色社会主义教育发展道路 培养德智体美劳全面发展的社会主义建设者和接班人》,《人民日报》2018 年 9 月 11 日。

案例5

让学生站在老师肩膀上成长——何雅玲院士

➢ 案例导读

西安交通大学何雅玲教授身上有很多标签：中国科学院院士、国家“973”项目首席科学家、国家自然科学二等奖、国家技术发明二等奖获得者、全国教书育人楷模、国家教学名师、全国模范教师……尽管荣誉等身，但在何雅玲心中，最让她骄傲的身份仍是“人民教师”。正是这份来自心底的沉甸甸的使命感和责任感，让她始终坚持在教学和科研的第一线，让她始终谨记“教师”二字的神圣，三十年如一日教书育人、不忘初心，对学生充满热爱，对事业充满热情，以个人之力，培养学生之品质，打磨事业之精致，承担社会之责任，践行家国之担当。在学生心目中，何雅玲是严师、是慈母、是灯塔，更是将学生推向科技创新前沿的火箭。

➢ 案例文本①

何雅玲教授自1988年走上讲台，已执教30余年，多年的精心培育，让

① 本案例主要参考以下文献资料编写而成：冯丽：《最让她骄傲的身份是“人民教师”——记西安交通大学教授何雅玲》，《中国教育报》2015年9月14日。

她收获了桃李满天下的累累硕果：她已独立指导硕士生、博士生 100 余名，博士后 8 名；1 位博士生的学位论文获得 2013 年全国百篇优秀博士学位论文，另有 3 名博士生的论文获评省级优秀博士学位论文；指导的多名学生先后获得“吴仲华优秀学生奖”“西安交通大学优秀研究生标兵”“西安交通大学十大杰出学子”“西安交大优秀学子”“三好优秀研究生”“陕西省优秀毕业生”“美国 UTC-Rong Hong 奖学金”等诸多奖励和荣誉；还有学生在美国通用电气基金会（GE Fund）首届“爱迪生杯技术创新竞赛”等具有较大影响力的专业赛事中获奖。

“我想竭尽全力做一件事，那就是帮助我心爱的风筝娃起飞。”印度诗人埃尔马·邦贝克的这句诗，真切写出了何雅玲教授的心声。从教 30 余年，何雅玲最开心的时刻，莫过于带着她心爱的“风筝娃”——学生们飞上高高的天空。

三尺讲台，倾心教书

1988 年，何雅玲从西安交通大学毕业留校任教，成为一名光荣的人民教师。刚留校任教时，年轻的何雅玲一遍一遍地去听老教师讲课，虚心学习教学经验和方法，努力突破教学中的难点。她把教学当作一门艺术，不断追求创新。针对课程内容多、概念多、计算多和工程应用背景强等特点，她精讲内容，重讲概念、思路和方法，合理安排讲授重点、难点，采用启发式教学，着力培养学生掌握基本理论、基本知识、基本技能和分析问题、解决问题的能力。

30 多年过去了，她始终坚守在教学科研一线，先后为 6000 余名本科生、研究生主讲过《工程热力学》《热工基础》《高等工程热力学》《工程热力学近代进展》多门课程，每一年的教学工作量均是正常工作量的两倍多，三尺讲台成为她最为热爱、投入心血最多的地方。在教学工作中，何雅玲不断探索人才培养的新模式，注重结合工程实际，及时地将本领域新的科研成果融入教学内容中，不断丰富、充实、更新工程应用实例。采用启发式教学方法，注重学生创新能力的培养，形成了自己独特的讲课风格。何雅玲说："面对思维活跃的大学生，教师必须对基础理论和基本概念反复推演，举一反三，成竹在胸。在教学过程中，要指导同学们充分发挥他们的想象力，激发学生求知热情，培养学生创新精神。作为一名教师，手中教鞭分量虽轻，但肩上担子责任重大。"①

热力学的学生都知道一句顺口溜："焓含含糊糊，熵伤透脑筋。"这说的是热力学的深奥和难以理解。但是在何雅玲深入浅出的讲解和灵活恰当的举例下，诸多难题都迎刃而解，很多学生都是在她的课堂上对热力学产生了浓厚兴趣。凡是听过她课的学生，不论是听过几年，还是只旁听过几节课，无不折服于她的个人魅力。"前沿""启发"，是何雅玲讲课的关键词。虽然很多课程已开设多年，但每次讲课前，她都会修改讲稿或多媒体课件，及时将该领域最新的科研成果和自己的研究心得融入教学内容，不断充实和更新。她多次被学生评为"我心目中的优秀教师"，所授课程多次被评为"最受欢迎的课程"。

来自山东大学的学生何倩然 2010—2011 年作为交换生来西安交通大学学习，如今在美国伊利诺伊大学攻读学位。她 2014 年 1 月从美国专门来信说："何老师，我曾去西安交大交流，做您的学生是倩然一生中最美好的经历。这学期我修的高等工程热力学拿了 A，这里的教授夸我底子好，我还跟他讲是因为我在西安交大遇到了中国最棒的热力学老师！对您的感恩是写不完道不尽的。"

在研究生李印实的印象中，何雅玲总是特别忙碌。"何老师每次出差之后第一站都是教研室，她还常拖着行李直接上课堂去讲课。在她看来，给学生上课是最重要的事情，有时在外地出差，遇见有课，便提前一个晚上坐火车回来，第二天上了课再回去。每次上课前，她都会作认真细致的准备，就连调试教室里的多媒体设备这样的事情也不放过"。②

① 参见柯昌万、赵力：《何雅玲：欣赏学生的严师慈母》，《中国教育报》2006 年 9 月 10 日。
② 参见柯昌万、赵力：《何雅玲：欣赏学生的严师慈母》，《中国教育报》2006 年 9 月 10 日。

牢记初心，悉心育人

在执行完成国家重大、重点项目的科研过程中，何雅玲教授尽己所能为研究生创造良好的培养条件，增长了研究生的才干与智慧，增强了他们完成国家任务的自豪感与责任心，使研究生的综合素质和独立科研的能力得到很大提高。2014 年，她被授予西安交通大学首届“研究生教育突出贡献奖”（全校 11 人）。2007 年毕业的博士生黄竞说：“何老师是一个特别能为学生着想的人。她和她的每个学生长谈，按照各自的不同特长安排项目和课题，帮我们导航人生，规划学业，帮助和引导大家朝目标努力。”

陶于兵是何教授 2009 级的学生，现在也是西安交通大学能动学院的教授。回忆起毕业那年，面对论文里出现的换热器强化和翅片管等诸多结果不如预期的学术性问题，何雅玲把论文修改标红 30 多页，要求他重新研究论证。在陶于兵第一次走上讲台试讲之前，何雅玲看到内心紧张的学生只是一味地读着 PPT，便一对一亲自给学生示范了如何运用 PPT 教学并连夜修改了讲义中的内容，陶于兵拿着老师的两页讲说词，胸有成竹地走上了教师的岗位……陶于兵说，何老师对教书育人的严谨作风也深深影响着自己的教学之路，认真、坚持和付出在任何时候都是自己坚守的信念。①

何雅玲不仅用心培育着每一位青年学子，也用亲情呵护着这些未来的栋梁之才。2014 年 6 月毕业的巴基斯坦留学生阿里·纳瓦兹（Ali Nawaz）获得学位以后，依依不舍地说：“何老师，首先我想对您在我 2 年的硕士生涯中给予的支持、鼓励、帮助和关怀表示深深的感谢。请允许我对您表示崇高的敬意。感激您对我毕业论文的启迪并在论文完成过程中对我的指导和关心。我无法忘记在您团队中学习的这段时光，正是因为您对我的指导以及您研究团队的友好氛围，我才能够顺利完成一个具有挑战性的硕士阶段的学

---

① 参见易雅晨：《专访十九大代表何雅玲：教学科研双责并重　悉心育人躬耕不辍》，《当代女报》2017 年 10 月 23 日。

习。能在您的团队里学习是很难得的，而拥有您的指导则是每一个学生的幸事。非常感激您给予这个机会，让我成为您的学生。我衷心期望自己可以在博士阶段继续跟随您。再次感谢您！”①

何雅玲具有很强的事业心，这让她治学严谨、为人师表，深受学生爱戴。她的学生说，师从何老师，每个人都有一种幸福感，这种幸福感来自何老师对他们的激励和欣赏、对他们的尊重和帮助。在面对何老师时，每个学生都有一种责任感，这种责任感来自何老师对他们的期望、对他们的教诲。在研究生孙杰看来，何老师总是用欣赏的眼光看学生，用激励加鼓励的方法给学生指导。只要是学生写的信，不论是多小的事，何老师都会尽快回信。生活中，她也从不摆导师的架子，跟学生说话总是用“您”，用自己的实际行动建立起和谐的师生关系。何老师的赞美、褒奖和鼓励，为学生们提供了奋勇前进的动力和信心。

言传身教，立德树人

无论是教书育人，还是科研治学，何雅玲教授总是以身作则，一心扑在事业上，做起事来总是进入忘我的境地，一些疾患都抛在脑后。

在培养研究生的过程中，何雅玲教授非常注意通过自己的言行来影响学生，注重对研究生进行思想品德及学风的教育，对待学生如同对待自己的孩子一样，倾注满腔热情和激情，以培养优秀、杰出、将来能够成为国家栋梁的高素质硕士生和博士生为追求目标。除了学术上的培养，何老师也非常注重学生的感恩教育。给本科生的第一课，何教授往往都会对学生进行感恩教育，她鼓励大学生要从入校就培养一种家国情怀，要有对学校和国家的担当与责任感，懂得回馈父母和社会。

作为一名高等学校的教师，面对莘莘学子，何雅玲首先想到的是要提高

---

① 《何雅玲：教学科研双肩并重，悉心育人躬耕不辍》，2015 年 7 月 23 日，见 http：//www. jyb. cn/china/rwfc/201507/t20150723_631111. html。

自身的修养，做到有理想、有情怀、有水平、有担当。谈到高等教育，她对自己说：“家长把孩子交到教师手里，国家把祖国的未来交到教师的手里，我们必须时刻牢记自己肩上的重大责任。充分认识到教师对学生来说，不仅仅是探索未知世界与开拓新领域的指导者，更是优良道德的传承者。”① 因此，几十年来，摒弃浮躁、一丝不苟、勇于探索地潜心教学和科研已经成为何雅玲的一种生活方式。就像她时常用来自勉的两句话：“治学在严，严格认真，严谨求实，严师可出高徒。为人要正，正大光明，正直清廉，正己然后正人。”

“梧桐道上印下您匆忙的脚步，彩虹桥上留下您晚归的身影，教室里回荡着您激情的声音，实验室中聆听您谆谆的教诲……”这是学生写给何雅玲的一首名为《铿锵玫瑰》的小诗，也是她30多年教师生涯的真实写照。

➢ 案例分析

立德树人既是中华民族的优良传统，也是由当前高等教育承担的历史使命所决定的现实要求。立德树人是教育的根本任务，这就是说，教育及其发展，归根到底在于培养有高尚品德的人才。② 鉴于研究生导师在研究生培养机制中所发挥的重要作用，要求研究生导师在人才培养中应该自觉地承担起立德树人职责，真正成为学生成长道路上的领路人。案例中何雅玲教授30多年来辛勤耕耘、倾心育人，坚持教书育人的统一，展现了一名研究生导师“学高为师，身正为范”的精神风范，值得广大研究生导师深入思考、认真学习。实践中，研究生导师可以从以下三个方面通过强化教书育人相统一来认真履行立德树人职责。

第一，将立德树人作为教育和教育工作者的根本任务。党的十八大报告

---

① 参见易雅晨：《专访十九大代表何雅玲：教学科研双责并重　悉心育人躬耕不辍》，《当代女报》2017年10月23日。

② 参见武东生、宋怡如、刘巍：《立德树人是新时代中国特色社会主义教育发展的根本任务》，《思想理论教育导刊》2019年第1期。

指出，全面贯彻党的教育方针，坚持教育为社会主义现代化建设服务、为人民服务，把立德树人作为教育的根本任务，培养德智体美全面发展的社会主义建设者和接班人。党的十九大报告也强调：全面贯彻党的教育方针，坚持教育为社会主义现代化建设服务、为人民服务，把立德树人作为教育的根本任务，培养德智体美全面发展的社会主义建设者和接班人。[①] 这为新时代的教育工作者指明了方向和要求。

习近平总书记曾多次走进大中小学，在与师生座谈时深入阐述了立德树人的重要意义和实施途径。习近平总书记在 2016 年 12 月 7 日至 8 日举行的全国高校思想政治工作会议上发表了重要讲话，指出我国高等教育发展方向要同我国发展的现实目标和未来方向紧密联系在一起，为人民服务，为中国共产党治国理政服务，为巩固和发展中国特色社会主义制度服务，为改革开放和社会主义现代化建设服务。高校立身之本在于立德树人。[②] 这是新时期我国教育发展的指导方针，阐明了教师在高等教育中所承担的重要职责。

在此时代背景下，研究生导师应该自觉承担起立德树人的职责。作为一名优秀的研究生导师，何雅玲教授不仅重视学生的知识传授，而且高度重视学生的理想信念、道德情操教育和引导，她经常结合自己的成长经历，帮助大学生树立创建“双一流”大学的担当意识，增强为国家强盛而学习的使命感。“教师要帮助学生‘扣好人生的第一粒扣子’，首先要检视自己的扣子是否扣得正、是否松了线、是否染了尘。作为一名党员，风清气正要从自身做起，为学生点亮理想的灯、照亮前行的路。”[③] 这是何雅玲的切身感受。

第二，明确研究生导师所承担立德树人职责的深刻内涵。立德树人是中华民族的优秀传统：中华民族在漫长的历史发展过程中，构建了一套成熟的道德价值和规范体系，形成了丰富的个人伦理、家庭伦理、国家伦理以及宇

---

① 习近平：《决胜全面建成小康社会　夺取新时代中国特色社会主义伟大胜利——在中国共产党第十九次全国代表大会上的报告》，《人民日报》2017 年 10 月 28 日。

② 参见《习近平总书记在全国高校思想政治工作会议上的重要讲话》，《人民日报》2016 年 12 月 9 日。

③ 李龙飞：《何雅玲：当好风清气正的引路人》，《陕西日报》2017 年 10 月 16 日。

宙伦理的道德规范体系和道德教育理论，① 为中国教育事业的发展提供了深厚的理论渊源和支撑。在中国特色社会主义教育事业的建设中，我们党继承和发扬了中华民族崇德的传统，坚持把立德树人作为教育的根本任务。2016年9月9日，习近平总书记在北京市八一学校座谈时，鼓励教师做学生锤炼品格的引路人、学习知识的引路人、创新思维的引路人、奉献祖国的引路人。② 他的讲话为教师的培养和专业成长指明了方向，也明确了包括研究生导师在内的高校教师所需承担的立德树人职责的深刻内涵。对于这一点，何雅玲教授有着非常深刻的认识，她常说：“教师手中的教鞭虽轻，但肩上的责任重大，应该摒弃浮躁，潜心教学和科研。”③

2013年的教师节，正在乌兹别克斯坦进行国事访问的习近平向全国1400万教师致信慰问，勉励广大教师“自觉增强立德树人、教书育人的荣誉感和责任感，学为人师，行为世范，做学生健康成长的指导者和引路人”④。2016年12月，习近平总书记在全国高校思想政治工作会议上发表讲话指出：“教师做的是传播知识、传播思想、传播真理的工作，是塑造灵魂、塑造生命、塑造人的工作。教师不能只做传授书本知识的教书匠，而要成为塑造学生品格、品行、品位的‘大先生’。教师教给学生的知识，多年以后可能会过时，可能会遗忘，但教给学生为人处世的道理是学生一生的财富，会让他们终生难忘。教师要成为学生做人的镜子，以身作则、率先垂范，以高尚的人格魅力赢得学生敬仰，以模范的言行举止为学生树立榜样，把真善美的种子不断播撒到学生心中。”⑤ 这一讲话进一步揭示了广大教师

---

① 参见顾明远：《习近平教育思想指引中国教育改革和发展前进方向——深入学习习近平总书记教育思想（一）》，《中国教育报》2017年7月26日。

② 参见霍小光、张晓松：《全面贯彻落实党的教育方针　努力把我国基础教育越办越好》，《光明日报》2016年9月10日。

③ 王嘉：《中国科学院院士何雅玲——“让学生站在老师肩膀上成长”》，2017年12月27日，见 http：//www. sanqin. com/2017/1227/334271. shtml。

④ 参见《习近平向全国广大教师致慰问信》，《中国教育报》2013年9月10日。

⑤ 《习近平总书记在全国高校思想政治工作会议上的重要讲话》，《人民日报》2016年12月9日。

所肩负的立德树人重要职责。西安交通大学校长郑南宁这样评价何雅玲教授："何雅玲教授在承担繁重的科研任务的同时，始终坚持教学第一线，不断探索新的人才培养模式，不断改进教学内容和教学方法，在教学、科研中均获得了突出的成绩，是不可多得的科研、教学双优人才。"① 这些成就的取得正是源自何教授对"立德树人"职责的深刻理解和认真落实。

第三，研究生导师应该将对立德树人职责的深刻理解认真贯彻落实到研究生培养的工作实践中去，将思想认识转化为培养学生的切实行动，为新时代中国特色社会主义伟大事业培养更多优秀人才。对于广大研究生导师来说，要真正落实立德树人职责，就必须坚持教书育人相统一，在传授知识、培养技能的过程中引导学生树立正确的世界观、人生观和价值观。2017 年，何雅玲教授当选为十九大代表、中国共产党第十九届中央委员会候补委员，作为科技教育战线的工作者，何雅玲深感责任重大。在向全校师生传达十九大精神时，她说道："一切成绩都是干出来的，要实现追赶超越，就要拼搏、创新、苦干，就要付出艰辛的努力。"② 正是在这样的信念指导下，她坚持教书育人 30 余载，认真履行了作为研究生导师所承担的立德树人职责。

➢ 延伸阅读

何雅玲：三尺讲台，万般情怀
不忘初心，用坚守换得桃李天下③

感言：

始终谨记"教师"二字的神圣，对学生充满热爱，对事业充满热情。

---

① 柯昌万、赵力：《何雅玲：欣赏学生的严师慈母》，《中国教育报》2006 年 9 月 10 日。

② 代红玉：《何雅玲院士为西安交大师生做学习十九大精神报告指引学校"双一流"事业建设》，2017 年 10 月 29 日，见 http://news.youth.cn/gn/201710/t20171029_10932869.htm。

③ 本材料摘编自石喻涵：《何雅玲：三尺讲台，万般情怀；不忘初心，用坚守换得桃李天下》，2017 年 10 月 19 日，见 http://www.sanqin.com/2017/1019/323170.shtml。

愿以个人之力，培养学生之品质，打磨事业之精致，承担社会之责任，践行家国之担当。

简介：

1963年9月出生，1983年4月加入中国共产党。任教29年，始终站在教学科研一线，培养的人才桃李满天下，成果在航天、能源和化工领域广泛应用，学科团队在全国具有重要影响力。先后被评为教育部长江学者、国家级教学名师、“973”项目首席科学家、“国家万人计划领军人才”、新世纪百千万人才工程国家级人才，获国家技术发明二等奖、国家自然科学二等奖、何梁何利基金科学与技术进步奖，2015年当选中国科学院院士。

她是教师。为本科生和研究生主讲《工程热力学》《热工基础》《高等工程热力学》《工程热力学近代进展》，其中《工程热力学》等课程，听课人数已逾7000人。主编《工程热力学精要解析》及合编教材5本，得到广泛的应用。她所负责的《工程热力学》课程2004年获第二批国家精品课程，2013年再次入选“国家级精品资源共享课程”，同时作为主要参加者的《能源的高效利用》课程入选“国家级精品视频公开课程”。

她是院士。始终坚持在教学第一线，教书育人、为人师表。近3年来，累计教学工作量420学时。在教学工作中，不断探索人才培养的新模式，注重结合工程实际，不断用领域内新成果丰富、充实、更新工程应用实例。用启发式教学方法，培养学生创新能力，形成自己独特的讲课风格。所授的课程被学生评为“最受欢迎的课程”，她被学生评为“我心目中的优秀教师”，学生的创新作品获国际奖1项、国家级特等奖2项、一等奖多项。

她是导师。以研究生能力培养为核心，努力争取负责和承担国家科研大项目的机会，在执行完成国家重大、重点项目的科研过程中，增长学生的才干与智慧，增强了他们完成国家任务的自豪感与责任心。她先后指导硕士、博士生100余名，博士后8名。博士生李庆，成果获评2013年全国百篇优秀博士学位论文，另有多名学生获“吴仲华优秀学生奖”“美国UTC-Rong Hong奖学金”等荣誉。

锐意进取，把探索变为丰硕成果

她在教学中不断探索。热流科学与工程系多年来一直是西安交通大学教学和科研方面的先进单位，在全国同行中享有很高的声誉。她主持的《工程热力学》课程获批国家级精品资源共享课立项，作为第二参与人《能源的高效利用》课程获国家精品视频公开课程立项。近年来，她作为负责人，带领大家持续进行国家优秀教学团队和国家精品课程《工程热力学》的建设，课程在全国产生了广泛的影响。为改善本科生热流科学与工程专业本科生的教学实验条件，她带领教学中心的全体教职工，在经费有限的条件下，直面困难，群策群力，自行设计，自制和新建了22种、43台（套）的本科生实验台，增加了综合性和创新性实验台位。这些工作得到“教育部‘211工程’验收专家组”的高度评价，被誉为“西安交大的特色”。

她具有强烈的事业心和协作精神，治学严谨。坚持“三个面向”，在热能高效传递、转换、利用及数值模拟领域取得了突出的学术成果。获何梁何利科学与技术进步奖、2012年国家自然科学二等奖、2009年国家技术发明二等奖、2004年国家自然科学二等奖，省部级一等奖2项。

胸怀大局，以行动证明担当

她在担任西安交通大学党委委员，校学术委员会主任的同时，还兼任教育部高等学校能源动力类专业教学指导委员会主任、国务院学位委员会第七届学科评议组成员、教育部科技委学部委员、国际制冷学会热力与传热委员会副主席、国际传热传质中心理事、中国制冷学会副理事长、中国制冷空调工业协会技术委员会副主任、中国特种设备安全与节能促进会副会长等职务。她是领域内专家，在众多位置贡献力量。自2013年被任命为教育部高等学校能源动力类教学指导委员会主任以来，她积极开展全国能源与动力、热力工程课程的教学改革工作，开展和推动全国能源与动力、热力工程课程的教学改革和经验交流活动，主持召开全国热力工程教学改革研讨会议，主持开展全国青年教师及西部教师教学培训工作，2015年主持编写完成了《高等学校本科能源动力类专业教学质量国家标准》。对推进我国能源与动力、热力工程课程的建设起到了重要的作用。

何雅玲老师用 30 多年的时光书写着一个故事，关乎学生，关乎教师，关乎事业，更关乎情怀，关乎热爱，关乎奉献。

➢ 参考文献

[1] 冯丽:《最让她骄傲的身份是“人民教师”——记西安交通大学教授何雅玲》,《中国教育报》2015 年 9 月 14 日。

[2] 柯昌万、赵力:《何雅玲：欣赏学生的严师慈母》,《中国教育报》2006 年 9 月 10 日。

[3] 石喻涵:《何雅玲：三尺讲台，万般情怀；不忘初心，用坚守换得桃李天下》, 2017 年 10 月 19 日，见 http：//www. sanqin. com/2017/1019/323170. shtml。

[4] 易雅晨:《专访十九大代表何雅玲：教学科研双责并重　悉心育人躬耕不辍》,《当代女报》2017 年 10 月 23 日。

[5]《何雅玲：教学科研双肩并重，悉心育人躬耕不辍》, 2015 年 7 月 23 日，见 http：//www. jyb. cn/china/rwfc/201507/t20150723_ 631111. html。

[6] 武东生、宋怡如、刘巍:《立德树人是新时代中国特色社会主义教育发展的根本任务》,《思想理论教育导刊》2019 年第 1 期。

[7] 习近平:《决胜全面建成小康社会　夺取新时代中国特色社会主义伟大胜利——在中国共产党第十九次全国代表大会上的报告》,《人民日报》2017 年 10 月 28 日。

[8]《习近平总书记在全国高校思想政治工作会议上的重要讲话》,《人民日报》2016 年 12 月 9 日。

[9] 李龙飞:《何雅玲：当好风清气正的引路人》,《陕西日报》2017 年 10 月 16 日。

[10] 顾明远:《习近平教育思想指引中国教育改革和发展前进方向——深入学习习近平总书记教育思想（一）》,《中国教育报》2017 年 7 月 26 日。

[11] 霍小光、张晓松:《全面贯彻落实党的教育方针　努力把我国基础教育越办越好》,《光明日报》2016 年 9 月 10 日。

[12] 王嘉:《中国科学院院士何雅玲——“让学生站在老师肩膀上成长”》,

2017 年 12 月 27 日，见 http：//www. sanqin. com/2017/1227/334271. shtml。

[13]《习近平向全国广大教师致慰问信》，《中国教育报》2013 年 9 月 10 日。

[14] 代红玉：《何雅玲院士为西安交大师生做学习十九大精神报告指引学校“双一流”事业建设》，2017 年 10 月 29 日，见 http：//news. youth. cn/gn/201710/t20171029_ 10932869. htm。

案例 6

培养优秀研究生是他一生的理想信念和追求——徐景坤教授

➢ 案例导读

对于研究生导师而言，无论是身处世界知名的高等学府，还是学科基础相对薄弱的新兴院校，都应该把立德树人作为自己的核心职责，江西科技师范大学副校长、博士生导师徐景坤教授就是坚持这样做的。从积极参与学位授权点的申报到倾心培养、指导研究生，从创建“小白象”课题组到成功探索了以“潜能激励”培养模式提高硕士生自主学习能力的管理和培养，从零基础组建高标准实验室到建设国家级重点实验室，徐景坤教授始终将教书育人作为自己最首要的职责。作为研究生导师，徐景坤教授既履行了教书育人的基本职责，更是在立德树人方面取得丰硕成果。他指导的研究生们用了“人生导师”四个字来描述导师在他们心目中的重要位置，学生眼中的徐景坤教授是满怀责任心、爱心，极具个人魅力的导师。

➢ 案例文本①

徐景坤，1971 年 12 月生，男，汉族，山东莱阳人，现任江西科技师范大学副校长。1993 年 7 月，徐景坤从山东大学化学系毕业，获理学学士学位；1996 年 7 月，从中国科学院感光化学研究所（现名中国科学院理化技术研究所）硕士毕业，获理学硕士学位。毕业后，徐景坤在一家企业工作，拥有一份十分可观的薪水，但他却出人意料地放弃了高薪职位，决定攻读清华大学的博士学位。面对清华大学博导的疑问，他这样回答："如果在一个企业一直干到退休，我创造的价值是赚到一大笔钱，买个大房子，娶妻生子；如果当一个老师，也能赚一笔钱，虽然数目小一点，也能买个房子，也是娶妻生子，但是作为老师，你培养了一批学生，这批学生对社会的贡献，也有你的一份，也体现了你的价值。"徐景坤带着这种信念选择了教师这份职业，"作为老师，你培养了一批学生，这批学生有了成绩，也是你的成绩，他们对社会的贡献，你也有份，也体现了你的价值。"如今他所带的硕士毕业生，有不少学生也传承了这份信念，踏着导师的足迹选择了在高校任教，将这份坚守和信念薪火相传。

做导师：只为桃李芬芳满天下

2003 年 7 月，徐景坤从清华大学化学系博士毕业，获得清华大学高分子化学与物理专业博士学位，毕业后他回到老家山东，在青岛科技大学化学化工学院任职，2004 年感受到江西对人才的渴望，经过深思熟虑，他毅然决然来到江西科技师范大学（时称江西科技师范学院）工作。十多年过去

① 本案例主要参考以下文献资料编写而成：吕颖梅：《徐景坤：修身立德践履笃行砥砺耕耘粉笔春秋》，2017 年 12 月 12 日，见 http://www.minge.gov.cn/n1/2017/1212/c415767-29701822.html；万李娜：《徐景坤委员：立德立言育英才》，《团结报》2018 年 3 月 20 日；吕颖梅：《徐景坤：培养优秀研究生是他一生的理想信念和追求》，2017 年 2 月 28 日，见 http://www.tsinghua.org.cn/publish/alumni/4000480/11368956.html?from=groupmessage。

了，经过辛勤耕耘后徐景坤收获了桃李芬芳和累累硕果。回首这段来时路，他自豪地说：“我博士毕业的时候立志，全心全意培养100位研究生，希望这些学生成长成才，能为国家为社会作贡献。”

2006年1月，经国务院学位委员会通过，江西科技师范学院获批硕士授予单位并一次性获批6个硕士点，实现了历史性突破，徐景坤全程参与了学位点的申报工作。2009年，经过公开选拔考试，徐景坤被任命为江西科技师范学院副院长，2012年成为江西科技师范大学副校长，长期分管学校的学位与研究生教育工作。十多年来，经过他与同事共同的努力，江西科技师范大学研究生教育已经发展成为拥有13个一级学科、70多个二级学科学术型硕士授权点，10个专业学位授权点，已培养毕业硕士研究生1800余名，在读硕士研究生1300多名。

2016年5月的一天，徐景坤所带的硕士研究生马秀梅给他带来一个好消息，马秀梅考取了北京航空航天大学化学与环境学院的材料物理与化学专业博士研究生。这一年，他指导的13位硕士毕业生考取了国内名校攻读博士学位，有武汉大学、南开大学、天津大学、复旦大学、华南理工大学、北京师范大学、澳门大学、中科院等，一个接一个的好消息让徐景坤十分高兴。“我们这样一个地方普通高校培养的硕士生能考上这些学校读博士，真是太不容易了，面对的全是各大名牌高校出来的强劲对手。”徐景坤自豪之余感叹道。

“江西科技师范大学是一所地方性普通高等院校，现在全国大学排名第416位，是一所典型的中部欠发达地区普通地方大学。”但就是在这样一所大学里，十多年间，他所带的江西科技师范大学学籍43名硕士毕业生中有26人考取博士研究生，另有外校学籍联合培养硕士毕业生有11人和2名课题组老师考取博士研究生，考博率超过60%，录取院校包括澳大利亚伍伦贡大学（University of Wollongong，也译为卧龙岗大学）、澳大利亚麦考瑞大学（Macquarie University）在内的国内外知名大学。

带学生：探索“潜能激励”式硕士研究生培养模式

地方高校是我国研究生教育的主体力量之一，每年地方高校培养的硕士生数占全部高校大半以上，承担着培养地方所需人才的重任。但受生源质量、培养方式等因素影响，地方高校在研究生培养上存在诸多问题，导致培养质量不高，不能为地方输送大批高质量优秀人才。面对这样的现实挑战，徐景坤和他的团队创建了“小白象”课题组，从 2007 年开始招收学术型硕士研究生，在十多年的不断探索和实践中，形成了以激发研究生自主学习意识和自我执行意识为主的“潜能激励”式研究生培养模式。该模式以导师为主导，以研究生为主体，以树立研究生自信心为前提，充分调动研究生的主观能动性，以晓之以理、动之以情、导之以行为准则，激励研究生自主学习意识，激发研究生的智力、认知、学习、意志、行动、思维、交流、协作潜能，通过一系列潜能激励措施，让研究生由被动学习逐渐转变为主动学习，最终形成自我管理理念和自律意志，成为具有“高学识、高学术、高素质”的优秀硕士研究生，学术水平、科研能力达到“985 工程”“211 工程”高校同类专业研究生的水平。

“潜能激励”式硕士研究生培养模式之所以能取得成功，主要是基于以下三个方面的创新和尝试：（1）建立起“导师—研究生共同体”通过持续性组会交流，明确研究生目标，坚定其信心，激发其自主学习意识；（2）建立了“目标牵引”机制，向硕士生提供学习锻炼平台和机遇，强化自主管理、独立思考的能力；（3）建立起统一的“自利利他”团队文化，打造和谐互助的交流平台，树立共同的培养目标。通过这种硕士生培养模式的运作，将基础差、起点低、能力弱的研究生培养成具有强烈成才欲望和自主学习意识的研究生。①

---

① 参见蒋丰兴、吕颖梅、徐景坤：《以“潜能激励”培养模式提高硕士生自主学习能力——以江西科技师范大学为例》，《学位与研究生教育》2017 年第 12 期。

为了提升学生自信心，徐景坤教授采购了大量励志书籍，如《挺立在孤独、失败与屈辱的废墟上》《在痛苦的世界中尽力而为》《积极心态的力量》等供学生们阅读，还组织学生观看励志电影，与大家一起分享和交流个人体会，鼓励他们勇敢面对困难、克服困难，在困难中不断成长。学生们对前途迷茫，不知所措，徐景坤就督促他们思考“关于读研究生的三个问题”（为什么读研？为什么选择我的课题组读研？毕业后有何打算?），并写下思考体会，师生们一起交流，让学生们明确学习目标。

学生们学术底子薄，科研实践能力差，徐景坤教授就根据学生兴趣和特点制订个性化培养方案，要求学生收集整理与自己研究方向相关的国内外研究进展，制订严格合理的实验计划，组织学生参加国内外高水平学术研讨会和学术讲座，形成组会制度等，激励研究生发掘自身潜能，在学术上快速成长。

自 2005 年开始酝酿的“潜能激励”式硕士研究生培养模式，经过十多年的不断探索、实践和发展，如今这一培养模式已结出丰硕的果实：徐景坤所培养的本校学籍 43 名硕士毕业生，以第一作者身份发表 SCI 论文 151 篇（影响因子 IF 大于 3. 0 的 60 篇），获研究生奖学金国奖 18 人、省奖 6 人，获省级优秀硕士学位论文 6 人、校级 21 人。43 名硕士毕业生中 26 人考取国内外名校攻读博士学位，考博率为 60. 5%，其中甄士杰、石慧、蒋庆林 3 名同届毕业生同时考入华南理工大学攻读博士学位，在这所“985”高校的材料学院引起了轰动，张龙、张凯鑫两人分别考入招收博士研究生门槛相当高的澳大利亚伍伦贡大学和麦考瑞大学（全球排名前 100 名）。

攻读博士的学生们扎实的专业功底、丰富的科研实践能力、独立思考和解决问题能力让这些国内外名牌高校的博导们很是赞叹和惊讶，他们没有想到，从江西科技师范大学这样一个名不见经传的地方性普通大学里，能走出这样一批优秀的学生。谈到这些学生取得的成就，徐景坤教授如数家珍，话语里是掩饰不住的自豪与快乐："他们发表的 SCI 论文数量多质量高，第一作者发表影响因子大于 3.0 论文的研究生有 31 人，IF 总和大于 10.0 的有 22 人，被国际评认期刊和评论网站专栏他人点评的有 12 次，考博率达到 60.5%，获奖学金的达到 53.5%，就业率则是 100%！"

作为一名研究生导师，指导学生是件非常辛苦的事，而要培养出一名优秀的学生则要耗费大量心血和时间，倾注无数精力，是一件"苦差事"，但徐景坤教授却觉得这是一件"乐事"，"看到他们在学术科研上的明显进步，很有成就感，很快乐。"

搞科研：坚守初心，不忘本职

徐景坤教授有许多"身份"，他是教师，是江西省二级教授，是副校长，还有兼职如民革中央委员、江西省委会副主委，江西省政协常委、港澳台侨和外事委员会副主任，但作为一名清华大学化学专业毕业的博士，他最看重的是"教授与科研"这个身份。

"这是我的专业，是本职。"繁忙的教学、行政工作之余，徐景坤教授坚持把一切可利用的时间放在实验室里，查看领域最新研究成果，指导学生做实验、写论文。迄今为止，他已主持国家级课题 6 项（其中国家自然科学基金 5 项，科技部农业成果转化项目 1 项）、省部级课题 10 多项，经费超过 600 万元；发表 SCI 论文 367 篇，其中影响因子大于 3.0 的 139 篇、封面论文 12 篇，被国际科技评论网站或期刊专利点评 13 次，入选 ESI TOP1%高引论文 3 篇，他引超过 2800 次，H 因子为 37；授权中国发明专利 8 项；科技成果鉴定 3 项；获江西省自然科学三等奖 2 项、江西省高校科技成果一等奖各 3 项、获国际学术期刊《Synthetic Metals》最佳审稿人、日本分析化学会最佳引用奖，中国化学快报 TOP5%引用奖 1 次；EI 收录期刊《功能材料》编委。

2004 年，徐景坤教授组建了自己的科研课题组，他给课题组定了组训："自利利他"。他希望学生在获得成功的同时，不要忘了曾经帮助过自己的人，并将这份关爱和帮助传递下去，帮助他人共同迈向成功。经过十多年的建设，他已成功在江西建设了一支高水平的科研团队，包括教授 2 人，副教授 4 人，讲师 5 人。科研成果显著：获批国家自然科学基金 16 项，科技部课题 1 项，江西省杰出青年基金 2 项等其他省部级课题 30 余项，总经费超过 1000 万元，团队成员每年为国际知名学术期刊审稿超过 100 篇（次），在国内外同领域产生了较大的影响力。他领导的课题组在有机热电新能源材料、高分子电致变色材料、高分子电容器材料、高分子电化学传感材料等领域在国内外已经产生了较大影响。

回顾自己从学生到导师身份的转变历程，徐景坤教授说：“在清华读书的时候，学校及导师们不光教我专业知识，还会教许多人生道理，对有困难的同学，导师们还会提供生活上的帮助，解决后顾之忧，让我们可以专心搞科研，这是老师的一种担当与责任，我想把这份担当和责任传承下去。”

➢ 案例分析

研究生导师在人才培养中所承担的立德树人职责，要求导师既要有效进行知识的讲解和传授，即“教书”；又要承担起关心学生、引导学生成长成才的重任，即“育人”，这二者都是研究生导师的重要职责，而且二者是相辅相成、缺一不可、紧密联系的。实践中，研究生导师应该将二者有机结合，使之相互促进，从而有效提升研究生培养的质量和效果。案例中徐景坤教授不仅坚定遵循这一理念，而且结合自身的工作实际积极创新、探索研究生培养方式和理念的改革，通过教书育人的有机结合，收获了研究生人才培养的丰硕成果，其中蕴含的宝贵经验值得深入思考和探讨。

首先，教书育人是研究生导师履行其立德树人职责的核心和基础，二者具有内在一致性。教书育人是教师的神圣使命，为社会主义事业培养合格建设者和可靠接班人是教师的重要职责，是其有效履行立德树人职责的重要方式。所谓教书育人，其过程就是指教师按照教育目的和教学特点以及学生的成长规律，通过教学这种方式和途径，在教学的各个环节，结合知识的传授和技能的训练，有目的、有计划、有组织地寓德育于智育之中，言传身教，为人师表，影响和促进学生在德智体美等方面得到全面发展。① 教书育人作为教师职责的两个重要组成部分，具有不可分割性，二者相辅相成，统一于培养中国特色社会主义事业合格建设者和可靠接班人的实践过程之中。高校教师教书育人，既不是教书加育人，也不是教书兼育人，而是教书中必然包含着育人，教书的人就是育人的人。② 教书育人相统一就要求教师不仅要向学生传授科学文化知识，而且要对学生进行人格和思想品德的引导教育。

具体到研究生导师，在我国当前的研究生培养机制中，导师同时承担着教书和育人的重要职责。因此，建设一支专业水平高、责任心强的导师队伍是研究生教育质量的根本保证。③ 案例中徐景坤教授针对学生的实际情况，因材施教，他所带的研究生来自五湖四海，每个人的专业背景、学术能力都各不相同。徐景坤教授就为他们量身定做适合他们专业特长的学业规划，每周举行小组周会，每月召开大组例会，仔细了解所带研究生的学习情况、科研实验进展情况、论文完成情况，为他们答疑解惑，提供解决思路，面对部分学生对待学术课题存在的畏难情绪，徐景坤教授鼓励他们将人生目标和奋斗精神结合起来，克服学术道路上的种种困难，养成勤奋上进的学风和高尚的思想品质。在这个过程中，导师既承担了教书的职责，也达到了育人的目标，实现了教书和育人的协调统一。

其次，教书育人是研究生导师履行其立德树人职责的重要方式。按照教

---

① 参见张衡宇：《试论高校教师要将教书和育人相统一》，《吉林省教育学院学报》2013 年第 11 期。

② 参见王钰涛：《关于高校教师教书育人的实证性研究》，《大学教育》2015 年第 4 期。

③ 参见张艳国、刘小强：《关于我国研究生教育质量建设的思考》，《学位与研究生教育》2012 年第 5 期。

育部颁发的《教育部关于全面落实研究生导师立德树人职责的意见》的相关规定，“培养研究生学术创新能力”是研究生导师承担立德树人职责的重要组成部分。要履行这一职责，就要求导师按照因材施教和个性化培养理念，积极参与制订执行研究生培养计划，统筹安排实践与科研活动，强化学术指导；定期与研究生沟通交流，指导研究生确定研究方向，深入开展研究；营造和谐的学术环境，培养研究生的创新意识和创新能力，激发研究生的创新潜力；引导研究生跟踪学科前沿，直面学术问题，开拓学术视野，在学术研究上开展创新性工作。教书育人最显著的特点是把学生的思想政治教育寓于整个教学过程之中。①

案例中徐景坤教授就是严格按照这一理念来履行立德树人职责的。在指导研究生时，徐景坤教授不仅注重专业知识的传授，更关注青年思想道德的培养。为帮助刚入学的研究生认清学习目标，不要虚度光阴，徐景坤教授坚持为新入学研究生作“读研究生，学什么”的讲座，鼓励研究生勤奋学习，将自己的命运与中华民族的伟大复兴紧密联系起来。在他的实验室里，除了实验器皿外，靠墙还安装了一排书架，整齐地摆放着大量书籍，这些书籍中除专业工具书籍外，还有许多人文社科类的书籍。

徐景坤教授来自江西科技师范大学，他在研究生培养中面临着很多高校的研究生导师所不需面临的一些特殊情况，如：学科基础相对薄弱、学生学习热情不高等现实问题。在这样的情况下，他大胆创新研究生培养方式和理念，创立了一种适合其人才培养需求的人才培养新模式，即“潜能激励”式硕士研究生培养模式，充分发挥了导师的主导性和学生的主体性，取得了人才培养的可喜成果。

最后，广大研究生导师应以徐景坤老师为榜样，坚持“四个统一”，在教书育人工作中切实履行立德树人职责，为我国高等教育事业的发展作出自

---

① 参见秦德祝：《高校教师教书育人原则新探》，《高等函授学报（哲学社会科学版）》2011 年第 5 期。

己的贡献，为国家和社会培养出更多优秀人才。为了达到这样的目标，研究生导师应该自觉提升自身的综合素质，加强专业知识的占有和积累，认真向学生讲解、传授专业知识和技能的同时，还要重视学生的世界观、人生观和价值观教育，引导学生自觉“做有理想、有追求的大学生，做有担当、有作为的大学生，做有品质、有修养的大学生”，培养学生“勤学、修德、明辨、笃实”，积极培育和践行社会主义核心价值观，努力在实现中国梦的伟大实践中创造自己的精彩人生。

徐景坤教授之所以被学生视为“人生导师”，就是因为他认真履行了导师应该承担的立德树人职责，受到了学生发自内心的尊重和认可。“是导师徐景坤教授改变了我的人生。”谈到自己的导师，2012 级高分子化学与物理专业硕士研究生蒋庆林这样说。蒋庆林的本科专业是化学类，而研究生阶段的研究方向却是化学偏物理领域，专业底子相当薄弱，当大学同学都还沉浸在毕业的欢愉中的时候，徐景坤就要求他来学校提早适应和进入研究环境。经过三年刻苦的钻研，蒋庆林在校期间获 2014 年国家奖学金等 7 项荣誉，主持完成省级研究生创新专项课题 1 项，以第一作者发表 SCI 论文 5 篇，与其他作者合作发表 SCI 论文 12 篇，2014 年当选江西省大学生年度人物，毕业后考取华南理工大学博士研究生。教书育人如春风化雨，润物无声，在徐景坤导师的熏陶下，蒋庆林决定将来也要留在高校工作，“徐老师的出现，真切地改变了我的人生，也转变了我的人生观念，每当看到徐老师，我就更加坚定了考博后留在高校的愿望，作为一个农村出来的孩子，徐老师给了我更多的关心与照料，让我感受到了温暖，让一个在异乡飘泊的游子体会到了家的温暖。”①

---

① 参见吕颖梅：《徐景坤：修身立德践履笃行砥砺耕耘粉笔春秋》，2017 年 12 月 12 日，见 http：//www. minge. gov. cn/n1/2017/1212/c415767-29701822. html。

➢ 延伸阅读

厚德载物育新人　科研创新传民声①
——记全国政协委员、江西科技师范大学副校长、二级教授徐景坤博士

大学是我们梦想开始的地方，在这里，有浓厚的学习氛围，有丰富的专业知识，有陪伴我们成长的导师。明德惟馨的导师们用爱心和责任心，为我们的梦想导航护航。徐景坤教授就是这样一位深受学子们敬重的良师益友。

引进人才　开拓科技创新新领域

徐景坤与江西科技师范大学的故事开始于 2003 年。作为当时学校大力引进的清华博士团队骨干成员，当他第一次踏上江西科技师范学院这块红土地，迎接他的除了学校领导的重视和礼遇外，还有简陋的实验室。望着这样的教学科研条件，徐景坤没有后退一步，因为他从江西的发展中，看到了江西对人才的渴望，作为国家培养多年的知识分子，服务欠发达地区促进其产生通过教育推动科技进步的使命感，经过慎重考虑，他决定留下来。这成为江西省人才工作一个转折点，在这之前江西流出人才大于引进人才。从这时开始，流出和引进开始平衡，并且引进人才逐渐占主流。

之后徐景坤全身心投入到“江西省有机功能分子重点实验室”的筹建当中，负责人才引进工作。他对高校有十分清醒的认识，他知道高校的潜力是吸引人才的关键，高校领导对人才的重视是吸引人才的砝码。为引进人才，徐景坤奔波于江西、陕西、湖南各省，走进各大院校、科研院所寻找重点实验室迫切需要的化学人才。在他的努力下，2005 年终于成功引进 4 名

---

① 材料来源：本材料摘编自夏天：《厚德载物育新人　科研创新传民声——记全国政协委员、江西科技师范大学副校长、二级教授徐景坤博士》，2018 年 5 月 7 日，见 http://www.peopleweekly.cn/html/2018/renwu_0507/3346.html。

助手，2 名实验员。人才的引进，让实验室焕发了勃勃生机，为进一步开展工作打下了坚实的基础。

行政管理　为研究生培养保驾护航

2005 年，江西科技师范学院准备申报硕士学位授予单位和硕士点。这次申报关系着学校的未来，徐景坤又再次出发，在短时间内完成了从科研人员到行政管理人员的转变，熟悉与申报有关的各类文件流程，多方奔走，积极联络，协助时任校领导共同努力，于 2006 年 1 月经国务院学位委员会通过，江西科技师范学院获批硕士授予单位并一次性获批 6 个硕士点，实现了历史性突破。

2006 年 6 月，学校成立了研究生处，徐景坤出任学校首任研究生处处长。面对没有任何硕士研究生招生、培养和管理经验的研究生处，他多次与各学院沟通，顺利完成了学校首批 42 名硕士研究生的招生录取工作，迅速让学校研究生教育工作逐步步入正轨。在这之后的工作中，他自己不断学习，在培养研究生的同时，也培养了一支有战斗力的研究生管理队伍。

徐景坤的工作得到了院校师生的一致赞扬，2009 年，经过公开选拔考试，徐景坤被任命为江西科技师范学院副院长，2012 年成为江西科技师范大学副校长，长期分管学校的学位与研究生教育工作。经过十余年的努力，江西科技师范大学研究生教育已经发展成为拥有 13 个一级学科、70 多个二级学科的学术型硕士授权点，10 个专业学位授权点，已培养毕业硕士研究生 1800 余名，在读硕士研究生 1300 多名。十多年时间在学校的支持下和同事的帮助下，徐景坤抓住政策机遇，实现了学校研究生教育零的突破及新跨越，在全国同类院校中处于领先地位，也助力江西科技师范大学从国内大学综合排行榜的 650 名（2004 年）迅速提升至 361 名（2017 年），这其中他功不可没。

人生导师　润物无声桃李满天下

在管理工作顺利进行的同时，徐景坤教授没有忘记教书育人，在他看来，学生才是学校的种子和根本，一切以学生为中心，为培养优秀人才服务，学校才能变得更有底蕴。

提起徐景坤教授，他指导的研究生们用了“人生导师”四个字。他们眼中的徐景坤教授是个满怀责任心、爱心，极具个人魅力的导师。

来自山东曲阜师范大学的本科生卢宝阳曾这样说：“是徐老师的学术追求和培养理念深深吸引了我”。在徐景坤教授的悉心指导下，入学仅一年的2007级研究生卢宝阳就以第一作者身份发表3篇SCI论文。在读研期间，共发表SCI论文9篇，申请专利5项，荣获第五届中国青少年科技创新奖、中国大学生自强之星等多项荣誉。2015年获山东大学博士学位，2016年赴美国麻省理工学院（MIT）做博士后，至今已发表SCI论文70多篇，学术成绩优异。

有人说，好的导师改变学生的命运，2012级高分子化学与物理专业硕士研究生蒋庆林对此极为认同，他说：“徐老师的出现，真切地改变了我的人生，也转变了我的人生观念……徐老师给了我更多的关心与照料，让我感受到了温暖，让一个在异乡飘泊的游子体会到了家的温暖。”有了温暖，就有了前进的动力，蒋庆林读研期间获2014年国家奖学金等7项荣誉，主持完成省级研究生创新专项课题1项，以第一作者身份发表SCI论文7篇，并在2014年当选为江西省大学生年度人物。2015年蒋庆林顺利进入华南理工大学攻读博士学位，同时进入该校读博的还有甄士杰和石慧。至今徐景坤指导的硕士研究生进入华南理工大学这所985高校读博的研究生已有8名。他们感恩徐景坤教授的文章发表在《中国研究生》2017年第8期上——《有一种恩情叫师恩，有一种激励来自小白象》。

千里马难求，同样伯乐也难寻。遇到良师，学生也非常珍惜。2013届硕士毕业生张革以优异成绩考取山东大学攻读博士学位的同时，推荐自己的妹妹张洁进入徐景坤团队攻读硕士学位。2016届硕士毕业生张辉考取南京大学攻读博士学位时，推荐自己的爱人张莹莹也到徐景坤教授这里读硕。2015届毕业考取博士的6位同学每年都会回母校回课题组看看敬爱的徐老师，和徐老师聊聊天，听听徐老师对他们发展的建议，并给在读的师弟师妹做一堂“假如再让我重新读一回研究生”的励志讲座。他们代表所有从这里毕业的研究生以这样的方式表达了对徐景坤教授的感恩、认可和高度评价。

徐景坤教授与学生的故事还有很多，徐景坤用自己的知识和人生经验，为学生们的未来之路保驾护航，他所指导的研究生也都以他为榜样，努力奋斗为国家育英才。

不忘初心　创新研究生培养模式

对于提高研究生培养的质量，一直是徐景坤教授工作的重点。他自己本身也进行了很多有积极意义的尝试。作为地方普通高校，江西科技师范大学化学专业学术型硕士研究生面临的问题和全国同类院校相似，都存在生源起点低、能力弱、基础差、缺乏自信等主要问题，以及生源质量不佳、师资队伍散、培养模式不科学、培养质量不高等普遍问题。

针对这些问题，徐景坤和志同道合的同事组建了“小白象”课题组，建立跨地域、跨学校、跨学科的科研团队，成功探索了以“潜能激励”培养模式提高硕士生自主学习能力的管理和培养。他认为，要想提高地方高校研究生的能力，就要打破地方高校科研平台各自为战、独立运作、资源独有的零散型模式，组建目标一致、学科交叉的优秀导师团队。导师们要改变研究生的培养模式，以激发研究生学习潜能，发掘其自主学习意识。用老带新、年级不同研究生之间的传帮带作用，激发研究生学习热情，并通过让研究生独立开展科学研究、撰写学术论文等，激发研究生行动潜能。各院校之间搭建交流平台，以“一听、二说、三讨论”的形式鼓励研究生参与学术讲座，让导师在培养研究生人才过程中，逐渐形成你中有我、我中有你、一荣俱荣、一损俱损的命运共同体。同时激发研究生认知潜能，树立自信心、明确目标。通过“目标牵引”，逐步鼓励和引导研究生阶梯式向上。

文化是团队可持续发展的核心，是营造师生共同成长的精神食粮，能够明确课题组培养的价值取向。徐景坤团队历经十余年的发展，取名“小白象”，寓意以知识武装弱小的自己，培育纯洁而高尚的品德，明确培养目标

(塑造研究思维、激发内在潜能、践行自利利他)，通过勤劳和努力，逐步实现自身的强大，建立跨地域、跨学校、跨学科的科研团队，从而服务于人类社会。课题组以“自利利他”作为组训，其意为：自利，乃利己之意，即为自身之功德而努力修行，以此所产生之善果而自得其利；利他，乃利益他人之意，即非为己利，而为救济诸有情而致力行善。在研究生的培养过程中，导师将研究生逐步融入课题组文化家园中，并将该文化渗透到每位成员的行动之中，最终切实推动学生“自我激励”和“潜能发掘”，实现课题组的良性循环发展。

经过十多年的努力，“潜能激励”式培养模式已渐成熟、规范。十年来，“小白象”课题组培养的研究生毕业时其学术及科研能力已达到“985工程”“211 工程”高校同专业研究生水准，实现了课题组既定的培养“高学识、高学术、高素质”型硕士研究生的目标。课题组至今培养硕士毕业生在学期间每人平均发表 SCI 论文 3. 5 篇，影响因子总和每人平均 9. 868，27 人获得研究生国家奖学金，53 名硕士毕业生考取国内外名校如南京大学、复旦大学、武汉大学、同济大学、北京航空航天大学、北京师范大学、哈尔滨工业大学、华南理工大学、澳大利亚麦考瑞大学、澳门大学等攻读博士学位。小白象团队培养的相关经验总结发表于《学位与研究生教育》(2017 年 12 期)。

社会责任　参政议政传民声

2006 年以来，徐景坤先后担任南昌市人大常委、江西省政协常委和今年十三届全国政协委员，以及民革中央委员和民革江西省委会副主委。对徐景坤来说，这些社会兼职既是一份荣誉，也是一份责任。他这样说：“既高兴激动，又很有压力，因为我是责任感比较强的人，我感到肩上的担子很沉重，不敢懈怠”。

徐景坤的本职工作比较忙，要占据大量时间，他一直在思考如何能在做好本职工作的同时做好社会兼职工作，两者都能兼顾到？后来发现，从撰写“社情民意”信息和建议着手是个不错的方法。反映社情民意信息是政协委员履行职责的最重要形式，而本职工作其实能给我们带来大量的社情民意信息，只要平时注意收集与整理，就能形成社情民意信息。加之社情民意信息要求篇幅短小、内容简练，写起来也比较容易，以此入门，能比较快速着手政协工作。他时时提醒自己，既然担任了政协委员，就不要忘记自己的职责，不要忘记自己肩负的使命。而要干实事，首先就是要写好政协提案（建议）。十余年间，他向南昌市人大及政府、省政协、全国政协和民革中央提交建议 103 篇，内容涉及教育、经济、民生、文化等各个方面。其中向政协提交的《关于破解我国个人所得税征收“三弊端”的两种改革方案》《关于鼓励退休公职人员返乡重组“乡贤”队伍，推进乡村治理现代化》两篇建议被全国政协办公厅采用并转国家有关部门参考。还有两篇社情民意被民革中央采纳。

在 2018 年两会上，徐景坤提出了 11 项提案。就高层次人才的培养提出了非常有建设性的建议。在徐景坤看来，中国目前的高端科技人才还存在着严重不足，以资助基础研究与应用基础研究类人才的“国家杰出青年科学基金”人才项目，虽然取得了极大的成就，但仍然无法满足我国科技事业的发展需求，重要的是获得资助的人才多数集中在北京、上海等科研院所和高校，人才分布的集中，严重影响中西部科技的发展，因而，扩大杰出青年资助面，增加博士培养计划，增加中西部高端人才资助比例，是国家创新驱动的根本，这也就成为徐景坤关注的议题。

在另一个受到热议的 2018 年政协大会提案中，徐景坤建议加强历史教育，增强中华民族认同感。他认为中华民族传承五千多年不断的重要原因之一，就在于对年轻一代成功的历史教育。在高中阶段教育中，成功的历史教育对青少年增强中华民族自信心意义巨大。建议加强对中学生的历史教育，增加民族英雄教育在整个历史教育中的比重；文博场馆要充分利用新闻媒体，特别是微博、微信等新媒体形式，传递正确历史史实，引导社会形成正确的历史观念，弘扬爱国主义主旋律，传播社会主义正能量，抵制虚无主义、戏说历史等各种歪风邪气。在内容方面，应全面客观介绍中华文明史，增强年轻人的民族自信和文化自信。该提案新闻引发网友热议，网友全部支持这项提案，并说“支持，很多人忘了历史”“赞成，现在的年轻人因为不懂历史所以就不珍惜现在”“这个建议好，国家应该推广”“赞成，自己国家的历史一定要铭记于心”“早该如此，不然好些人不尊重先人英烈，不知祖辈曾经的光荣与苦难”……

徐景坤是位非常务实的政协委员和人大代表，他的建议都集中在群众热点、难点问题，注重百姓民生情况。真正做到从群众中来，到群众中去。他时刻将人民、将责任、将他的研究生装在心里。江西省政协机关报《光华时报》2018 年 1 月 5 日专栏报道了他建言献策的业绩和体会《时刻把人民装在心里》。

这就是徐景坤，他是学校的优秀管理者，是学生们敬重的人生导师，还是为民众传声的政协委员和人大代表。现在的他，仍不忘培养人才服务人民的初心，继续为国家富强努力前行。

➤ 参考文献

[1] 吕颖梅:《徐景坤：修身立德践履笃行　砥砺耕耘粉笔春秋》，2017 年 12 月 12 日，见 http://www.minge.gov.cn/n1/2017/1212/c415767-29701822.html。

[2] 万李娜:《徐景坤委员：立德立言育英才》,《团结报》2018 年 3 月 20 日。

[3] 吕颖梅:《徐景坤：培养优秀研究生是他一生的理想信念和追求》，2017 年 2 月 28 日，见 http://www.tsinghua.org.cn/publish/alumni/4000480/11368956.html?from=groupmessage。

[4] 夏天:《厚德载物育新人　科研创新传民声——记全国政协委员、江西科技师范大学副校长、二级教授徐景坤博士》，2018 年 5 月 7 日，见 http://www.peopleweekly.cn/html/2018/renwu_0507/3346.html。

[5] 蒋丰兴、吕颖梅、徐景坤:《以“潜能激励”培养模式提高硕士生自主学习能力——以江西科技师范大学为例》,《学位与研究生教育》2017 年第 12 期。

[6] 张衡宇:《试论高校教师要将教书和育人相统一》,《吉林省教育学院学报》2013 年第 11 期。

[7] 王钰涛:《关于高校教师教书育人的实证性研究》,《大学教育》2015 年第 4 期。

[8] 张艳国、刘小强:《关于我国研究生教育质量建设的思考》,《学位与研究生教育》2012 年第 5 期。

[9] 秦德祝:《高校教师教书育人原则新探》,《高等函授学报(哲学社会科学版)》2011 年第 5 期。

第二编

“坚持言传和身教相统一”典型案例

案例7

师者之创新的传承——谭其骧先生

➤ 案例导读

谭其骧先生（1911—1992）是著名的历史地理学家，我国历史地理学科主要奠基人和开拓者。谭先生一生致力于中国历史地理科学的研究和学科创建工作，早在20世纪30年代就与顾颉刚先生共同创办“禹贡学会”，为中国的历史地理学研究奠定了坚实基础。众所周知，谭先生在学术上取得了巨大成就，如他主持编绘的八卷本《中国历史地图集》是研究中国历代行政区划不可多得的宝贵资料。更为重要的是，他用自己的学术品格和学术思想影响、教育了很多从事历史地理学研究的青年人，为我国的历史地理学研究培养了大量优秀人才。这就是师者的风范，这就是言传身教的力量。

➤ 案例文本[①]

谭其骧先生是我国著名的历史地理学家，他与侯仁之、史念海并称为中

① 本案例主要参考以下文献资料编写而成：葛剑雄：《师者之创新的传承》，《光明日报》2014年9月12日；樊丽萍：《谭其骧——一个真正有学术底气的人》，《文汇报》2011年6月2日。

国现代历史地理学的“三驾马车”。谭先生 22 岁登上大学讲台，新中国成立前，他先后任教于辅仁、北京、燕京、清华、浙江、暨南等大学；1950 年，谭先生转入复旦大学历史系任教，按照他自己的说法，“一辈子的经历很简单，就是读书和教书”。他一生中培养了无数优秀人才，散布在历史地理学、史学、地质学、地图测绘等众多学科领域，且不少都是学术界的名流大家。一代大师已经离我们而去，但先生的一言一行却始终深留在学人心间，并赋予他们逆水行舟的无尽力量。

追忆先生：对待学问极其认真

谭先生的认真体现在做学问上，也体现在指导学生上。很多和他共事过的同行和后辈学人，在佩服先生学问精深之余，总会“好奇”其治学方法。但他们得到的答案竟出奇一致：治学，唯认真尔。

谭先生与顾颉刚先生之间有一段书信争辩，早已被学术界传为佳话。1930 年，谭其骧进入北平燕京大学历史系做研究生，第二年秋季开学，选读顾颉刚讲授的《尚书研究》一课。顾颉刚在讲到《尚书·尧典》篇时认为，其写作年代在西汉武帝以后，一条重要的证据是《尧典》里说虞舜时“肇十有二州”，而先秦著作称述上古州制，只有九分制，没有十二分制。到汉武帝时置十三刺史部，其中十二部都以某州为名，自此始有十二州。但谭其骧不同意顾颉刚的看法，认为十二州应为东汉之制，而非西汉之制。这本是口头一说，不料顾颉刚却鼓励他写成文字。谭其骧回去后查了《汉书》《后汉书》《晋书》等有关篇章，写成一封信交给顾颉刚。顾颉刚第二天就给谭其骧回了信，篇幅长达六七千字，结论是：赞成他的三点看法，不赞成的看法也是三点。6 天之后，谭其骧又就顾颉刚所不赞成自己的三点，继续提出论据申述。隔了十多天，顾颉刚再次回信，这次的结果是：同意一点，反对两点。

不久，顾颉刚将这两来两往的书信并在一起，又写了一个附说，作为这门课讲义的一部分分发给上课的同学。在附说中，顾颉刚写道：“现在经过这样的辩论之后，不仅汉武帝的十三州弄清楚，就是王莽的十二州也弄清楚，连带把虞舜的十二州也弄清楚了。对于这些时期中的分州制度，两千年来的学者再没有像我们这样清楚的了！”其时，顾颉刚已是史学界公认的权威，而谭其骧不过是个二十出头的毛头小子。

谭先生最重要、也最为世人所知的学术成就是主持编绘八卷本《中国历史地图集》（学界简称“谭图”），这是 1954 年毛泽东在出席第一届全国人民代表大会时跟吴晗提起的想法——读历史需要一本随时检查地名方位的历史地图。次年，吴晗即建议有关单位请谭先生去北京，以现代地图为底本，改编、修订杨守敬《历代舆地图》——这是到当时为止中国历史地图中最详备的一种。抗战时期及新中国成立之初，谭先生都曾编绘、校订过不少地图，他与顾颉刚一道组织禹贡学会时，也有编绘中国历代沿革地图的愿望，只是这项工作需要大量财力、物力，还需要大批学者、专家的通力合作，难以开展。这次编绘历史地图，原定方案是“改绘”，但工作甫一启动，谭先生即发现，这一方案并不可行，于是另起炉灶，原本计划一年之内完成的任务，最终延宕了近二十年（1957 年谭先生回到上海，为编纂《中国历史地图集》作长期规划，1974 年《中国历史地图集》内部本八册编成）。

《中国历史地图集》出版后，谭先生在国内及国际历史学界都享有崇高的学术声誉，由他参与、负责的集体科研项目一个接着一个，比如《中国历史大辞典》，《中国大百科全书》历史卷、地理卷，《辞海》中历史地理部分，以及《中国国家地图集 · 历史地图卷》等。作为多个集体项目的负责人，谭先生大把的时间都花在了集体事业上，个人的文章、研究与同辈学者比较起来，成果并不多，除了时间、精力所限之外，很重要的一点在于，谭先生对待工作极其认真，没有一丝敷衍。

谭先生这种在学术上求真求是的态度到了晚年也丝毫未减。他主编的八大册《中国历史地图集》（简称《图集》）在 20 世纪 70 年代前期出版内部本后，在学界不胫而走，受到了广泛重视与高度评价。但是由于当时的研究条件、知识局限，以及时代的政治影响，这部内部本的《图集》所反映出的问题也不少。有鉴于此，谭先生提出必须对内部本进行修改补正，然后再公开出版这部《图集》。他召集复旦大学等单位的有关学者，就修订事宜进行了讨论，并最终制订了科学而细致的修改方案，然而，由于这一修订方案不可避免地要涉及台湾、疆域、与邻国关系、少数民族等敏感问题，在当时有不少人担心这样做会冒政治风险。但谭先生表示，修改方案就是要讲历史事实，讲实事求是。在他的坚持下，《图集》的修订方案最终得到了有关部门领导的批准。不过，由于时间与人力等方面的问题，虽然经过了修订，《图集》中仍有若干差错或不当之处无法解决。为此，谭先生在1982 年《中国历史地图集》公开发行的修订版“前言”中作了两点说明，并不隐讳《图集》中所存在的不足。非但如此，当《图集》修订版八册在1987 年全部出齐时，谭先生在“后记”中对《图集》所存在的科学性不足又作了两点补充。谭先生在给参加《图集》修订工作的南京大学历史系陈得芝教授的信中，提及这一做法时，谦逊而认真地指出“这是科学工作者应有的态度”。

师者之创新的传承

谭其骧先生的弟子、著名学者、复旦大学图书馆前任馆长葛剑雄教授在1978 年考上了复旦大学的研究生，之后成了谭先生的助手。说到谭先生对他影响最深的一点，葛教授说：谭先生经常跟我们讲做学问要不断地超越前人，他也的确是一直鼓励我们要创新，要在学术上超越他。谭先生说：我应该超越清朝那些做历史地理学研究的学者，比如钱大昕、王国维，你们应该超过我。否则学术怎么进步呢?

让葛剑雄教授印象特别深刻的有两件事。一件是谭先生在编撰《中国历史大辞典》的时候，其中有一部分是地名，当时有一个内部刊物定期刊登编撰过程中的样稿和大家进行讨论的文章。葛剑雄看了之后发现，新编的《中国历史大辞典》中“北京”这一词条的内容和《辞海》中的解释基本一致，而且他看书的时候抄下过的几条内容也没有出现，还不够完整，葛剑雄就跟谭先生说："先生，我发现北京这条不全啊，我手头还有几条看书时做的笔记的内容没在里面。"先生回答说："那很好，你补啊。"等到葛剑雄把补好的内容交给他之后，谭先生才告诉他北京这一条就是他写的。不久之后，谭先生就给编辑部写了一封信，刊登了葛剑雄补充的相关内容。年轻的葛剑雄当时有点不好意思，没想到老师会这样做，但谭先生说这样很好，"不要因为我是你的老师而有什么两样。登出了样稿有错或是有要补的你们就要指出来"。

第二件事是在葛教授在研究移民史的时候，在写《中国移民史》的过程之中，需要参考一篇很重要的文章——《晋永嘉丧乱后之民族迁徙》，这是谭先生的一篇成名作，他在读研究生的时候发表在燕京大学的学报上，被很多人引用，是这个领域的经典参考文献。这篇文章有一个很大的贡献就是用地名学的方法来分析永嘉之乱后人口到底迁移了多少，北方迁来的人在居住比较集中的地方会用他们原来在北方的地名设立一个侨州、侨郡、侨县，谭先生认为如果各种因素都抵消的话，一般来讲，根据这些侨州、侨县设立的数量，大致上可以推算出移民和土著的比例。这个办法当时是一个创举，是很了不得的。但葛教授看了之后发现了一个问题，那就是移民不是同一年代迁的，前后延续了 100 多年，那么 100 多年前定居的居民到 100 多年后已经是翻了一番或者两番了。如果是 25 岁一代的话，已经是 4 代人了，但是比如 50 年前迁的人可能只有两代，那么刚迁过来的人就是这人口本身，所以年代不同应该数值是不同的，这是很复杂的推算过程，不能用最后比如说 8 个县或者 20 个县来估计。葛教授就把这个想法跟老师说了，谭先生听完觉得这个办法是对的，尽管这个办法是理论上的，实际上算不出来，因为太复杂了。

谭先生一直这样鼓励他的学生们创新，而且他自己也给大家做了榜样，所以他的学生们也是不断地鼓励他们的学生来超越自己。葛剑雄教授所在的复旦大学历史地理研究所的研究生的学科背景十分多样，有原来学历史的、地理的，还有学电子工程的、化工的、学医的，他们来这里一方面是个人兴趣，另一方面是他们很多人尤其是研究生了解到这里特别鼓励创新。在葛剑雄教授看来，这也是历史地理研究所之所以能够一直保持比较先进地位的原因，这与顾先生还有谭老师所传承下来的这种风格以及学术上鼓励进步的态度是分不开的。

葛剑雄教授还举出了自己指导学生过程中的一个事例：他有一个学生的毕业论文 2013 年入选了全国一百篇优秀博士论文，当年他来考博士的时候几门成绩都不及格，但是在面试的时候葛教授觉得他思路很清晰也很有潜力，就把他特招进来了。这个学生入学后对汉简上的文字产生了很大兴趣，想做一个西汉侯国的题目。葛教授说：“不行，这个题目从谭老师开始有好多人都做过了，你还能做出什么东西来呢？做不出的。”后来学生写了一篇文章，文章写得不错，但葛教授还是担心，这个单篇文章可以做，但是要做博士论文的话能找得到那么多问题吗？毕竟已经有那么多人都做过了。又过了一段时间葛教授让他再写文章的时候，他已经开启了好几个新的课题，葛教授说：“好，那你去做吧！”最后的结果也说明，即使前人包括老师们已经做过的一些课题，因为受到当时的条件限制，加之现在又有了新的资料，那么应该说现在通过一些新的研究手段仍然是有可能创新的，最后大家一致都认为这个学生的论文非常好。葛教授在给这位学生所写的序里也谈道：从谭老师到我们，都是希望后人能够超越前人，同时我也希望他继续努力，如果是被其他人或是以后的自己又超越了，那学术才真正进步了。

回忆谭先生，葛教授深情地说：老师所带给我的这种创新的思想与传承对我的影响的确很大、很深，在真正做学术研究讨论的时候，是没有老师和学生之分的、是平等的，更像是朋友间的一种交流。每每回想起老师，我总是满怀激动与深情，他的学识、才华和人品，他给予我的指导和关心，这些重叠成师恩的具象，我感恩老师，也会把老师的学术风格与思想传承下去。

➢ 案例分析

立德树人是教师的核心任务和根本职责。谭其骧先生身为大学者，不仅在历史地理学的学术研究领域取得重要成果，成为中国历史地理学科的奠基人，而且作为教师在人才培养方面同样取得累累硕果。在他的学术品格、学术作风和学术思想的熏陶和影响下，他的学生也都成长为各个行业的骨干，在自己的工作岗位上作出重要贡献。谭先生的很多学生后来也都成为教师，他们沿着谭先生的路，谆谆教诲自己的学生，为国家和社会培养出更多的有用人才。这过程中深刻体现了谭先生的高尚人格、大师风范对学生的影响，也见证了师生之间“言传身教”的传承与创新。学习谭先生认真治学的事迹及其对弟子的指导教诲，对我们在新的时代背景下推进广大研究生导师认真履行立德树人职责具有重要意义。

首先，教师应该坚持言传身教相统一，以身作则，从我做起，用自己的实际行动为学生树立良好榜样。“言传”和“身教”是教师教育学生的两种最主要的手段，通过二者的结合，既可以向学生传授知识和技能，还可以通过自己的实际行动来影响和塑造学生的人格与思想。案例中谭其骧先生是我国著名的历史地理学学者，自少年时便养成了严谨认真的治学习惯，这种精神贯穿于他的一生，也体现在他的学生身上。著名党史学者金冲及教授在给他的导师谭其骧先生八十华诞时写的贺信中讲道：“老师言传身教对学生的潜移默化作用，年轻时也许没有明确地意识到，时间相隔越久，这种感受反而越来越强烈。如果年轻时没有受到过先生和其他老师的熏陶，在心中对怎样才算是做学问树立起一种无形的标尺，不如此就不敢拿出来，恐怕连今天这点微薄的成果也难以取得。”① 这封贺信代表了大家对导师所起作用而感恩的心声。金教授特别提到谭其骧老师主编的《中国历史地图集》，说自

---

① 金冲及、张燚明：《金冲及先生治学答问》，《史学月刊》2014 年第 5 期。

己到日本去，日本一位学士院的会员，实际上就相当于中国的院士，叫岛田虔次的，他跟金公说：“我们到了今天还受到谭先生的恩惠”。可见一位好的老师，他影响的深远，好的学术成果惠及的不仅是国内，它墙内开花墙外照样也香。① 葛剑雄教授作为谭先生的学生，认为“先生实事求是的坚定立场固然是出于对党的正确路线的信念，出于对历史事实的全面了解和深刻理解，但正如很多师友所强调的，这与先生具有不计个人名利得失的高尚品德是分不开的”②。正是在这种言传身教的影响之下，谭先生的学生也都坚持严谨治学，并将这一精神传递给自己的学生。这种以身作则、以身示范的教育理念值得广大教师包括研究生导师认真学习、积极实践。

其次，言传身教既是中国优秀传统文化一直所倡导的重要教育理念，更是当今时代背景下研究生导师履行立德树人职责的现实要求。党的十九大报告指出：“全面贯彻党的教育方针，坚持教育为社会主义现代化建设服务、为人民服务，把立德树人作为教育的根本任务，培养德智体美全面发展的社会主义建设者和接班人。”③ 这为新时代高校落实立德树人根本任务指明了前进方向。立德树人根本任务的确立，体现了中国特色社会主义教育的价值取向，教师在履行立德树人职责的过程中实现了“成人”与“成才”、品德教育与知识教育、素质教育与专业教育的有机融合。“立德”与“树人”是辩证统一体，立德是树人的前提和基础，树人是立德的目的与归宿，立什么样的“德”决定了树什么样的“人”，树什么样的“人”体现了立什么样的“德”。④ 有鉴于此，在中国特色社会主义进入新时代后，高校教师应该进一步加强言传和身教相统一，坚持社会主义

---

① 参见周武：《孙中山研究的薪火相传——“孙中山研究口述史”采访记事之三》，《南方都市报》2016 年 11 月 15 日。

② 葛剑雄：《从谭其骧先生问学记》，《史学史研究》1990 年第 3 期。

③ 习近平：《决胜全面建成小康社会　夺取新时代中国特色社会主义伟大胜利——在中国共产党第十九次全国代表大会上的报告》，《人民日报》2017 年 10 月 28 日。

④ 参见李旭炎：《书写新时代立德树人新篇章》，《光明日报》2017 年 12 月 20 日。

办学方向，将社会主义核心价值体系融入教育全过程，研究生导师更应该充分发挥其在研究生培养中的重要作用，实现立德树人的人才培养目标。案例中谭其骧先生一直倡导学术创新，鼓励自己的学生超越自己。在他看来，对研究生来说，主要是培养能力和见解，而不是一般性的传授知识。① 正是在先生的言传身教之下，先生的学生们，如葛剑雄教授也都传承了这一理念，鼓励学生创新超越，从而形成了良好学风，取得了可喜的人才培养成果。

最后，言传身教的力量不仅体现在教学和科研工作中，也体现在生活中每一件小事上，全方位的言传身教是最有效的教育路径。案例中谭其骧先生认真治学的作风给他的弟子们留下了深刻的印象和深远的影响。学者邹逸麟曾和谭先生共同参与《中国历史大辞典》的编写工作，在这过程中邹逸麟观察到了谭先生的过人之处："有时候，一些老先生来开会，稿子也不看，讲的都是空话。但谭先生在开会时总会一条条地提出自己的意见，哪个年份搞错了，哪个词汇讲错了。"② 谭先生认真务实的学术风格不仅是其学问博大精深的表现，更是其认真负责的学术态度使然。

谭先生去世之前，在自身生活很是困窘的情况下，仍拿出 2 万元"巨款"作为鼓励历史地理学界研究的奖励基金，以先生之名命名的优秀青年历史地理论著基金已颁发多届。正是在先生的影响之下，他的学生们也都倾心培养、指导学生，认真履行立德树人职责。对于研究生导师来说，要履行立德树人职责，就应该全方位地坚持言传身教相统一，综合运用思想、理念、语言、行动等多种方式对研究生进行教育和引导，既要注重对研究生的知识传授，更要不断提升自身素质，在生活和学习中做学生的表率与榜样，真正做到以德立身、以德立学、以德施教。

① 参见葛剑雄：《悠悠长水——谭其骧传》，文汇出版社 2018 年版，第 382 页。

② 参见樊丽萍：《谭其骧——一个真正有学术底气的人》，《文汇报》2011 年 6 月 2 日。

➢ 延伸阅读

先生之风 山高水长
——忆谭其骧先生二三事

谭其骧先生是我国著名的历史地理学家、中国科学院院士。他是卓越的学者，在学术研究上取得重要成就。如在主编《中国历史地图集》这部鸿篇巨制的过程中，他对历史上的中国和中国疆域作了科学的界定，并将沿革地理发展为历史地理学，为中国历史地理学奠定了坚实的基础。与此同时，谭先生也是一位杰出的教育家，他治学严谨，诲人不倦，培养了我国首批 2 名文科博士周振鹄、葛剑雄。在多年的治学育人实践中，谭先生培养出一批优秀的历史地理学研究者，在人才培养方面为我国历史地理学的发展作出重要贡献。

继谭先生之后担任复旦大学中国历史地理研究所所长的邹逸麟回忆说，当年二十出头的他，对于历史地理完全是个门外汉，名为助手，实际上做了近一年的“学徒”，他的很多同事们也多经历了这样的历程。在谭先生的认真指导下，这些青年学者后来都已经成长为我国历史地理学的领军人才，参与编写《中国历史地图集》的“编稿组主要成员都成了研究所的宝贵中坚，整个队伍的专业水平在全国首屈一指”①。

谭先生教书育人，不仅向学生传授学术知识，而且用自己严谨的治学精神熏陶引导学生。葛剑雄教授曾回忆，谭先生对学生的论文看得很仔细，无论是指导学生撰写论文，还是评阅学生论文，他都为此耗费了大量的时间；他不仅对自己指导的研究生的论文是如此，对于其他导师或其他学校送来的学位论文也同样认真，一篇博士论文都要看一两个星期。如果实在事多忙不

---

① 参见张晓鹏：《谭其骧：“九三”的骄傲 “同心”的典范》，2015 年 9 月 10 日，见 http：//www.93.gov.cn/html/93gov/lshm/ssyj/150910157607981204.html。

过来，他宁可看其中的一部分，并且在提意见时加以说明，也不愿意简单翻翻，草草了事。① 对此，中国社会科学院历史研究所史为乐研究员也感触至深：不论先生从事研究、撰写论著，还是指导我们读书、科研，无不严肃认真，绝不容许有半点马虎。先生的文章都是他多年研究的心得，千锤百炼，慎之又慎。② 这种严谨和认真，是谭先生给学生作出的最好的榜样示范。

在指导学生的过程中，谭先生总是热情地鼓励青年学生，认真指导他们的学业，这种诲人不倦的精神极大地鼓舞了青年人的学习兴趣和信心。谭先生对学生的培养，不仅体现在专业业务方面，更是体现在谆谆教诲学生如何做人方面。厦门大学历史系林汀水教授曾回忆自己在谭先生的指导下，参与编写《中国历史地图集》的难忘经历。历史地理学的研究需要做大量的考证工作，有时候学生会觉得枯燥无味，甚至对自己所从事的工作意义和价值产生怀疑，在学习和工作中产生消极情绪。谭先生发现了这种情况，便及时与学生交流，做通学生的思想工作。他语重心长地说：这是学科的基础工作，没有这个基础，学科发展将会受到极大限制，我们虽做“垫脚石”的工作，可为人铺路是好事，只要是好事，就应全心全意尽力地去把它做好。何况做好这件事，功德还是无量的。③ 谭先生不仅是这样教育学生的，他自己更是以身作则，每天坚持伏案工作十几个小时，用自己的实际行动为学生作出榜样，引导他们认真扎实地投入到工作中去。

1978 年 2 月，年逾古稀的谭先生患脑血栓后留下了后遗症，这给他的工作带来严重影响，但他仍以顽强的毅力忘我地坚持工作，一丝不苟地审查《中国历史地图集》的图稿，有时甚至工作至深夜。复旦大学历史系历史地理研究所王文楚教授曾回忆这段经历：“我负责修订的第二册秦汉图，因为是修订的第一批图稿，要严格按规定日期交稿，于既定日的凌晨携带修订后

---

① 参见葛剑雄：《禹贡传人——谭其骧传》，浙江人民出版社 2003 年版，第 307 页。

② 参见史为乐：《严肃谨慎，意在“求实”——忆谭其骧先生》，《东岳论丛》1997 年第 2 期。

③ 参见林汀水：《忆恩师谭其骧二三事》，《历史地理》第二十一辑，2006 年。

的图稿，赴其骧师家，交与他审阅。他因昨夜为图集工作而通宵达旦，刚睡不久。这种严谨的治学精神不仅保证了这种忘我勤奋、辛劳工作、坚韧不拔的意志，实在令人惊叹和钦敬。"①

桃李不言，下自成蹊。谭先生的言传身教，不仅让学生学到了专业知识，更是让学生感受到了先生的风骨和品格，这就是师者在言传身教中传递的精神与力量。

➢ 参考文献

［1］葛剑雄：《师者之创新的传承》，《光明日报》2014 年 9 月 12 日。

［2］樊丽萍：《谭其骧—— 一个真正有学术底气的人》，《文汇报》2011 年 6 月 2 日。

［3］张晓鹏：《谭其骧："九三"的骄傲　"同心"的典范》，2015 年 9 月 10 日，见 http：//www. 93. gov. cn/html/93gov/lshm/ssyj/150910157607981204. html。

［4］金冲及、张燚明：《金冲及先生治学答问》，《史学月刊》2014 年第 5 期。

［5］周武：《孙中山研究的薪火相传——"孙中山研究口述史"采访记事之三》，《南方都市报》2016 年 11 月 15 日。

［6］葛剑雄：《从谭其骧先生问学记》，《史学史研究》1990 年第 3 期。

［7］习近平：《决胜全面建成小康社会　夺取新时代中国特色社会主义伟大胜利——在中国共产党第十九次全国代表大会上的报告》，《人民日报》2017 年 10 月 28 日。

［8］李旭炎：《书写新时代立德树人新篇章》，《光明日报》2017 年 12 月 20 日。

［9］葛剑雄：《悠悠长水——谭其骧传》，文汇出版社 2018 年版。

［10］葛剑雄：《禹贡传人——谭其骧传》，浙江人民出版社 2003 年版。

［11］史为乐：《严肃谨慎，意在"求实"——忆谭其骧先生》，《东岳论丛》1997 年第 2 期。

［12］林汀水：《忆恩师谭其骧二三事》，《历史地理》第二十一辑，2006 年。

［13］王文楚：《纪念谭其骧先生》，《历史地理》第二十一辑，2006 年。

① 王文楚：《纪念谭其骧先生》，《历史地理》第二十一辑，2006 年。

案例 8

红色理论家——郑德荣教授

➢ 案例导读

郑德荣教授是我国著名中共党史学家、毛泽东思想研究专家，东北师范大学荣誉教授、博士生导师。郑德荣教授一生从事马克思主义理论的研究和教育工作，是中共党史理论研究和毛泽东思想研究的领军人物，为我国中共党史的学科建设作出了重要贡献。作为一名忠诚的共产党员，郑德荣教授毕生“在马言马、懂马信马、传马护马”，真正做到了对马克思主义的真学、真懂、真信、真用，是真正的“红色理论家”。作为一名优秀的人民教师，郑德荣教授坚持言传身教、立德树人，他是严师典范、良师表率和人师楷模，是“有理想信念，有道德情操，有扎实学识，有仁爱之心”的好老师，是广大教师学习的榜样。

➢ 案例文本

2018 年 5 月 3 日，著名的中共党史专家、马克思主义中国化研究的重要开拓者和奠基人郑德荣教授因病医治无效在长春逝世，享年 92 岁。习近平总书记对郑德荣同志的逝世表示了哀悼和慰问，中央有关领导、教育部、吉林省委省政府主要领导等，也都以不同形式表示了哀悼和慰问。5月5日，东北师范大学党委作出决定，号召在全校开展向郑德荣同志学习的活动，要求广大师生学习郑德荣同志坚定执着的信仰信念、探索创新的学术精神、甘于奉献的大爱情怀、永久奋斗的高尚品格。6月27日，党中央作出关于追授郑德荣、钟扬等7名同志“全国优秀共产党员”称号的决定，要求广大党员、干部学习他们的崇高精神和先进事迹，始终爱党、信党、护党、为党，始终坚持实践实干实效，始终坚持人民利益高于一切，始终保持共产党人的政治本色。①

作为终生从事马克思主义理论研究和教育工作的理论家和教育者，郑德荣教授秉持着“理想、勤奋、毅力、进取”的座右铭，坚持以“严谨、求实、探索、创新”的学风培育人才。从1952年直至逝世，郑德荣教授一直致力于中共党史、毛泽东思想、马克思主义中国化、中国特色社会主义理论体系等诸多领域的教学和研究，从教六十余载，他用自己的一生践行了教师所肩负的立德树人使命，取得了桃李天下的累累硕果：先后培养硕士生14人，博士生49人，其中已有多人成为教授、博士生导师和各级领导干部，成为工作中的骨干。在培养指导学生的过程中，郑德荣教授始终坚持以身垂范、言传身教，用自己的实际行动为学生们作出了最好的表率，用自己对马克思主义的信仰和遵循感召更多的青年学子投身到马克思主义理论的学习、研究和教育工作中来。

他是矢志不渝的“红色理论家”

有记者曾经这样描述郑德荣教授的一生：他读书、教书，人生顺畅；他一生只有一个职业那就是教师，只有一个事业那就是党史研究；他作息规律，早起、散步、读书、写文章、指导学生，日复一日从不改变；他夫妻恩

① 参见《中共中央关于追授郑德荣等7名同志“全国优秀共产党员”称号的决定》，《光明日报》2018年6月29日。

爱、家庭和睦、学生有成，生活没有冲突、没有跌宕。[①] 但这看似平淡的表象背后，却是郑德荣教授一生献身于马克思主义理论研究和教育工作、以自己的实际行动践行马克思主义信仰的光辉历程。回顾郑德荣教授的人生历程可以发现，这是信仰了一辈子共产主义、讲了一辈子马克思主义的“红色理论家”的一生。

在 2016 年举行的郑德荣从教 65 周年学术思想研讨会上，郑德荣教授这样描述他与马克思主义的结缘：“1948 年我作为一名大学生毅然投奔解放区，从此开始接受了马克思主义和党的教育。不管风吹雨打、不管形势如何变化，我对党的信念、对马克思主义的信念坚定不移。”[②] 此后的人生中，这位具有坚定的马克思主义信仰和社会主义、共产主义信念，对党的事业无限忠诚的优秀共产党员，从未因现实的复杂而放弃梦想，从未因理想的遥远而放弃追求，始终高举旗帜跟党走，以强烈的政治责任感践行了“资政育人”的社会使命。[③]

郑德荣教授在学术研究中始终坚持以“理想、勤奋、毅力、进取”为核心的治学精神，取得了斐然的学术成就，成为中共党史研究的一面旗帜：多年来，他先后主持了国家社科基金项目和教育部人文社会科学等 10 余项科研课题，一生撰写的学术著作和教材有 50 多部，发表高水平学术论文 260 余篇，在学术界产生重要影响，在海内外都享有崇高的学术声望和学术地位。中央文献研究室原主任逄先知曾这样评价郑德荣教授的学术贡献：“郑德荣的著作对宣传毛泽东思想，特别是推动毛泽东思想的科学研究具有重要贡献”。[④]

---

① 参见曾毅：《红色理论家》（报告文学），《光明日报》2018 年 6 月 29 日。

② 曾毅：《永远的先生　永恒的追求　永久的光芒——追记“红色理论家”郑德荣》，《光明日报》2018 年 6 月 26 日。

③ 参见王丹彤、宋强、闫冬：《绽放真理的德性荣光》，见 http：//zhengderong. nenu. edu. cn/info/1002/1130. htm。

④ 郎秋红、李双溪：《高擎信仰之炬——追记东北师范大学荣誉教授郑德荣》，2018 年 6 月 25 日，见 http：//www. xinhuanet. com/politics/2018-06/25/c_1123032181. htm。

郑德荣教授的学生、曾担任东北师范大学党委书记的盛连喜说："1995年，我在美国南伊利诺伊大学做访问学者的时候，走了很多高校，我居然在这些学校的图书馆里都看到了郑先生的藏书。中国学者的书进入西方馆藏，这是件多么不容易的事情。更何况先生的书被那么多图书馆收藏，仅美国国会图书馆就有29种。"① 郑德荣教授的学术影响力，由此可见一斑。

更为重要的是，郑德荣教授始终站在学术前沿，准确把握学术动态，勇于探索创新，做了大量的开创性研究。郑德荣教授与人合著的《毛泽东思想史稿》是系统研究毛泽东思想的第一部专著，开创了毛泽东思想史科学体系的先河，在毛泽东思想研究中具有重要地位。后来，这本书的修订本由中共中央办公厅为中央政治局委员配发，作为学习的教材。

除学术研究外，郑德荣教授十分重视教材建设。他曾担任由教育部主持的《中国共产党历史教学大纲》和《中国革命史教学大纲》的编写组组长，并先后主编了多部由教育部指定的全国通用教材。其中，《中国共产党历史讲义》被教育部推荐为全国高校文科通用教材，再版五次，发行量达百余万册。② 为了推动毛泽东思想的教学工作深入开展，他主编了《毛泽东思想概论》一书，这是改革开放后我国最早创立概论体系的教材，前后共印刷了13次，发行数量超过100万册，至今仍在全国高校广泛使用，是高等学校开展毛泽东思想教育的重要教学资料，多次被《光明日报》列为高校征购教材书目。他主持出版的《社会主义初级阶段》一书，作为由教育部邓小平理论研究中心组织编写的《有中国特色社会主义论丛》12卷之一，获得了2001年国家图书奖；2002年，已是76岁高龄的郑德荣教授主持出版了《国情·道路·现代化》一书，这是由国家新闻出版总署审定的纪念中国共产党成立80周年百部重点图书之一，出版后受到学术界的广泛关注和

① 曾毅：《红色理论家》（报告文学），《光明日报》2018年6月29日。

② 参见中共东北师范大学委员会：《中共东北师范大学委员会关于向优秀共产党员郑德荣同志学习的决定》，2018年5月5日，见 http：//zhengderong. nenu. edu. cn/xxjd. htm。

高度肯定。[①] 2006 年，已是 80 岁高龄的郑德荣教授，还应邀担任了“中央马克思主义理论研究与建设工程”重大教材项目历史组的评委，继续参与教材的编写、修订和出版工作。

郑德荣教授一生从事中共党史领域的研究，他为党史专业和学科建设作出了重要贡献。1981 年，他主持成立了东北师范大学毛泽东思想研究所，这是全国高校成立最早、坚持时间最长的毛泽东思想研究机构之一；1983 年，他成为全国高校中共党史学科最早的 4 位教授之一；1986 年，东北师范大学中共党史博士点获批，成为全国高校最早的三个中共党史博士点之一，他也成为全国高校中共党史学科首批 3 位博士生导师之一；1991 年，他带领的东北师范大学毛泽东思想研究所，在教育部直属院校 147 个社会科学研究机构的评估中名列榜首。

他是立德树人的铸魂引路者

郑德荣教授不仅是一位马克思主义的理论研究者和宣讲者，他还是一位优秀的人民教师。从教 67 年，他始终把人才培养作为自己最重要的工作。他把大量的时间和精力都奉献给了学生，在年过 80、身体欠佳的情况下仍然定期给本科生作专题讲座。在党的十九大胜利闭幕第二天，他就主动请缨为全校师生作宣讲报告，真正发挥了一名教师所肩负的“资政育人”职责。2016 年 12 月，已是 90 高龄的郑德荣教授在吉林省社科学会年会上作报告——《深刻领会中国特色社会主义道路的历史必然性和科学真理性》，长春理工大学党委书记杨玉新回忆当时的情景时说：“郑老那天提前 1 个小时就到了会场，他讲课声如洪钟，说理透彻，立意深远，是真学真用，是党史工作者的榜样”。[②] 2016 年 1 月，在郑德荣从教 65 周年

---

① 参见郎秋红、李双溪：《高擎信仰之炬——追记东北师范大学荣誉教授郑德荣》，2018 年 6 月 25 日，见 http：//www.xinhuanet.com/politics/2018-06/25/c_1123032181.htm。

② 李已平：《一脉相承到百年——追记“红色理论家”、东北师范大学教授郑德荣》，《经济日报》2018 年 6 月 26 日。

学术思想研讨会上，他曾动情地说道：“我人生最大的快慰有两件事：一件，是科研成果给人以启迪，服务于社会；另一件，是学生的成长成才，青出于蓝胜于蓝。”几十年从教生涯，他始终传承“红色基因”，以大爱情怀教书育人。①

1986年，60岁的郑德荣教授从领导岗位退下来，他满怀激情地规划未来：要用10年时间，培养出10个博士、出版10部专著。但他所做到的、所完成的，远远超出了这个目标。在此后的30多年间，郑德荣教授全部超额完成了这些当年看似不可能的“规划”，这期间他培养博士生的数量是计划数的近5倍，他出版专著的数量是计划数的4倍，此外还发表了200余篇学术论文，仅仅是在80岁到90岁的10年间，郑德荣的个人专著就达5部之多，而且还承担国家项目3项，发表论文70余篇。② 85岁那一年，他发表了学术论文13篇；为纪念马克思诞辰200周年，92岁高龄的郑德荣带病准备纪念文章……

郑德荣教授把教书育人作为所钟情“红色事业”的一部分，用理想、信念、知识、情感传道授业，是既为“经师”又为“人师”的典范。③ 自1978年招收中共党史三年制研究生、1986年开创博士点至今，郑德荣教授共培养硕士生14人，博士生49人。对这些学生来说，郑德荣既是他们学术研究上的指导者，更是人生路上的领路人。

作为导师，郑德荣教授最重视的是培养学生的理想信念、道德情操和科学精神。作为导师，郑德荣教授把“德育为先”这一教育理念贯穿于博士生培养的全过程，把“红色基因”的传承作为学生培养的核心内容，以此引导学生坚定马克思主义理想信念，继承党的光荣传统和优良作风，增强为

---

① 参见盛若蔚：《忠诚，写在信仰的旗帜上——追记“红色理论家”、东北师范大学原副校长郑德荣》，《人民日报》2018年6月27日。

② 参见刘怀、米韵熹、任爽、缪有银、毕雪：《高高举起信仰的旗帜　追记郑德荣教授》，《吉林日报》2018年5月17日。

③ 参见王凯：《向郑德荣学习的时代意义》，《中国组织报》2018年7月23日。

党的事业不懈奋斗的责任感和使命感。① 郑德荣教授指导的 1988 级博士、中共中央党校科研部原党委书记张喜德在多年后仍清晰地记得郑教授给博士生上的第一课：这一课不是冠冕堂皇、油水分离的政治说教，也不是对专业知识夸夸其谈的津津乐道，而是寓意深刻、阐述精辟的德、智、体及红与专融为一体的“治学之道”，为刚刚开启博士生求学路的学生们指明了政治标准、研究方向、治学态度和科研方法等，这一课也成了他终生难忘的一课。②

郑德荣教授十分重视培养学生独立从事科学研究的能力，“提示、讨论、小结、作业”四段授课法，使博士生处于课前独立准备、课上独立思考、课后独立钻研的良性循环；他实行的“读书、思考、讨论、答疑、交流”的开放式教学模式，逼着学生多思考、多提问、多视角分析问题。③ 郑德荣先生指导的 1989 级博士生、原中共中央党史研究室一部巡视员、研究员李蓉十分感恩郑德荣教授的培养：郑德荣教授严谨治学，从德、才、识三方面努力提高学生的政治、思想和专业水平，着重培养学生扎实的基本功和科研能力，激发学生的好奇心和创造力，要求学生熟悉和驾驭史料，关注和掌握最新学术动态，既重视翔实的史料，又要求有理论性的分析，注意从战略高度高屋建瓴地分析和解决问题，研究客观事物的内在规律。④

对于郑德荣教授来说，学生始终是他心中的牵挂。2018 年 4 月，因为癌症扩散，郑德荣再次住院，此时他的右肺和三分之一的左肺已经停止了工作，但他依然关心着学生，惦记着学生的论文。5 月 1 日，他的博士生胡范

---

① 参见王丹彤、宋强、闫冬：《绽放真理的德性荣光》，见 http://zhengderong.nenu.edu.cn/info/1002/1130.htm。

② 参见张喜德：《难忘的一课》，见 http://zhengderong.nenu.edu.cn/info/1006/1052.htm。

③ 参见盛若蔚：《忠诚，写在信仰的旗帜上——追记“红色理论家”、东北师范大学原副校长郑德荣》，《人民日报》2018 年 6 月 27 日。

④ 参见李蓉：《导师和我的人生》，见 http://zhengderong.nenu.edu.cn/info/1006/1053.htm。

坤来医院看望郑老师时，给老师读了两个小时的论文。听完后，郑德荣教授拔掉氧气管，用尽全身力气告诉胡范坤：“要分段，要有条理。”这也是郑德荣教授人生中的最后一条工作意见。

在培养、指导学生时，郑德荣教授常用他个人的座右铭“理想、勤奋、毅力、进取”来教育大家，为学生指明前进的方向。郑教授不仅这样要求学生，他自己更是躬行践履、以身作则，无论是在担任东北师范大学副校长的领导岗位上，还是作为学术大家在科学研究中，他都以这四个词自勉，也用自己的实际行动深深地感召着他的学生们。“严谨、求实、探索、创新”则是郑德荣教授所倡导的学风，也是他进行学术研究的基本遵循：有一次为《光明日报》投稿，虽然论文只有两三千字，他却反复修改十几稿之多；学生的论文他也同样认真对待，一字一句毫不马虎，不厌其烦，用红色的圆珠笔做满密密麻麻的修改和批注。①

“桃李不言，下自成蹊”。郑德荣教授将自己的一生都贡献给了党史研究、党史教学和党史人才培养的事业。如今，先生虽然离我们远去了，但他的精神还在，他的学生们还在沿着先生走过的路，在研究宣传马克思主义的广袤原野上不忘初心、阔步前行。

➢ 案例分析

2014 年 9 月 9 日，在第三十个教师节来临前夕，习近平总书记来到北京师范大学，看望教师学生，观摩课堂教学，进行座谈交流。在与师生座谈时，总书记指出：一个人遇到好老师是人生的幸运，一个学校拥有好老师是学校的光荣，一个民族源源不断涌现出一批又一批好老师则是民族的希望，

---

① 参见程舒伟、王占仁：《向郑德荣教授学习》，见 http：//zhengderong. nenu. edu. cn/info/1006/1125. htm。

并号召全国广大教师做“四有”好教师。① 这席讲话对当前高校教师队伍建设提出了要求，也为高校教师履行立德树人职责明确了方向。郑德荣教授 60 多年来一直坚守党史教学科研第一线，做知识的传授者、智慧的启迪者、人格的影响者和良好道德品格的实践者、示范者，用自己的言传身教影响学生、教育学生，培养出众多优秀人才。这些先进理念和实践对研究生导师在指导学生时认真履行立德树人职责具有重要启示意义，具体说来，主要体现在以下几个方面。

首先，研究生导师必须坚持将言传和身教相统一，才能有效履行立德树人职责。言传和身教相辅相成，是研究生导师履行其职责过程中不可分割的两个部分。大学教师的潜移默化对学生的价值观和社会观有着不可小觑的影响，教师的自身修为、学术道德、公益行动对学生未来成长和发展的意义可谓源远流长。② 这就要求教师在工作中不仅要善于言传，而且要善于身教，让学生眼见为实，激起思想共鸣，进而促进对教师言传的认同和接受，最终实现对学生心灵和人格的塑造。因此，教师要求学生怎么做，自己先要做出表率，这样才能让学生信服，才能赢得他们的尊敬，所谓“桃李不言，下自成蹊”，就是对言传身教相统一的显著育人效果的最好阐释。习近平总书记曾引用唐代韩愈“师者，所以传道授业解惑也”的论述，指出对教师而言，“传道”是第一位的。一个老师，如果只知道“授业”“解惑”而不“传道”，就不能说这个老师是完全称职的，充其量只能是“经师”“句读之师”，而非“人师”。一个优秀的老师，应该是“经师”和“人师”的统一，既要精于“授业”“解惑”，更要以“传道”为责任和使命。③ 这就要求教师，包括研究生导师在内，都应该坚持言传身教来履行自己“传道授

---

① 参见习近平：《做党和人民满意的好老师：同北京师范大学师生代表座谈时的讲话》，《人民日报》2014 年 9 月 10 日。

② 参见杨旭华、仇勇：《“大学好教师”多重角色的质性分析——基于组织公民行为的视角》，《中国人力资源开发》2014 年第 21 期。

③ 参见习近平：《做党和人民满意的好老师：同北京师范大学师生代表座谈时的讲话》，《人民日报》2014 年 9 月 10 日。

业解惑”的职责，而不能仅仅满足于只做“知识搬运工”的“言传者”。

郑德荣教授特别重视对研究生政治素养的培养，这固然与党史专业的要求有关，更是他育人理念的重要体现。他经常说：“中共党史学科的特殊性，要求研究者必须在政治上有坚定的理想信念，在思想道德上有高尚的情操，否则，就不配为一名中共党史教师。”① 他是这样要求自己的，也是这样要求学生的：在给博士生上第一课时，郑教授不是进行专业知识的讲解，而是首先明确政治标准，要求学生首先在政治上“举旗定向”、在理想信念上“壮骨补钙”。这就是言传身教的直接体现。

在实践中，导师与学生的接触时间最长，交流内容及领域广泛，对学生的了解更深入，开展思想政治教育也更自然平缓，这是导师对学生进行思想政治教育工作得天独厚的优势。② 广大研究生导师应充分发挥这一优势开展育人工作，认真履行立德树人职责。案例中郑德荣教授一直秉持言传身教相统一的理念，用自己的实际行动来教育、引导学生：作为国内知名的党史专家，郑德荣教授始终认真履行自己作为一名党史工作者所肩负的职责，将“为党工作”作为自己所有工作的出发点和落脚点。在培养学生时，他也经常告诫学生，作为党史工作者，必须有为党工作的意识。

在郑德荣教授的学生、东北师范大学社科处处长王占仁看来，郑德荣教授身上有一种强烈的担当意识：每次遇到党和国家的重大纪念日和重要活动，无论自身的工作有多忙，也不管身体状态什么样，他都积极关注并及时地举行相关讲座，即时进行政策和理论的解读。如今，回忆起老师，王占仁说：“老师的坚持，让我第一次体会到党史工作者的责任与担当。”③ 这种责任与担当就是导师对学生最好的教育与引导，学生们也确实感受到了导师的

---

① 盛若蔚：《忠诚，写在信仰的旗帜上——追记“红色理论家”、东北师范大学原副校长郑德荣》，《人民日报》2018年6月27日。

② 参见蒋连霞、施亚玲、向兴华、王科：《新时代加强和改进研究生思想政治教育工作的现实思考——基于对广东省研究生思想政治状况的调查》，《思想教育研究》2019年第1期。

③ 盛若蔚：《忠诚，写在信仰的旗帜上——追记“红色理论家”、东北师范大学原副校长郑德荣》，《人民日报》2018年6月27日。

榜样力量，进而自觉向导师学习，努力成为和导师一样的人。就像他的学生，东北师范大学马克思主义学院教授、博士生导师王晶教授说得那样：先生的风范和人格魅力，聚传统之美德，汇时代之精华，永远值得我们不断学习和弘扬。先生的敬业激励着我们，先生的慈爱温暖着我们，我们将会以同样的态度和精神把知识和爱传递给我们的学生……①

其次，言传身教的力量是巨大的，不仅体现在学术上，也体现在生活中。研究生成长的不同阶段会呈现出不同特征，这就需要研究生导师在育德过程中充分抓住和利用多种规律，开辟多种渠道，有的放矢地使受教育者在知、情、意、行几方面都得到相应的提升。② 这既是中国优秀的教育传统，也是教育发展对导师提出的必然要求。中国著名思想家荀子曾这样阐释对教师资格的要求："师术有四，而博习不与焉。尊严而惮，可以为师；耆艾而信，可以为师；诵说而不陵不犯，可以为师；知微而论，可以为师。"③ 这段话的大意就是说，一个人若要成为一个教师，他就必须满足以下几个方面的要求：不仅要掌握渊博的知识，而且还要有尊严和权威；要有高尚的信仰和丰富的经验阅历；诵说不凌乱，能够做到循序渐进；精通细微的道理，并可以对其进行深入发挥。在荀子看来，教师不仅教人知识，还能以人格感化人和教育人，即教师是学生的良师益友，具有言传身教的作用。这一理念在今天的教育工作中仍然具有重要指导意义，案例中郑德荣教授就是言传身教的典范。作为一名党史研究者和教育者，他自觉承担资政育人的社会责任，正是在这种教育理念的熏陶和影响之下，郑德荣教授的学生们如桃李竞相绽放，他们在自己的教育实践中延续了先生的精神、传承了先生的理念，这是对"言传身教"的最好诠释。

最后，言传身教相统一的重要意义和价值不仅体现于教师对学生的培养

---

① 参见王晶：《音容宛在师恩永存》，见 http：//zhengderong. nenu. edu. cn/info/1006/1057. htm。

② 参见王逢贤：《学校德育过程特点初探》，《教育研究》1979 年第 3 期。

③ 《荀子·致士》。

和教育，也体现在其他方面。如教育者所开展的教学探索对其他教育工作者的带动方面，以及以身作则的良好家风对子女的熏陶和影响方面。在郑德荣教授的影响下，他的三个儿子都从事党史研究工作。在郑德荣教授逝世后，他的儿子郑晓亮这样怀念父亲：您的眼神、您的举止、您的状态、您的精神让晚辈感动落泪，难以言表。您给儿女子孙留下了最宝贵的精神财富和最丰富的精神遗产。我们儿女子孙将永远怀念您，学习您的思想，继承您的遗志，堂正做人，踏实做事。①

随着时代的发展进步，社会环境变化的迅捷与复杂、育人影响因素的多元与交错，使研究生导师在湍急的时代潮流中坚守立德树人的阵地面临着更加艰巨的挑战和更具时代性的要求。② 但与此同时，新的时代、新的环境也为研究生导师充分发挥育人作用、履行立德树人职责提供了前所未有的新机遇，广大研究生导师应以郑德荣教授为榜样，坚持言传身教相统一，为国家和社会培养出更多优秀人才。

➢ 延伸阅读

追忆我的导师郑德荣先生③

我们的导师郑先生走了，但他对信念的坚定、对党的忠诚、对事业执着的精神会永远鼓舞着我们。

老师一生立功、立德、立言，成就斐然。之所以如此，源于他对马克思主义信念的坚定，对中国共产党的忠诚，也源于他对党史研究的“不忘初

① 参见郑晓亮：《给父亲的一封追思信》，见 http：//zhengderong. nenu. edu. cn/info/1006/1050. htm。

② 参见刘志、韩雪娇：《研究生导师立德树人需要突破的三重瓶颈》，《研究生教育研究》2018 年第 5 期。

③ 材料来源：本材料摘编自刘世华：《追忆我的导师郑德荣先生》，见 http：//zhengderong. nenu. edu. cn/info/1006/1056. htm。

心”。这些话用在郑先生的身上是真实的。老师在入学第一课上就教育我们要把个人的理想与党和国家的需要结合起来，实现个人价值，也要贡献于党和国家的事业。老师的一生是这一目标的完美诠释，正是强烈的责任意识和担当精神使郑先生的学术生命长青，并创造了一个又一个的学术高峰。

改革开放 40 年来，不论社会思潮如何激荡，老师始终坚守毛泽东思想研究这块阵地。越是“非毛化”严重的时候，越是坚持毛泽东思想研究，越是有针对性地发出自己的声音，并且十分注重与党的创新理论相结合，推进毛泽东思想研究与时俱进。党的十五大确立邓小平理论。社会上形成两种倾向：一种抑邓扬毛，否定邓小平理论的独立性；一种压毛扬邓。这时，老师发表了《毛泽东与马克思主义中国化》一文，提出“毛泽东是马克思主义中国化的一代旗手”，从马克思主义与中国实际相结合这一视角把毛泽东思想与邓小平理论联系起来，既肯定邓小平理论的历史意义，又阐明了毛泽东思想的当代价值。从学理上驳斥错误思潮，自觉维护党中央的权威。党的十七大提出中国特色社会主义理论体系，没有把毛泽东思想纳入其中，社会上“杂音”四起，又引起了思想领域的混乱。这时，老师发表了《中国特色社会主义理论体系的思想先导——兼论毛泽东思想当代价值》，针对社会上出现的一些曲解、非议和困惑，系统阐述毛泽东思想与中国特色社会主义理论体系的关系，既阐明毛泽东思想的当代价值，又系统说明了不列入中国特色社会主义理论体系并没有降低毛泽东思想的地位。这篇文章在 2008 年《思想理论导刊》第 8 期上发表，成为广大思政课教师推进十七大精神进课堂难得的参考资料。纵观郑先生 67 年学术生涯，尽管历经多个历史时期，但他始终站在党的立场上，在大是大非问题上与党中央保持一致，以自己的科学研究批判错误思想，澄清模糊认识，维护党的思想路线。能够做到这些正是他对党的忠诚和在党史研究中不忘初心的坚守。

1998 年纪念党的十一届三中全会召开 20 周年，郑老师 72 岁。这一年他不仅写了多篇学术论文，而且参加了从全国到地方各个级别的纪念活动。如果说参与全国和省一级的纪念活动是学术地位的体现，那么参加一些地方部门的活动和给学生作讲座，就真的是奉献和担当。那是我入学第二年，也参与了老师的一些活动，有时候上午和下午都要出席，对于72岁的老人来说自然非常辛苦。一次我建议他不要接受一个小单位的邀请，老师却说这是责任，不能拒绝。他说这正是党和国家需要我们的时候，也是党史专业知识可以发挥社会作用的时候，怎么能推托呢？我至今还清楚地记得他说这番话时正色的神情，记得他词语中的坚定和不容置疑。也就是从这次谈话，我开始注意老师作为一名党史学者的意识和担当，认识到老师一系列成就背后的动力源泉。2011年建党90周年，老师85周岁，这一年他发表学术论文13篇。2017年老师91岁，还申报了十九大专项重大课题。如果不是源自信念和担当的强大动力，如何解释一个耄耋老人的如此作为呢！

老师走了，告别了他热爱的事业、亲人和朋友！但他把无尽的精神财富留给了我们，他对信念的坚守、对党的忠诚和对事业的奉献精神，会由我们、我们的学生、学生的学生一代代传承下去。

（作者为郑德荣先生1997级博士生，现为东北师范大学马克思主义学院教授、博士生导师）

➢ 参考文献

[1] 刘世华：《追忆我的导师郑德荣先生》，见 http：//zhengderong. nenu. edu. cn/info/1006/1056. htm。

[2]《中共中央关于追授郑德荣等7名同志“全国优秀共产党员”称号的决定》，《光明日报》2018年6月29日。

[3] 王丹彤、宋强、闫冬：《绽放真理的德性荣光》，见 http：//zhengderong. nenu. edu. cn/info/1002/1130. htm。

[4] 曾毅：《红色理论家》（报告文学），《光明日报》2018年6月29日。

[5] 曾毅：《永远的先生　永恒的追求　永久的光芒——追记“红色理论家”郑德荣》，《光明日报》2018年6月26日。

[6] 郎秋红、李双溪：《高擎信仰之炬——追记东北师范大学荣誉教授郑德

荣》，2018 年 6 月 25 日，见 http：//www. xinhuanet. com/politics/2018 - 06/25/c_1123032181. htm。

［7］中共东北师范大学委员会：《中共东北师范大学委员会关于向优秀共产党员郑德荣同志学习的决定》，2018 年 5 月 5 日，见 http：//zhengderong. nenu. edu. cn/xxjd. htm。

［8］李己平：《一脉相承到百年——追记“红色理论家”、东北师范大学教授郑德荣》，《经济日报》2018 年 6 月 26 日。

［9］盛若蔚：《忠诚，写在信仰的旗帜上——追记“红色理论家”、东北师范大学原副校长郑德荣》，《人民日报》2018 年 6 月 27 日。

［10］刘怀、米韵熹、任爽、缪有银、毕雪：《高高举起信仰的旗帜　追记郑德荣教授》，2018 年 5 月 17 日。

［11］王凯：《向郑德荣学习的时代意义》，《中国组织报》2018 年 7 月 23 日。

［12］张喜德：《难忘的一课》，见 http：//zhengderong. nenu. edu. cn/info/1006/1052. htm。

［13］李蓉：《导师和我的人生》，见 http：//zhengderong. nenu. edu. cn/info/1006/1053. htm。

［14］程舒伟、王占仁：《向郑德荣教授学习》，见 http：//zhengderong. nenu. edu. cn/info/1006/1125. htm。

［15］习近平：《做党和人民满意的好老师：同北京师范大学师生代表座谈时的讲话》，《人民日报》2014 年 9 月 10 日。

［16］杨旭华、仇勇：《“大学好教师”多重角色的质性分析——基于组织公民行为的视角》，《中国人力资源开发》2014 年第 21 期。

［17］蒋连霞、施亚玲、向兴华、王科：《新时代加强和改进研究生思想政治教育工作的现实思考——基于对广东省研究生思想政治状况的调查》，《思想教育研究》2019 年第 1 期。

［18］王晶：《音容宛在　师恩永存》，见 http：//zhengderong. nenu. edu. cn/info/1006/1057. htm。

［19］王逢贤：《学校德育过程特点初探》，《教育研究》1979 年第 3 期。

［20］《荀子·致士》。

［21］郑晓亮：《给父亲的一封追思信》，见 http：//zhengderong. nenu. edu. cn/info/1006/1050. htm。

［22］刘志、韩雪娇：《研究生导师立德树人需要突破的三重瓶颈》，《研究生教育研究》2018 年第 5 期。

案例 9

让火种播撒大地——李保国教授

➢ 案例导读

教师对学生的教育既体现在课堂上，也体现在生活中，前者侧重于“言传”，后者侧重于“身教”，只有坚持二者的统一，才能真正履行广大教师所肩负的立德树人职责。已故的河北农业大学林学院教授、博士生导师李保国生前三十多年如一日坚持把课堂设在太行山上、设在百姓家的田间地头，致力于将学生培养为扎根山区、服务百姓的有用之才，这是他履行立德树人职责的独特而有效的方式。如今，李保国教授已经离开我们了，但他的精神还在，他的学生们继承老师的遗志，深入太行山区对农民进行技术指导，累计培训农民3000多人次。他们沿着老师的足迹继续前行，传承着李保国精神，把绿山富民的科技火种遍撒燕赵大地。这是一位教师给予学生的最好的教育，这就是言传身教的力量。

➢ 案例文本[①]

从1981年毕业留校，到2016年因病逝世，李保国把自己的人生和太行

① 本案例主要参考以下文献资料编写而成：周洪松：《记录学生眼中的李保国：他是我们的“严师慈父”》，《中国教育报》2016年6月2日。

山紧紧连在一起，和太行山的乡亲们紧紧连在一起！他是一位忠诚的共产党员，用自己 35 年的人生历程践行了“艰苦奋斗、甘于奉献、求真务实、爱国为民”的“太行山精神”；他是一位优秀的人民教师，用自己的生命标注出一名知识分子一心为民的人生坐标，履行了立德树人的神圣职责。

“新时期共产党人的楷模，知识分子的优秀代表，太行山上的新愚公。”这是习近平总书记对李保国同志的高度评价，生动再现了这位“农民教授”35 年如一日、每年深入基层 200 多天、让 140 万亩荒山披绿、带领 10 万农民脱贫致富的光辉形象，更凸显了一名共产党员自觉为人民服务、为人民造福的政治本色和优秀品格。

他把广阔课堂设在太行山上

1981 年 3 月，23 岁的李保国刚刚大学毕业留校。椅子还没坐热，上班仅十几天的他就响应学校号召扎进太行山，随河北农业大学课题攻关组来到邢台搞起了山区开发研究，从此他再也没有离开过。

李保国不仅是从事林业技术研究的专家，也是倾心育人的好老师。30 多年来，他把自己的课堂设在了广阔的太行山上，设在了条件最为艰苦的果树种植院中，也设在了太行山百姓的心中。李保国把讲台搬到了田间地头，他的硕士生、博士生的专业学习、实习报告、毕业论文，都在田野乡间、太行山上完成。正因为有了最扎实的第一手调研和数据，他的研究生不但都按期毕业，而且在专业技术上都表现优异。也是因为有多年的实践积累，李保国给学生讲课最大的特点是理论与实践相结合，生动形象、通俗易懂，教学中总能把书本上枯燥的理论，讲得明白透彻，让学生听懂会用。

李老师常教导学生，搞科研不能纸上谈兵，要真刀真枪解决生产一线的实际问题。在他的影响和要求下，他的学生们也都把研究的课题聚焦在生产一线，成为帮助百姓脱贫致富的新的生力军，在服务三农的实践中不断成长为新型技术人才。李保国指导的研究生汤轶伟，在读研究生阶段进行了核桃树枝条伤流规律研究，在导师的指导下，他进行了上千次的创新实验，发现了核桃树剪枝的最佳时间是在春季发芽前的20天以内，而不是以前传统做法中的冬季，这一创新成果还被写进了教科书。①

在深入太行山区帮助乡亲致富的同时，李保国也从来没有放松过科学研究和教书育人的本职工作：尽管每年在山区200多天，他仍然承担着校内不少的教学任务，主讲了4门博士研究生课程和4门硕士研究生课程以及3门本科生课程，全年教学416学时。② 作为老师，李保国做到了以教学和学生为本。不管外出多远、时间多紧，李保国总能及时赶回学校，没耽误过一节课，而且总是能把最新的研究成果带进课堂。此外，他还主持完成了《北方经济林栽培学总论》等9部教材的编写，先后获国家级、省部级数项科技进步奖和突出贡献奖；先后带过67名研究生，多数如愿考上了博士研究生。③

他把最美论文写在太行山上

“‘脱贫为科研出题，科研为脱贫解难’是李保国作为农业专家工作的主基调、红线条。”河北农业大学科教兴农中心副主任李铁旺说，李保国的科研攻关，就是冲着农民脱贫去的。④ 李保国所从事的农业科研主要是在太行山区展开，科研条件差、需要面对和解决的困难和挑战多，但这些都没有拦住他和他的团队一心为老百姓解决现实发展问题的决心，反而成了推动他30多年扎根太行山、服务百姓实现发家致富的不竭动力。

工作之初的几年，李保国的工作重点更多的是如何让山区绿起来，但在工作实践中他发现，群众更期待富起来。如果发展经济林木，不就很好地把

---

① 参见霍晓丽、王敬照、陈诚、张永利、杨威力、王峻峰、杨永丽：《太行山作证——追记河北农业大学教授李保国》，2016年4月25日，见 http：//hebei. hebnews. cn/2016-04/25/content_5468147_2. htm。

② 参见徐运平、杨彦：《“铁人”李保国》，《人民日报》2016年5月31日。

③ 参见李继伟：《太行山花已烂漫——追记全国优秀共产党员、河北农业大学教授李保国》，2018年8月7日，见 http：//www. xinhuanet. com/local/2018-08/07/c_1123234748. htm。

④ 参见耿建扩、宋国强：《一位知识分子的人生坐标——追记河北农大教授、博士生导师李保国》，《光明日报》2016年5月2日。

二者结合起来了吗？按照这样的思路，他推动农民向知识型、技术型、职业化转变，以“扶智”提升山区“造血”功能、彻底拔去“穷根”，这是李保国坚持了几十年的课题。① 30 多年来，李保国和他的团队直接帮扶村庄 40 多个，间接带动百余村庄发展。其中，石家庄市平山县葫芦峪现代农业产业园区就是在李保国的指导下发展起来的新型园区：作为园区的技术总顾问，李保国在这里建立了“山、水、林、田、路”综合治理体系和“大园区、小业主”的新型管理模式，帮助所涉村庄农民由人均不到 1 亩地增加到人均 8 至 10 亩不等，年收入由人均不到 2000 元增加到人均 8000 元以上。②

在科技研究的选题上，李保国有一句名言：“老百姓需要什么，我就研究什么。”③ 在这一理念的指导下，他先后主持研发了“深眼闷炮”控制爆破松土蓄水技术、太行山板栗集约栽培技术、绿色核桃配套栽培技术等一系列为山区建设带来巨大效益的、切实可行的农业技术发明。他主持的“河北省太行山片麻岩区防洪减灾工程技术研究”和“河北省片麻岩山地综合开发治理技术”分别获得了河北省科技进步二等奖和三等奖。

在太行山，李保国不仅是学者，也是带领乡亲们不断探索的创新创业者。30 多年来，他不断探索创新，不断开辟新的“战场”，打造了一个又一个山区开发的典范，从邢台前南峪、内丘岗底、临城绿岭、平山葫芦峪，他用自己点石成金的科技之手让太行山区的一个个村子绿起来、富起来，他把最好的论文写在了太行山上。④

他是学生眼中的“严师慈父”

现任河北绿岭果业有限公司技术总监的陈利英是河北农业大学林学院

---

① 参见廖翊、王洪峰、王昆：《“赶路”在太行山上——追寻新时期共产党人的楷模李保国的生命足迹》，《中国教育报》2016 年 8 月 24 日。

② 参见徐运平、杨彦：《“牛人”李保国》，《人民日报》2016 年 5 月 30 日。

③ 李进平：《时代楷模——追记河北省优秀共产党员李保国》，2016 年 5 月 21 日，见 http：//www. xinhuanet. com/politics/2016-05/21/c_129003593. htm。

④ 参见饶桂生：《他是太行山的儿子》，《光明日报》2016 年 6 月 13 日。

1999级本科生，从本科毕业实习开始，她就一直跟随李保国老师从事核桃种植与研究，后来又在李老师的指导下攻读研究生学位。对于李老师的严格，她有着深刻的印象。2008年大旱，李老师安排陈利英立刻到核桃地里对土壤、叶片、果实取样，测定含水量，并观察浇水后的变化，陈利英把测得的数据随手记在了一张纸上，后来有事耽搁记录的那张纸就遗失了。李老师知道后生气地说：“大旱不是每年都有，错过了这次调查也就错过了解决类似问题的机会。”① 从此以后，陈利英在工作中更加认真细致了。

郝赛鹏是河北农业大学2015级的硕士研究生，说起李保国老师对自己的指导，让他印象最深的就是学会了做事要有计划、要严格要求自己。研究生刚一入学的时候，郝赛鹏就收到一份任务书：本学期要通过英语六级考试，撰写完开题报告方可回家过年，研一第二学期开始进入实验，在基地调查、分析数据。这也是李保国对每一个学生的要求。② 因为只有按时完成既定目标，才能在参加工作后得心应手地对农民进行技术培训，才能有效开展技术研究、实现技术转化。

但在对学生严格要求的同时，李保国对学生们更是饱含热爱和关心，印在学生心中的是一个个永不能忘的感人细节。李保国教授的博士生和科研助手张雪梅说：“李老师既是工作中的楷模，也是生活中的父辈。他工作上非常严厉，但在生活中对我们非常关心。”③ 2012级硕士马华冰眼中的李保国更多的是一位慈父的形象：学习上犯错了，李老师训得特狠，可一旦学生哭了，李老师马上就闺女长闺女短地哄她们；学生毕业要去上班了，李老师更

---

① 参见陈利英：《我们的严师慈父》，《光明日报》2016年6月13日。

② 参见王金雪：《学生眼中的李保国：李老师用行动教导我们多为他人着想》，2016年5月26日，见 http://dangjian.people.com.cn/n1/2016/0526/c117092-28382146.html。

③ 孔思远：《追记李保国教授：心之所在魂归太行》，2016年5月4日，见 http://www.xinhuanet.com//politics/2016-05/04/c_128956492.htm。

是叮嘱个没完，要注意安全，贵重的东西要放好，要放到办公室，别放宿舍……①

李保国的学生们建了一个微信群，叫“桃‘李’之家”，这是李保国和学生们交流生活、工作和学习的平台，他在群里给自己取的名字叫“老山人”。2016年4月8日上午10点，在阜平县林业局工作的祁娇娇在群里发图片询问：“我这有一片树，主枝上全是小裂口，裂得多的枝条就死了，是什么原因啊?”晚上9点9分，“老山人”回复，这是一种害虫产卵造成的。② 这是学生们收到老师的最后一条信息。

他们是太行山上的接力者

李保国离世后，他的博士生孙萌站在李保国简陋的办公桌前，含着眼泪说：“虽然李老师离开我们一个多月了，但我还有一种他随时会推门进来指导我们的论文、随时会叫上我们奔赴科研实践基地的错觉。”

李保国经常跟自己的学生们说：“知识分子只有扎根基层、与人民结合，才能真正实现自我的人生价值，才能在服务基层、服务人民中完成自己最好的课题。”他的学生们牢牢地记住了老师的话，坚定地追随着老师的脚步，成为李保国未竟事业的接力者：除李保国生前所在的科研团队依然在太行山区勤奋耕耘外，在李保国教授生前工作的河北农业大学，26支李保国扶贫志愿服务队、122支服务小队，正继续行走在李保国教授奋斗过的田间地头，帮扶区域覆盖全省100多个县（市、区），直接参与师生近6万人次，平均每年深入走访3000多人次，为的是让太行山绿起来美起来，让父老乡亲的日子好起来。③

---

① 参见马德明：《“他走了，可总觉得他还在”——再忆李保国教授》，《河北经济日报》2016年5月30日。

② 参见霍晓丽、王敬照、陈诚、张永利、杨威力、王峻峰、杨永丽：《太行山作证——追记河北农业大学教授李保国》，2016年4月25日，见 http：//hebei. hebnews. cn/2016-04/25/content_5468147_2. htm。

③ 参见袁伟华：《李保国：开创山区扶贫新路》，《河北日报》2018年12月21日。

"李老师，我们会永远记住您对我们的教导和鼓励，永远记得您行走在太行山上的身影。您放心吧，我们一定会沿着您的足迹努力走下去，让您深爱的巍巍太行变得更绿更美。"已经加入"李保国科技扶贫志愿服务队"行列的陈利英这样说。

➢ 案例分析

"言传身教"这四个字看似简单，但对一位教师来说，能够在自己的工作中真正有效贯彻落实，做到"言传"与"身教"相统一，并不是一件容易的事情。李保国教授生前 35 年始终坚持用自己的科研成果为人民服务、解决百姓现实问题、帮助乡亲脱贫致富、指导学生学以致用，真正做到了"言传身教"。这种精神值得每一个人学习，尤其是广大教育工作者应当自觉以习近平总书记对李保国同志先进事迹的重要批示为指引，主动把李保国精神深植于心田中、传承在行动上，不断提高为人民服务的能力和水平。具体到研究生导师，应该以李保国同志为榜样，学习他把责任扛在肩上，为党和人民的教育事业献出全部心血的忠诚品格；学习他爱岗敬业、潜心育人的高尚师德，为教育事业改革与发展作出应有的贡献，为全面建成小康社会、实现中华民族伟大复兴的中国梦而努力奋斗。

首先，研究生导师要把立德树人作为自己工作的核心任务和目标。2018 年 5 月 2 日，习近平总书记在五四青年节和北京大学建校 120 周年校庆日来临之际到北京大学考察并发表重要讲话，深刻阐释了新时代中国大学应当培养什么样的人、怎样培养人这一关乎党和国家教育事业发展的核心问题，明确指出培养社会主义建设者和接班人是我们党的教育方针，也是我国各级各类学校的共同使命。① 习近平总书记立德树人教育思想既体现了认识论，又体现了方法论，蕴含着工作思路和机制路径，是立德树人的行动指南，具有

---

① 参见习近平：《在北京大学师生座谈会上的讲话》，《人民日报》2018 年 5 月 3 日。

重大的实践意义。[①] 在中国特色社会主义新时代，研究生导师只有认真履行立德树人职责，才能为实现中华民族伟大复兴培养生力军，才能培养德智体美全面发展的社会主义建设者和接班人。

随着我国研究生培养机制改革的深入推进，导师作为研究生的第一责任人在研究生培养和管理中越发占据主导地位，对研究生的成长成才起着决定性作用。[②] 2013 年，教育部、国家发展改革委、财政部联合颁布的《关于深化研究生教育改革的意见》（教研〔2013〕1 号）明确指出："导师是研究生培养的第一责任人，负有对研究生进行学科前沿引导、科研方法指导和学术规范教导的责任"，同时应发挥"对研究生思想品德、科学伦理的示范和教育作用"。[③] 鉴于研究生导师在研究生培养过程中的决定性作用，更应该把立德树人作为首要职责。导师只有以自身的育人自觉启迪学生的学习自觉，以自身的教育信念影响学生的学习信念，以自身的坚定信仰去感召学生，才能真正将"立德树人"落到实处。[④] 案例中李保国教授就是这么做的。"是党员，我就要为党负责；是教师，我就要为学生负责！"这是李保国教授的口头禅，也是他教育教学工作的真实写照。35 年来，李保国同志始终牢记自己作为一名教师的育人职责，他不管外出多远、时间多紧，总能及时赶回学校，从没有耽误过一节课。在教学中，李保国及时把自己的科研成果和实践经验充实到教学内容中，把生产一线的信息作为信号，更新教材，更新讲授内容，保证课程的科学性、实用性、指导性和生动性。河北农业大学林学院党委书记卢振启说："他一直都上着本科生的课，我说你实在

---

① 参见顾昭明、张剑：《续写中国特色社会主义教育事业新篇章》，《中国高等教育》2017 年第 20 期。

② 参见荣利颖、邓峰：《研究生教育质量保障与创新能力培养的实证分析——基于 2017 年全国研究生教育满意度调查》，《教育研究》2018 年第 9 期。

③ 参见教育部、国家发展改革委、财政部：《关于深化研究生教育改革的意见》，教研〔2013〕1 号，2013 年 3 月 29 日。

④ 参见卢丽君：《立德树人视域下大学生理论学习实效提升策略探析》，《思想理论教育导刊》2013 年第 12 期。

忙不过来就象征性地上几次课，剩下的给年轻老师分分。他坚决不同意，说要从本科阶段开始引导，使学生热爱农林专业。”①

其次，言传身教是自古以来人们所追求的教育境界、所推崇的教育方式、所希冀的教育目标，也是当代社会应该重视遵循的教育理念。尤其是在决胜全面建成小康社会的关键时期，在中国特色社会主义进入新时代后，教育工作者就更应该高度重视并认真坚持言传身教相统一，以此推进中国教育事业的新发展。言传，是指讲解与传授知识，更多是教育者通过语言、文字、多媒体、互联网等传统和新兴教学手段来向受教育者传授知识、传递信息；身教，指教育者用自身的行为或自己的实际行动传情达意，受教育者通过观察、思考教育者的言行来受到教育。② 所以，对于教师来说，言传和身教是教育的两种重要方式和手段，缺一不可。导师是研究生培养的第一责任人，这就需要导师既要自觉通过言传的方式向学生传授知识，更要通过“身教”的方式来履行提升研究生思想政治素质、培养研究生学术创新能力和实践创新能力、增强研究生社会责任感、指导研究生恪守学术道德规范等立德树人职责。案例中李保国教授从教 30 多年，始终坚持与学生同做试验课题，同搞劳动实习。在手把手、肩并肩的实践教育中，许多学生在校期间就取得了骄人的科研成绩。这就是言传身教的力量，也是一位研究生导师在立德树人方面取得的最大成果。

最后，研究生导师在履行立德树人职责过程中应自觉坚持言传身教相统一，做到以德立身、以德立学、以德施教。研究生导师在履行立德树人职责的过程中，要认真学习李保国教授服务人民、服务社会的高尚品格，用自己的实际行动引导学生、感染学生。中国人倡导的“以身作则”“以身示范”体现的都是言传身教相统一的重要作用。实践中，导师可以通过自己的人格魅力和敬业精神让学生在与导师交往的过程中形成向师性，润物细无声地发

① 参见耿建扩、宋国强：《一位知识分子的人生坐标——追记河北农大教授、博士生导师李保国》，《光明日报》2016 年 5 月 2 日。

② 参见徐超富：《大学教师：言传身教的学者》，《大学教育科学》2010 年第 2 期。

挥榜样示范作用，对研究生潜移默化地产生道德影响。[①] 李保国去世后被追授“全国优秀共产党员”“时代楷模”“全国优秀教师”等荣誉称号，他的先进事迹被媒体广泛报道，在全社会引起热烈反响，尤其是教育界更是掀起了向李保国同志学习的热潮，这是李保国教授强大人格魅力和感召力的直接体现。

对于广大研究生导师来说，学习李保国精神，就要做到言传身教相统一，在指导、培养研究生的过程中注意以下几个方面：一是做好知识教育，无论身教还是言传，都应该以传授正确、精深、丰富的知识为基础；二是以身作则，以自己的实际行动为学生作出正确示范，发挥研究生导师的表率作用。这要求教师在教学过程中必须进行道德教育，注重提升研究生思想政治素质、培养研究生学术创新能力、培养研究生实践创新能力、增强研究生社会责任感、指导研究生恪守学术道德规范、注重对研究生人文关怀等。

案例中李保国教授热爱党的教育事业，热爱学生，坚持立德树人，成为深受学生爱戴的良师益友；他坚持教学、科研与生产实践相结合，勇于改革探索，创新教育教学模式，提高人才培养质量和水平；他坚持青年教师、学生与工农群众相结合，构建起一支接地气的教学科研队伍，培养一批批广受社会欢迎的农林复合型人才。[②] 尤为重要的是，李保国通过自己30多年扎根太行山、深入百姓家的言行熏陶和影响着学生，让他们成为和自己一样立志于服务人民、造福社会的优秀技术骨干和专业人才。现在，他的学生们正按照他的嘱托，走在服务人民、造福乡亲的大路上。这就是言传身教的力量。

---

① 参见赵立莹、刘晓君：《研究生教育立德树人：目标体系、实施路径、问责改进》，《学位与研究生教育》2018年第8期。

② 参见王金堂：《根扎太行山　追记河北农业大学教授李保国》，《保定日报》2016年5月25日。

➢ 延伸阅读

他像我们慈爱的父亲①

李保国对学生们严，是他把为师者的责任看得比山还重。他经常白天上山下地，晚上才有时间给研究生修改论文，所以工作到凌晨是常态。

孙萌清楚地记得，就在今年 1 月 14 日，她收到李老师回复关于她论文修改意见的邮件。一看时间，凌晨 4 点 36 分！

但在学生们眼里，李保国又是他们的“慈父”。

学生顾玉红忘不了，2002 年，为了方便她写毕业论文，李保国专门把自己的笔记本电脑给她用。那时候笔记本电脑还不普及，李保国的儿子李东奇当时还小，自己想玩电脑玩不上，觉得爸爸太偏心。

学生郭芳忘不了 4 月 4 日见李老师最后一面的情景。“吃饭的时候，老师特意把我拉到身边，悄悄问我找对象了没有，遇到喜欢的就要珍惜，马上去追。”

李保国先后带了 67 名博士生、硕士生，教过 1000 多名本科生。平日里，他总能与学生们打成一片。就在这种手把手、肩并肩的实践教育中，许多学生在校期间就取得了科研成果。他指导的本科生、研究生论文许多都被评为优秀毕业论文（设计）、优秀学位论文。

学农的学生，大多数是农村孩子。不论是在校的还是已经毕业的，看到哪个学生生活上有困难，李保国都会主动帮一把。

2012 年毕业的刘喜星永远记得，在校期间有一段时间赶上老父亲患病没钱治疗，让他整日里愁眉不展。李保国知晓情况后，二话没说就从自己家里拿来 3 万元塞到他手里。

---

① 本材料摘编自周洪松：《记录学生眼中的李保国：他是我们的“严师慈父”》，《中国教育报》2016 年 6 月 2 日。

陈利英是李保国带过的学生，去年她打算在临城县城买房，李保国从别的学生那里听说了这件事，专门给她带过去几万元……

每年行程4万公里，一年中有200多天在山区奔波，35年间扎根太行，取得28项研究成果，推广实用技术36项，让140万亩荒山披绿，力助山区群众增收35.3亿元。一连串的数字概括了李保国充实又精彩的一生。

“生产为科研出题，科研为生产解难。老百姓需要什么，我就研究什么。”李保国说。

李保国经常跟自己的学生们说：“知识分子只有扎根基层、与人民结合，才能真正实现自我的人生价值，才能在服务基层、服务人民中完成自己最好的课题。”

“李老师创新了一项项山区综合开发治理新技术，打造了一批批山区开发典范，他把自己最好的论文写在了太行山上。”李保国科研团队成员齐国辉教授说。

“保国是跟随河北农大‘太行山道路’成长起来的一代人，他深深懂得作为一名科技工作者所背负的产业富民的责任担当。”河北农业大学校长王志刚说。

李保国常常和人提及：“一个人本事再大，意志再坚，力量也有限。我要让更多学生成长为扎根山区、服务‘三农’的有用之才。”

“正是在李老师指引下，我不仅爱上了农林专业，毕业后还留在了山区。”如今成长为河北绿岭果业有限公司技术骨干的陈利英说。

在李保国的学生中，像陈利英一样扎根山区取得成就的，有上百人。

李保国常说：自己的梦想是在人生有限之年，让贫困太行山区更多的山变绿、更多的乡亲变富、更多的村庄变美！

如今，斯人已逝，青山含悲。

但薪火永相传，李保国的未竟事业有了更多接力者。

➤ 参考文献

［1］周洪松：《记录学生眼中的李保国：他是我们的“严师慈父”》，《中国教育报》2016年6月2日。

［2］霍晓丽、王敬照、陈诚、张永利、杨威力、王峻峰、杨永丽：《太行山作证——追记河北农业大学教授李保国》，2016年4月25日，见http：//hebei.hebnews.cn/2016-04/25/content_5468147_2.htm。

［3］徐运平、杨彦：《“铁人”李保国》，《人民日报》2016年5月31日。

［4］李继伟：《太行山花已烂漫——追记全国优秀共产党员、河北农业大学教授李保国》，2018年8月7日，见http：//www.xinhuanet.com/local/2018-08/07/c_1123234748.htm。

［5］耿建扩、宋国强：《一位知识分子的人生坐标——追记河北农大教授、博士生导师李保国》，《光明日报》2016年5月2日。

［6］廖翊、王洪峰、王昆：《“赶路”在太行山上——追寻新时期共产党人的楷模李保国的生命足迹》，《中国教育报》2016年8月24日。

［7］徐运平、杨彦：《“牛人”李保国》，《人民日报》2016年5月30日。

［8］李进平：《时代楷模——追记河北省优秀共产党员李保国》，2016年5月21日，见http：//www.xinhuanet.com/politics/2016-05/21/c_129003593.htm。

［9］饶桂生：《他是太行山的儿子》，《光明日报》2016年6月13日。

［10］陈利英：《我们的严师慈父》，《光明日报》2016年6月13日。

［11］王金雪：《学生眼中的李保国：李老师用行动教导我们多为他人着想》，2016年5月26日，见http：//dangjian.people.com.cn/n1/2016/0526/c117092-28382146.html。

［12］孔思远：《追记李保国教授：心之所在　魂归太行》，2016年5月4日，见http：//www.xinhuanet.com//politics/2016-05/04/c_128956492.htm。

［13］马德明：《“他走了，可总觉得他还在”——再忆李保国教授》，《河北经济日报》2016年5月30日。

［14］袁伟华：《李保国：开创山区扶贫新路》，《河北日报》2018年12月21日。

［15］习近平：《在北京大学师生座谈会上的讲话》，《人民日报》2018年5月3日。

［16］顾昭明、张剑：《续写中国特色社会主义教育事业新篇章》，《中国高等教育》2017 年第 20 期。

［17］荣利颖、邓峰：《研究生教育质量保障与创新能力培养的实证分析——基于 2017 年全国研究生教育满意度调查》，《教育研究》2018 年第 9 期。

［18］教育部、国家发展改革委、财政部：《关于深化研究生教育改革的意见》，教研〔2013〕1 号，2013 年 3 月 29 日。

［19］卢丽君：《立德树人视域下大学生理论学习实效提升策略探析》，《思想理论教育导刊》2013 年第 12 期。

［20］徐超富：《大学教师：言传身教的学者》，《大学教育科学》2010 年第 2 期。

［21］赵立莹、刘晓君：《研究生教育立德树人：目标体系、实施路径、问责改进》，《学位与研究生教育》2018 年第 8 期。

［22］王金堂：《根扎太行山　追记河北农业大学教授李保国》，《保定日报》2016 年 5 月 25 日。

案例 10

汉族导师和他的维吾尔族女博士——查朝征教授与沙依甫加马力

➢ 案例导读

党的十九大报告明确指出：要全面贯彻党的教育方针，落实立德树人根本任务，发展素质教育，推进教育公平，培养德智体美全面发展的社会主义建设者和接班人。① 在研究生培养过程中，导师在研究生的人格养成、道德品质、学术素养、专业能力培育等方面都是重要的“引路人”，“立德树人”是研究生导师的首要职责。新疆大学理论物理学家查朝征教授就是履行“立德树人”职责的典范，他用自己的言传身教教育引导学生，在他的倾心指导下，维吾尔族的女学生沙依甫加马力·达吾来提同样成长为一位优秀的理论物理学家和杰出的人民教师。查朝征和沙依甫加马力，两位物理学家用他们的实际行动向我们展示了“言传”与“身教”的有机统一，也让我们看到了两代好老师对立德树人精神的传承和弘扬。

---

① 参见习近平：《决胜全面建成小康社会　夺取新时代中国特色社会主义伟大胜利——在中国共产党第十九次全国代表大会上的报告》，《人民日报》2017 年 10 月 28 日。

➢ 案例文本[①]

2016 年 5 月 16 日举行的新疆大学理论物理中心成立大会上，出现了感人的一幕。一位女士在台上深情发言："今天，我特意邀请我的老师参加这个活动。没有他，就没有我的今天。他不仅是我学术研究道路上的导师，更是我人生道路上的导师。"话音刚落，来自国内外理论物理学界的学者们就报以热烈的掌声。台上发言的女士眼含泪水，身旁那位白发苍苍的老者更是热泪盈眶。这位女士叫沙依甫加马力·达吾来提，她曾摘取多项世界理论物理研究皇冠，是国际理论物理界耀眼的新星；她提到的导师，也就是她身旁那位眼中饱含泪水的老人，是我国著名的理论物理学家查朝征。师生二人的缘分可以追溯到二十多年前……

导师带她走上了学术之路

1985 年，沙依甫加马力从和田地区策勒县考入新疆大学，她当时的梦想是毕业后回到家乡——和田地区策勒县当一名中学物理老师。1990 年，沙依甫加马力从新疆大学物理系毕业，被保送读研究生。当时她并不知道，这是新疆大学首次招收少数民族研究生。对于沙依甫加马力来说，研究生期间的学习并不轻松。"第一门课就是高等量子力学，英语原版教材，可我从未学过英语，汉语也仅学了一年。不仅要面对专业基础知识的不足，还要过汉语和英语两大语言关。当时，我真有点学不下去了。"沙依甫加马力坦言。[②] 在这种困难情况下，是查朝征教授为她指明了方向，帮助她攻克了学

---

① 本案例主要参考以下文献资料编写而成：王瑟：《汉族导师和他的维吾尔族女博士——沙依甫加马力·达吾来提和查朝征的故事》，《光明日报》2016 年 6 月 10 日；赵西娅：《科研先锋　教学名师——记新疆大学物理科学与技术学院教授、理论物理中心主任沙依甫加马力·达吾来提》，《新疆日报》2017 年 5 月 2 日。

② 参见王瑟：《理论物理界的"美丽仙女"》，《光明日报》2016 年 8 月 18 日。

习的难关：查老师亲自为基础薄弱的研究生们制订了详细的补课计划，遇到教学重点难点内容，查老师自己先讲一遍，再让学生们讲一遍，学生们复讲依旧不通过时，查老师就反复讲解，直到学生真正理解掌握，有时一个问题要反复讲解六七遍。就是通过这样的方式，原本基础薄弱的沙依甫加马力很快克服了学业上的困难，并顺利毕业，成为新疆大学第一名少数民族物理学硕士毕业生。20多年后，沙依甫加马力仍记得当时查教授的一席话：“你们要进入科学的前沿只有通过学习，要不断学习。”

四年的研究生学习，沙依甫加马力在学业上收获了丰硕成果。在毕业后她又考取了意大利国际理论物理中心高能物理组，重读硕士学位课程，而且在留学意大利一年后，她又进入由新疆大学、中国科学院理论物理研究所和德国波恩大学联合成立的博士点学习，在波恩大学物理研究所师从著名理论物理学家奈姆教授。在攻读博士学位期间，沙依甫加马力选择物理学中的热门课题“共形场论应用”作为其研究对象，经过艰苦的努力，她最终攻克了这一难题，完成了高度抽象的数学物理领域中的开拓性运算。当沙依甫加马力把这一好消息汇报给查老师的时候，那一刻，查老师热泪盈眶。回忆起当时的场景，查老师还历历在目：“许多专家都对她能否完成这一课题抱怀疑态度。但沙依甫加马力是位内心极其坚定的女性，论文第一年没完成，她就延到第二年。当时我正好也在波恩大学，我接过奈姆教授送来的辅助材料，准备帮她梳理，用了一周的时间还没梳理完。有一天，她突然闯进门来，大喊道：‘老师，题目我解出来了！’”①

2000年，沙依甫加马力在中国科学院理论物理研究所进行博士论文答辩。评委们认为，这一研究有了非常有意义的成果，涉及高能物理中的共形不变量子场论、超弦理论、模群、晶体群等一系列深奥的物理学和数学概念。她的论文获得了中国科学院优秀博士论文奖。博士毕业后，查老师把沙依甫加马力推荐到中国科学院高能物理研究所博士后工作站，继续从事理论

① 阿比拜：《我还有一个父亲叫查朝征》，《新疆经济报》2016年9月9日。

物理的研究工作。

从一句英语不懂到现在用英文写论文，从不知理论物理是个啥到现在摘取了世界理论物理三项皇冠，在查朝征教授的指导和影响下，沙依甫加马力在不断攀登科学高峰：她攻克了共行场论、整体电动力学和部分子分布函数等三大世界难题，成为世界理论物理界的一颗新星。沙依甫加马力一直说，所有成绩的取得，离不开亦师亦父的老师查朝征。而查朝征教授则明确表示，为少数民族传授知识，培养顶尖人才，是为了实现自己的梦想：用知识改变民族的命运。

导师是她人生道路上的引航人

查朝征教授对沙依甫加马力的帮助，不仅仅体现在引领她走上了学术之路，更重要的是，查老师用自己的一言一行影响着她，这让沙依甫加马力成了一位优秀的物理学家，也让她成为一位好老师。

在沙依甫加马力家里最显眼的位置，悬挂着查老师写的条幅：苟利国家生死以，岂因祸福避趋之。这是查老师自己的座右铭，也寄托了他对学生的期盼，沙依甫加马力没有辜负老师的信任。在海外留学期间，虽然国内外很多高校和研究院所向沙依甫加马力抛出橄榄枝，但她在学成后毅然回到新疆，回到新疆大学。谈到自己的选择，沙依甫加马力·达吾来提深情地说："查老师一直教育我学成后要回新疆，用实际行动回报新疆各族人民。美国密歇根大学聘请我为客座教授，为期 5 年，我坚持每年都回来。我一直牢记查老师告诉我的话：新疆条件相对较差，凭什么我们能作出别人做不出来的成绩，解决别人解决不了的难题？就是靠勤奋！"

查朝征教授不仅一直支持沙依甫加马力的学术研究，也始终关心着她的生活。她在德国波恩留学时，父亲去世了，因为工作的关系她未能尽孝，这时候是查老师像父亲一样安慰她、关心她，帮助她抚平因亲人离世带来的悲痛。她的孩子出生时，查老师和家人一起第一时间与她分享初为人母的喜悦和快乐。查老师就像关心女儿一样关心着沙依甫加马力，一路陪她走来，引导她不断攀登科学高峰，在人生路上阔步前行，取得更大的成就！

2016 年 5 月，作为新疆大学物理科学与技术学院教授沙依甫加马力牵头成立了新疆大学理论物理中心，并担任中心主任。谈到中心的成立，沙依甫加马力深情地说：“理论物理中心倾注了查朝征老师大量的心血，成立之初，我们的目标就是把它打造成国际一流的理论物理中心和学术交流平台。培养出自己的研究生和青年教师队伍。我和查老师都希望能把新疆大学理论物理中心建成新疆大学中的实体单位。”现在，沙依甫加马力和查老师一样，用心指导着学生。

要做和导师一样的好老师

在新疆大学工作的 17 年里，沙依甫加马力将科学研究融入理想信念，倾其所学教书育人，是师生们眼里的教学名师，更是享誉世界理论物理研究领域的科研先锋。从 2000 年回到新疆大学工作至今，沙依甫加马力所教的学生，量子力学考研成绩始终名列前茅。目前她已经培养了 30 多名研究生，其中，部分学生在日本高能加速器研究机构、意大利国际理论物理中心等国际知名科研机构攻读博士学位，在学业上取得了重要成果，这与沙依甫加马力教授的认真指导和关心是分不开的。

热依玛汗·热西丁是新疆大学物理科学与技术学院讲师，也是沙依甫加马力指导的研究生。对热依玛汗来说，沙依甫加马力教授对她的关心和指导无微不至：知道她家庭困难交不起学费，老师带头动员学院的老师和社会上的爱心人士为她捐款筹集学费，帮助她顺利地完成学业，并在毕业后留校工作，也成为一名人民教师。说起自己的导师，热依玛汗激动地说：沙依甫加马力教授是我的导师、我的前辈，更是我的恩人、我的知己。我为我的老师骄傲，我为是老师的学生而感到万分荣幸。①

① 参见刘杰：《新疆大学教授沙依甫加马力·达吾来提：以八旬导师为榜样传承教育与爱》，2016 年 9 月 10 日，见 https://www.sohu.com/a/114095788_407304。

面对学生对自己的感激和认可，沙依甫加马力教授却说，这些都是查老师教给她的，她从导师身上深深地感受到了什么是好老师、什么是共产党员，也学会了如何关心学生、严谨治学。多年来，她始终牢记查老师对她的培养和指导，现在，她把这些又都传授给了她的学生们。

“遇到查老师是我一生的幸运，我要以查老师为榜样，把爱心和学问都传递给学生。”沙依甫加马力说。在接受记者采访时，沙依甫加马力曾这样描述她对教师职责的理解和认识：“学校的一切工作都要围绕教书育人开展，教师的责任不仅在于授业，更在于传道。教育的本质是育人，育人的本质是‘育心’。无论什么样的情况，什么样的学生，都要以学生为本，一视同仁。”①

2016 年 9 月 8 日，沙依甫加马力获得了首届新疆特色“四好老师”荣誉称号；9 月 9 日，在新疆大学举行的庆祝第三十二个教师节暨优秀教师表彰大会上，沙依甫加马力和查朝征老师一同被评为优秀教师。“我将努力向查朝征老师学习，把他当年教育我的耐心与专心传给更多的学生，为祖国的发展繁荣贡献力量。”沙依甫加马力在代表获奖老师讲话时，充满深情地说了这番话。

➢ 案例分析

导师负责制是研究生培养过程中的一项基本制度，导师在研究生培养过程中起着主导作用：既承担着向研究生传授专业知识、培养研究能力的任务，更担负着引导研究生树立正确的世界观、人生观和价值观的使命。因此，“立德树人”是当前研究生导师在研究生培养中所承担的首要责任。实践中，研究生导师应该将履行“立德树人”职责与贯彻“四个统一”要求

① 石速、努尔比亚木·阿不都热西提：《沙依甫加马力·达吾来提：育人的本质在于“育心”》，《新疆经济报》2017 年 5 月 3 日。

相结合，本案例中的查朝征老师和他的学生沙依甫加马力·达吾来提的事迹就生动地体现了研究生导师坚持将言传和身教相统一，在此基础上认真履行了“立德树人”职责。本案例所蕴含的宝贵经验和重要启示值得深入思考，也对高校加强师德师风建设和人才培养工作都具有重要的示范作用。具体体现在以下三个方面。

首先，坚持言传和身教的统一，是对中国古代优秀教育理念和传统的传承与发展。“言传身教”一词语出《庄子·天道》：“语之所贵者意也，意有所随。意之所随者，不可以言传也。”讲的是教育者既要用言语来教导受教育者，同时也要用行动来给受教育者作示范。“师者，所以传道授业解惑也。”作为对学生有言传身教职责的人，教师不仅要教授知识，还要品行端正，为人师表，以自己的实际行动教育引导学生。言传身教一直是中国教育者们所秉持的基本理念和原则。南朝齐梁时期著名的教育家严植之曾任五经博士，他多识博学多才，教学时旁征博引，由于有较高的教学水平，深受学生喜爱与敬重。除了以学识传道，他还十分注重以自己的行为来教育引导影响学生：乐善好施的他，如生病不能讲学，就主动不接受官府的薪俸；对一些贫困的人，他也时常施以援手，进行救济。① 他的这些行动让他的学生深受影响，并自觉向老师学习，成为学识和思想道德修养都非常高的人，这就是言传身教教育理念的直接体现。

案例中查朝征老师始终坚持言传和身教相结合：作为我国著名的理论物理学家，查朝征老师毕业于浙江大学化工系，在内地从事教育工作 10 年后，1980 年开始在新疆大学从事物理教学。1997 年退休后，查老师选择继续留在讲台，义务为研究生上课，他希望继续任教为学生打好基础，培养一批优秀的硕士生。查老师说：“当时也想休息，但是心里放不下这份事业，放不下我的学生们。”② 数学物理方法课程要求老师既要精通数学又要精通物理，

① 参见熊明安:《中国高等教育史》，重庆出版社 1988 年版，第 169 页。

② 赵西娅、韩霜:《一生奉献育桃李——记自治区道德模范、新疆大学物理学院教授查朝征》，《新疆日报》2018 年 1 月 19 日。

要求高，当时学校这方面的师资力量相对薄弱，查老师就义无反顾地承担起这项工作。在研究生培养过程中，查老师将自己丰富的学识转化为教学实践，致力于少数民族物理人才的培养，专门为基础薄弱的少数民族研究生制订补课计划，不厌其烦地为其进行重复讲解，将自己的知识倾囊相授。作为著名的理论物理学家，虽然给研究生上课对查老师来说早已轻车熟路，但是每堂课他仍会花大量时间作案头准备。比如，他会把课堂内容录入电脑，再进行推导、注解，并制作成 PPT，经常工作到凌晨，即便节假日也是如此，用查老师自己的话说就是：作为老师只有严于律己，才能严格要求学生。①

查老师对学生的关心不仅体现在学业上，也体现在生活、思想等方方面面。他关注学生的思想动态、重视学生的道德品质，在学生遇到学业和生活上的难题时，总是能认真负责地为其答疑解惑，提供有效的引导和帮助。查教授的学生吾尔尼沙虽然家里经济条件不好，但在查老师的关心下坚持完成了学业，毕业后还去了意大利留学，他至今还记得自己在申请签证时许下的诺言："我去意大利只是为了学习，学成以后我就要回来，在自己的祖国研究、学习和生活。"对于吾尔尼沙来说，查老师就是他人生路上的一盏明灯，为他在人生道路上的奋进和坚守提供了最强大也最温暖的力量和支持，而他的目标就是成为和查老师一样的好老师，培养出更多优秀的学生，为新疆的发展、为祖国的繁荣贡献自己的力量。② 这是导师言传身教最生动的写照。

其次，言传身教是新时代中国特色社会主义教育事业发展的现实需要。2016 年 12 月，习近平总书记在全国高校思想政治工作会议上的讲话，实际上回答了高校要培养什么样的人、如何培养人和为谁培养人这样的根本问题，对高校教师队伍也提出了希望和要求。所谓言传身教，即传递信息者通

---

① 参见刘杰：《查朝征：把一生奉献给三尺讲台》，2018 年 1 月 19 日，见 https://www.sohu.com/a/217682255_118570。

② 参见阿比拜：《查朝征教授和学生们的故事》，2016 年 9 月 10 日，见 http://news.ifeng.com/a/20160910/49950575_0.shtml。

过自身言语和行为方式来传递信息，从而使接受信息者接受并消化信息的过程。① 坚持言传和身教的统一，对新时代教育事业的发展和人才培养具有重要意义。

从理论层面看，言传和身教作为教育者开展教育的重要方式与手段，二者具有密切的内在关联和统一性：在教育功能方面，言传和身教都是知识教育、道德示范、人性陶冶、人格养成、价值塑造的有效手段，二者能够相辅相成、相互促进；在教育目标方面，言传和身教的目的都是更好地发挥教育者对受教育者的引导作用。这就要求教师在对学生的教育过程中，既要通过言传的方式阐释真理、传授知识，更要通过自己的实际行动潜移默化地引导和塑造学生，以榜样的力量感染学生，实现教育目标从他律向自律的重要转变。

从实践层面看，研究生导师应该将言传身教作为其履行立德树人职责的主要方式和重要途径。言传和身教是教师教育学生的两种重要方式与手段，在言传身教的过程中，教师既向学生传递了知识，也通过自己的实际行动引导、塑造学生的世界观、人生观和价值观，这对学生未来成长和发展的影响十分深远，正所谓“不教之教，无言之诏”。这就要求教师在教书育人过程中需要注重以身作则，真正做到为人师表、率先垂范，以良好的师德师风影响和带动学生，帮助学生强化道德意识，提高道德修养，提升道德品质，自觉践行道德规范，最终实现全面发展。

具体到研究生导师，在我国当前的研究生培养机制中，导师既要言传，也要身教，这在案例中得到生动体现。2017 年年底，查老师被评为新疆自治区第五届道德模范，面对这一荣誉，查老师谦虚地说：“我是一名普普通通的教师，只希望为新疆多培养一些人才。”② 这位 86 岁高龄的教授，退休

---

① 参见樊昕：《关于高校教师言传身教现实意义的研究》，《教育教学论坛》2016 年第 33 期。

② 赵西娅、韩霜：《一生奉献育桃李——记自治区道德模范、新疆大学物理学院教授查朝征》，《新疆日报》2018 年 1 月 19 日。

多年仍坚守在三尺讲台，以一颗初心默默奉献，潜心治学，为新疆培养输送了一批批优秀人才。正是在查老师二十多年立德树人职责的感召之下，维吾尔族学生沙依甫加马力在获得博士学位并被美国密歇根大学聘为客座教授后，仍旧坚持每年回国，并牵头成立了新疆大学理论物理中心，继续从事少数民族物理人才的培养工作。这是查老师言传身教取得成功的直接体现，也是其履行立德树人职责过程中所收获的重要成果。

本案例体现了研究生导师履行立德树人职责具有传承性。师生教育过程中言行举止的相互影响与情感交融促进了彼此道德人格共同发展和积极道德情感培育。① 二十多年来，查老师一直在关心、帮助沙依甫加马力，这也成了沙依甫加马力成长成才的重要引导。所以在回首来时路，沙依甫加马力才会说："当年我最大的愿望就是回到自己的家乡——和田地区策勒县当一名中学物理老师，没想到现在我却成了一名大学老师。老师是人类灵魂的工程师，这是查老师当年教导我们时常说的一句话。我们要不辜负人类灵魂工程师的称号，把自己的知识都传授给学生。"查老师的一言一行都是学生学习的榜样，沙依甫加马力在成为研究生导师后，自觉地向查老师学习，按照查老师的标准严格要求自己，将查老师关心学生、治学严谨的优良作风有效传承和发扬光大，并应用在了自己的教学工作和研究生培养工作中，进而成长为一名同样优秀的教师。新疆大学物理科学与技术学院的研究生派则乃提·吾甫力，说起自己的导师沙依甫加马力教授，内心深处充满了感激和钦佩，导师对事业的热爱、对学生的关心，让她铭记于心，也是她学习和生活中最好的榜样。汉朝扬雄在《法言》中指出："师者，人之模范也"，查朝征和他的学生们用实际行动印证了这句话：沙依甫加马力和老师一样关心学生、爱护学生，鼓励学生踏实开展研究，引导学生树立严谨的科学精神，这些履行立德树人职责的实际行动，也必将对她的研究生带来深远影响。在一代又

① 参见邓旭阳：《孔子道德人格榜样教育对大学生思想教育工作的启示》，《江苏高教》2014 年第 5 期。

一代优秀教师的传承中，研究生导师所肩负的立德树人职责得到充分履行，并为我国的师德师风建设和人才培养工作树立了榜样。

最后，广大研究生导师应以查朝征老师和沙依甫加马力老师为榜样，坚持言传和身教的统一，切实履行立德树人职责，为我国高等教育事业的发展作出自己的贡献，为国家和社会培养出更多优秀人才。为了达到这样的目标，研究生导师应该自觉提升自身的综合素质，加强专业知识的占有和积累，认真向学生讲解、传授专业知识与技能的同时，还要重视学生的世界观、人生观和价值观教育，引导学生自觉“做有理想、有追求的大学生，做有担当、有作为的大学生，做有品质、有修养的大学生”，培养学生“勤学、修德、明辨、笃实”，积极培育和践行社会主义核心价值观，努力在实现中国梦的伟大实践中创造自己的精彩人生。

➤ 延伸阅读

不忘初心　奉献新疆①

在出国留学期间，虽然国内外很多高校和研究院所向沙依甫加马力抛出橄榄枝，但她毅然回到新疆，回到新疆大学。“我和老师有个约定，学成后回到新疆，奉献新疆。”求学路上沙依甫加马力始终不忘初心，把个人命运与国家命运紧紧地联系在一起，把爱国情怀转化为实际行动。

从2000年回到新疆大学工作至今，沙依甫加马力所教的学生，量子力学考研成绩始终名列前茅。目前她已经培养了30多名研究生，其中，部分学生在日本高能加速器研究机构、意大利国际理论物理中心等攻读博士。令人骄傲的是，一些学生在她指导下完成的论文刊登在美国顶级学术期刊上。

---

① 本材料摘编自赵西娅：《科研先锋　教学名师——记新疆大学物理科学与技术学院教授、理论物理中心主任沙依甫加马力·达吾来提》，《新疆日报》2017年5月2日。

新疆大学物理科学与技术学院讲师热依玛汗·热西丁读研时师从沙依甫加马力，工作学习中，老师一直是她崇拜的偶像。“做科学家之前要先学会做人。”沙依甫加马力的话让学生印象深刻。热依玛汗说，教授不仅给他们传播知识，更重要的是在工作学习中以身示教，让她和同学们的奋斗目标更加清晰。

“经常在凌晨一点还能看到老师办公室的灯亮着。”沙依甫加马力的学生派则乃提说，她对工作的执着影响着一批批学生。在派则乃提心里，沙依甫加马力不仅是位治学严谨的老师，更是位让人感到温暖的家人。逢年过节，沙依甫加马力都会请外地的学生到她家吃饭，工作生活中遇到困难，学生也总会找老师帮助解惑。

2017年4月24日，记者采访沙依甫加马力时，恰逢她刚刚结束美国密歇根州立大学项目组四个月的课题研究。“既是科研，也是取经学艺。”沙依甫加马力说。回国后，沙依甫加马力一天也没休息就投身到工作中。除了日常教学，作为新疆大学理论物理中心主任，下半年沙依甫加马力将和她的团队着力开展理论物理方面的学术交流、研究等方面的工作。

新疆大学理论物理中心成立于2016年，短短一年时间，该中心已与密歇根州立大学CTEQ-TEA项目组建立了长期合作关系，沙依甫加马力成为该项目组的核心人物。除此之外，参与该项目组的两位博士也已达成协议将来新疆大学理论物理中心工作。“这样CTEQ-TEA组将有我们中心的三个成员。由于该组在国际高能物理学界有很高的声誉，所以新疆大学理论物理中心在国内外的影响力和国际合作前景非常好!”提及此，沙依甫加马力倍感振奋。她表示，今后该中心还将通过搭建国内外合作平台，采取“引进来、走出去”的方式，加大人才的培养和科研合作的深度，从而证明，在新疆同样可以做国际学术前沿的研究工作。

潜心的研究和开拓进取的精神，使得沙依甫加马力在科研和教学方面取得了突出成就：在国内外核心期刊上发表了50余篇SCI科研论文，科研成果达到了国际领先水平，已完成5项国家自然科学基金项目；拓扑场论的研究论文2012年发表在美国《物理评论快报》上。纠正了美国两位知名物理学家的错误结论，为整体电动力学的发展扫清了障碍；最近密歇根州立大学CTEQ组合作发表的、汇集两年来的成果的76页重要论文，沙依甫加马力是第一作者，成为国内在这方面工作的开创者，密歇根州立大学特聘她为客座教授；同时，她多次获得自治区科技进步奖、自然科学优秀成果奖、自治区优秀教师等荣誉。

➢ 参考文献

[1] 王瑟：《汉族导师和他的维吾尔族女博士——沙依甫加马力·达吾来提和查朝征的故事》，《光明日报》2016年6月10日。

[2] 赵西娅：《科研先锋　教学名师——记新疆大学物理科学与技术学院教授、理论物理中心主任沙依甫加马力·达吾来提》，《新疆日报》2017年5月2日。

[3] 习近平：《决胜全面建成小康社会　夺取新时代中国特色社会主义伟大胜利——在中国共产党第十九次全国代表大会上的报告》，《人民日报》2017年10月28日。

[4] 王瑟：《理论物理界的“美丽仙女”》，《光明日报》2016年8月18日。

[5] 阿比拜：《我还有一个父亲叫查朝征》，《新疆经济报》2016年9月9日。

[6] 刘杰：《新疆大学教授沙依甫加马力·达吾来提：以八旬导师为榜样　传承教育与爱》，2016年9月10日，见 https：//www. sohu. com/a/114095788_ 407304。

[7] 石速、努尔比亚木·阿不都热西提：《沙依甫加马力·达吾来提：育人的本质在于“育心”》，《新疆经济报》2017年5月3日。

[8] 熊明安：《中国高等教育史》，重庆出版社1988年版，第169页。

[9] 赵西娅、韩霜：《一生奉献育桃李——记自治区道德模范、新疆大学物理学院教授查朝征》，《新疆日报》2018年1月19日。

[10] 刘杰：《查朝征：把一生奉献给三尺讲台》，2018年1月19日，见 https：//www. sohu. com/a/217682255_ 118570。

[11] 阿比拜：《查朝征教授和学生们的故事》，2016年9月10日，见 http：//news. ifeng. com/a/20160910/49950575_ 0. shtml。

[12] 樊昕:《关于高校教师言传身教现实意义的研究》,《教育教学论坛》2016 年第 33 期。

[13] 邓旭阳:《孔子道德人格榜样教育对大学生思想教育工作的启示》,《江苏高教》2014 年第 5 期。

案例 11

学为人师　行为世范——林崇德教授

➢ 案例导读

“学为人师，行为世范”，这是北京师范大学的校训，也是林崇德教授所奉行的行为准则，他用他的言行，展现了一名学者的渊博学识，一名师者对学生的谆谆教诲，一名仁者对晚辈的关心厚爱。“言传”和“身教”，是林崇德教授培养研究生最主要的方式，正是通过这二者的统一，林教授培养出上千位优秀的学生，为中国心理学和教育学输送了大量优秀人才。他指导博士生的经验，不仅在校内作了介绍，也在由国务院学位委员会心理学科评议组组织的全国心理学界博士生导师会议上作了报告，而且在《中国教育报》和《学位与研究生教育》等报纸杂志上公开发表。林崇德教授以自己近 40 年的教育生涯，诠释了师德中的师业、师爱、师严、师表的全部含义，也为当前研究生导师履行立德树人职责作出了最好的示范。

➢ 案例文本[①]

近年来，高校中的一些研究生把导师称为“老板”，将研究生教育中的

---

① 本案例主要参考以下文献资料编写而成：黄蔚：《林崇德：培养值得自己崇拜的学生》，《中国教育报》2004 年 12 月 9 日。

师生关系比喻为老板与下属之间的雇佣关系。这种现象的出现，有其背后的深刻原因，所反映出的问题值得社会认真关注和思考。与这种“雇佣”性质的师生关系形成鲜明对比的是，中国著名心理学专家、全国优秀教师、北京师范大学资深教授林崇德则在言传身教过程中与学生形成了“不是父亲，胜似父亲”的深厚感情，林老师的很多做法都值得今天的研究生导师学习和效仿。“我的岗位，将坚守在三尺讲台旁，我的足迹，却遍布祖国的四面八方；我的两鬓，会有一天斑白，我的青春，却千百倍千百倍地延长。”① 这是半个多世纪前林崇德教授写下的诗行，表达了他对教师这一职业的珍惜和尊重，也是他毕生育人的教育情怀的直接体现。

“遇到一位好老师能改变人的一生”

“遇到一位好老师能改变人的一生”，“跟上一位好老师胜过考上一所好大学”——这是林崇德教授的学生们最常说的两句话。之所以有这样的感受，与林老师在生活中、在学业上对他们的关心爱护有直接关系。

1994 年，一位来华讲学的佐治亚大学教授邀请林崇德教授偕夫人去美国讲学，并为林教授夫妇提供了一笔可观的酬金。林崇德教授向对方表示了感谢，但却提出了一个让人出乎意料的请求：他自己放弃出国访学的宝贵机会，但希望对方能用这笔经费来资助他的一位博士生出国深造，这位博士生就是后来成为中国人民大学心理研究所所长、国家自然科学基金委员会心理学与神经科学学科评审组成员的俞国良教授。最终，俞国良作为中美联合培养的博士生赴美留学，在留学归国后顺利完成博士学业，并在儿童心理学研究方面取得一系列重要成果，成为全国知名的社会心理学基础应用研究领域的专家。

---

① 郜思聪、魏梦佳：《全国优秀教师林崇德：“严在当严处，爱在细微中”》，2018 年 9 月 9 日，见 http://www.xinhuanet.com/2018-09/09/c_1123401416.htm。

严在当严处

林崇德教授在学生培养上是出了名的严格。在他看来，导师如果不能严格要求学生，那就不可能培养出值得自己崇拜的学生。为了达到这一目标，林崇德在招生环节上严格把关，最出名的是他的“五个不招”：面试时没有创新火花和创新品质的不招；没有“成名成家”成就动机的学生不招；考前没有任何学术成果的不招；不勤奋刻苦、跟他人不能合作的人不招；有才无德的不招。这“五个不招”吓跑了那些想在文凭上蒙混过关的学生，但也招来了一批在学术上和道德上都严格要求自己的良才。

林崇德对每一名学生都严格要求，对每篇博士论文都全程指导把关，和学生们一起选择资料、确立框架、分析数据。这种辛苦付出得到的回报是：学生中有两人获得“全国百篇优秀博士论文”奖。他培养的学生身上都体现出业务过硬、具有较高的管理素质和社会实践能力、具有创造财富和价值的能力等特点。

哈尼族的李庆安是林崇德教授的博士生，他眼中的林老师对学生在学术上的要求很高：古人顾炎武的“博证，贵创，致用”就是林崇德对他们要求最多的几点。“博证”就是广征博引，尽可能地去接受国际心理学界最新的信息；“贵创”就是贵在创新，体现在指导学生进行论文选题的时候，没有创新的东西往往会被林崇德“否”掉；“致用”就是学术研究要与社会实践活动结合起来，因为心理学是一门实践性很强的科学，林崇德先后主持了近十项从单科的教学实验到整体教学改革实验研究的国家级和省部级重点课题就是明证。

爱在细微中

“爱在细微中”一直是林崇德教授处理与学生关系时的自我要求。作为一名研究心理学的学者，林教授一直努力用心理学的科学方法提高自己的教学水平和培养研究生的水平。博士研究生都是成年人，按理来说，带成年学生应该轻松一些。但了解研究生教育的人都知道，导师们在这些大男大女身上投入的精力和时间，绝不亚于中小学教师对待未成年的孩子们。

北京师范大学方晓义教授 1987 年刚考上林崇德的研究生时，还是一名不太懂事的“大孩子”。老师让他去寄信，没一会儿他回来说：“林老师再写一封信吧！”老师问：“信呢?”他说：“被风刮跑了。”让他去买东西，他回来说：“天太热，找回的钱买雪糕吃了。”1990 年方晓义毕业，林崇德教授把他留在了身边，可是单位没有留人的指标，林教授就把他的档案存放在北京师范大学幼儿园。正是由于林崇德教授给予学生这种近似于父爱的师爱，通过情感的沟通与互动，言传身教，更大地激发了学生的潜能，使他们在一种宽松和谐的氛围中挑起重任，全身心地投入到各自的研究领域中。今天的方晓义已成为教授、博士生导师，光每年科研经费就达 12 万至 16 万美金。

华中师范大学心理学院院长、2010 年百千万工程国家级人才后备人选周宗奎在自己博士学位论文选题的过程中切实感受到了林崇德教授的师爱。研究生导师在指导学生选择博士学位论文题目时，一般会根据自己的研究方向和研究兴趣为学生选题。但周宗奎却有自己的想法：新的生活环境和生活方式的涌现，已经对孩子性格和人格缺陷问题带来严重影响，这个问题具有深远和广泛的社会影响，值得深入研究。但这一题目与林老师的主要研究领域“青少年认知发展研究”存在一定偏离。但林崇德教授并没有因为这种情况否定学生的研究兴趣，相反，他大力鼓励和支持周宗奎深入研究这一问题。在林老师的大力支持下，周宗奎不但顺利完成了博士论文，而且不断拓展在这一领域的研究，先后出版了相关学术专著，并获批全国教育科学规划重点课题和国家自然科学基金项目。对此，周宗奎教授在接受采访时曾说：“对于导师来说，支持研究生做偏离自己研究领域的选题，意味着自己也要了解大量的另一个领域的文献，才能对学生进行指导，不仅费劲，而且有一定的风险。因为万一研究生做得不成功，导师要负责任，还会影响自己的声誉。为了避免这种情况，一般导师都愿意让研究生做自己熟悉的领域；但是跨范围的研究，一旦获得成功，无论对于本人创新能力的发展，还是对拓展学术研究领域，都会带来显著成果，因此林老师在慎重评估研究生的能力之后，甘愿承担这种辛苦和风险。”①

在生活中，林崇德教授又如同慈父一样，关爱着学生的方方面面。方晓义教授至今都记得，林崇德教授曾经用自己的积蓄为生病住院的学生交纳医疗费。林崇德教授的学生、北京师范大学心理学部学术委员会主任陈英和也对林崇德教授的育人情怀有着深刻体会：这种情怀不仅体现为学术上的认真指导和严格要求，也体现为对学生日常生活的关怀照顾，对学生职业和人生发展的关心与关照。

为人师表　言传身教

几十年来，林崇德教授坚持以身作则，以自己的实际行动为学生们作出表率，以自己的一言一行感动着、熏陶着学生，让他们和自己一样，成为真正具有师德的好老师。教师是阳光下最伟大的职业，为了当好导师，林崇德教授深感律己的重要性。律己是什么？在他看来，就是以身作则、为人师表的师风。

由于在学术界的影响，有很多院校邀请他去讲学。无论去哪儿讲课，林崇德教授都会在领取课酬时问上一句：“你们给我上过个人所得税了吗？”如果还没有，他一定自己主动上缴。

出生于浙江省宁波市象山县的林崇德教授，曾经担任宁波市教委教育科研课题的学术顾问，多次回去讲课，但每次都不要酬金，不住宾馆，不去旅游。当地报纸因此专门报道了这位“三不”教授的事迹。

为人师表，不仅表现在廉洁从教上，还体现在尊重师长上。作为已故心理学前辈朱智贤的弟子，从 1978 年到 1991 年朱老谢世，13 年中林崇德教授对先生的照顾无微不至。只要不出差，林崇德必定每天去一趟导师家。有

① 宋晓梦：《林崇德和他的学生们》，《光明日报》2011 年 3 月 31 日。

一年林崇德到美国讲学，走后不久，朱老胸腔积水，师母杨敏苦不堪言。林崇德教授闻讯，立刻提前回国照顾老师。林崇德教授先后协助朱老主持了两项国家级重点科研项目，主编了两部大型工具书；又和朱老一起撰写《思维发展心理学》和《儿童心理学史》两部专著。朱老逝世后，林崇德教授长期主持修订了朱老传世著作《儿童心理学》，将朱老过去的学术思想系统化，几经努力后终于为恩师出版了《朱智贤全集》。在林崇德教授的心中，尊师重教是年轻一代教师师德中的大德。

➢ 案例分析

研究生教育作为国民教育体系的顶端，是培养高层次专门人才的主要途径，是国家人才竞争的重要支柱，是建设创新型国家的核心要素。[①] 研究生导师是我国研究生培养的关键力量，肩负着培养国家高层次创新人才的使命与重任。在研究生培养过程中，研究生导师发挥着无可替代的决定性作用，这种重要作用不仅体现在导师对学生专业知识的传授、学术能力的培养上，更体现在导师对学生的思想引导、道德培育、人格塑造等方面；从培养方式上看，研究生导师的言传身教是人才培养过程中最为有效的路径。要深入贯彻全国高校思想政治工作会议精神，努力造就一支有理想信念、道德情操、扎实学识、仁爱之心的研究生导师队伍，就必须全面落实研究生导师立德树人职责。案例中林崇德老师坚持将言传和身教相统一，在数十年的教师生涯中，坚持既向学生传授知识，也注重培养学生能力，更注意引导学生树立远大目标、提升道德修养，为国家和社会发展培养了大量的优秀人才。这其中蕴含的科学思想和成功经验值得我们深入思考与挖掘，也为当前的研究生导师履行立德树人职责提供了重要启示。

---

① 参见《教育部关于全面落实研究生导师立德树人职责的意见》（教研〔2018〕1 号），2018 年 1 月 17 日。

首先，坚持言传和身教的统一是尊重教育一般规律和研究生成长成才规律的必然要求。作为主体教育理论的发展，主体间性教育理论认为现代教育是主体间性教育，主体间性即师生间的交互关系是现代教育的本质所在；现代教育过程是一种主体间性活动过程，师生间的双向或多向交互活动是现代教育过程的关键所在。① 在该理论视域中，准确把握教师和学生的交互关系，是教育成功与否的关键因素，也是师生面临的共同任务。要实现研究生导师与研究生之间的良性互动，进而实现教育效果的提升和改善，就需要研究生导师在培养研究生的过程中通过言传身教的方式充分发挥双方的能动性。相比于单一的语言讲解和知识教育，言传身教在教育过程中具有更加明显的优势。

研究生导师要履行立德树人职责，就不能脱离研究生成长成才的科学规律。习近平总书记在2016年全国高校思想政治工作会议上指出：“做好高校思想政治工作，要因事而化、因时而进、因势而新。要遵循思想政治工作规律，遵循教书育人规律，遵循学生成长规律，不断提高工作能力和水平。”② 具体到研究生培养，研究生在求学期间，既有获得专业知识和专业技能的诉求，也有道德和人格养成的现实要求，而这些诉求的满足都应该建立在研究生导师对学生自身兴趣、爱好、特长等方面有充分了解的基础之上，建立在尊重研究生成长成才的规律之上。有学者总结了当代大学生成长的一般规律，也同样适用于研究生群体，主要包括：内化与外化统一规律、思想与行为统一规律、自我意识增强规律、尊重学术权威与人格权威相结合规律和勇于探索与创新规律等。③ 只有深刻认识并准确把握上述成长规律，研究生导师才能够因材施教、因势利导地培育研究生。案例中林崇德教授就是在充分了解学生志向的基础上，根据每个学生的基本素

① 参见王凡录：《现代教育是主体间性教育》，《新疆广播电视大学学报》2004年第4期。

② 《习近平谈治国理政》第二卷，外文出版社2017年版，第378页。

③ 参见林伯海、张军琪：《当代大学生成长规律探究》，《思想理论教育》2017年第8期。

质、性格特点、兴趣爱好，有针对性地为研究生制订培养计划，进而帮助研究生成长成才。

具体到立德树人职责领域，教育理论的研究也揭示了立德和树人的辩证统一关系。"立德"是为了"树人"，"树人"是目的；在德智体美中将"德"提出来，意味着"立德"在"树人"的过程和机制中具有特殊的地位，就是要坚持以人为本、德育为先的原则。① 这就要求研究生导师在实践中既要通过言传的方式向学生传授知识和技能，同时也要坚持通过身教的方式向学生展示道德修养、人格魅力和行为准则，尤其是在道德教育中，无论是职业道德教育还是个人品德教育和社会公德教育，都应该高度重视言传和身教的有机结合。

其次，坚持言传身教的统一是研究生导师履行立德树人职责的必然要求。教育大计、教师为本，教师责无旁贷地成为落实立德树人根本任务的责任主体和实施主体。② 研究生导师是研究生培养第一责任人，在研究生培养过程中肩负首要责任，这要求研究生导师坚持言传身教统一，自觉履行立德树人职责。林崇德教授在接受采访时曾明确指出：教师的事业，是教书育人。育人是为了使人们的心灵沐浴阳光，从而让人们在幸福中成长，这一切来自教师的师德精神。③

根据教育部2018年1月17日颁发的《教育部关于全面落实研究生导师立德树人职责的意见》（教研〔2018〕1号）的相关规定，研究生导师的立德树人职责主要包括以下七个方面：（1）提升研究生思想政治素质；（2）培养研究生学术创新能力；（3）培养研究生实践创新能力；（4）增强研究生社会责任感；（5）指导研究生恪守学术道德规范；（6）优化研究生培养

① 参见李炳义：《高校教师立德树人的实现途径》，《教育探索》2014年第5期。

② 参见李力、金昕：《新时代高校立德树人的内涵、难点及实现路径》，《东北师大学报（哲学社会科学版）》2019年第2期。

③ 参见王永丽：《教师大计 师德为本——访北京师范大学资深教授林崇德先生》，《基础教育参考》2014年第21期。

条件；（7）注重对研究生人文关怀。[①] 要履行上述立德树人职责，研究生导师必须积极提升自身素质，如：政治素质过硬、师德师风高尚、业务素质精湛，在此基础上研究生导师应该自觉按照习近平总书记提出的“四个统一”和“四有好老师”的要求，强化导师在研究生培养中的重要责任。

我国自古就有立德树人的优良传统。《礼记·大学》整篇都讲述“修身、齐家、治国、平天下”的道理。韩愈在《师说》中对教师在传道、授业、解惑方面重要作用的阐释更是家喻户晓、深入人心。教师履行立德树人职责的过程是一个言传身教的过程：言传身教的前提是教师重视道德自律，不断提高自己的道德修养。正如中国古代教育家孔子所说：“不能正其身，焉正人何?”[②] 研究生导师教师的政治素质、道德情操、治学态度、工作作风以及生活态度等，都对学生具有很强的影响力和感染力，因此，导师要履行立德树人的神圣职责，就必须不断提高自身素质，不断加强师德修养，使自己成为学生的表率。案例中林崇德教授常对自己的学生说：“朱老怎样培养我，我就怎样培养你们。”[③] 他自己以身作则做到了“对上以敬”，林老师是这样对待自己老师的，他的学生们也是这样对他的：有一次，见林老师忙，不愿到校外大医院看病，已当了常务副校长的董奇，为老师到校外医院去挂号。中国心理学会副理事长、山东师范大学心理学院院长张文新当年做林崇德的博士生时，听说林老师高血压突然住院，已经离校回山东老家过寒假的张文新立即赶回北京，在病床前照顾老师直到出院……[④]

最后，实践证明，坚持言传身教统一是研究生导师履行立德树人职责的有效方式和路径。案例中林崇德教授坚信：有什么样的老师就有什么样的学

---

① 参见《教育部关于全面落实研究生导师立德树人职责的意见》（教研〔2018〕1号），2018年1月17日。

② 《论语·子路》。

③ 章景琪：《从研究生到博士生导师——林崇德的攀登之路》，《学位与研究生教育》1991年第5期。

④ 参见宋晓梦：《林崇德和他的学生们》，《光明日报》2011年3月31日。

生，严格要求学生首先要严格要求自己。[①] 在指导学生的过程中，林老师坚持严以律己、以身作则，为学生作出了最好的表率，数十年如一日，坚持言传身教，为国家和社会培养了大量优秀人才：从 1985 年林崇德开始带博士生至 2010 年，他已培养了 75 位博士，6 位在读博士生，其中 49 位已成为教授、研究员、编审，42 位是博士生导师。他教书不忘"育人"，强调"'教师的严'首先应该体现在品学兼优上"，他一方面重视研究生的思想政治教育，另一方面对学生的业务素质一丝不苟，严格要求。[②] 林崇德教授真正做到了言传身教相统一。

教育领域中的很多事例也有效地说明了坚持言传身教相统一是有效的教育理念和方法：革命教育家徐特立 1930 年从苏联回国后，到江西苏区苏维埃大学担任副校长，他不仅重视言教，尤其重视身教，徐特立认为自己是"身教文化者"。[③] 他坚持作学生表率和榜样，凡是要学生做到的，自己都要先做到。这些事例与本案例共同揭示了一个深刻而普遍的道理：研究生导师只有坚持言传和身教的统一，才有可能将学生培养成才，才能实现研究生教育的目标和宗旨。

➤ 延伸阅读

林崇德：培养值得自己崇拜的学生[④]

林崇德，一个让北京师范大学骄傲的名字。他以自己近 40 年的教育生涯，诠释了师德中的师业、师爱、师严、师表的全部含义。

---

① 参见《林崇德：严慈相济　甘为人梯》，《人民教育》2005 年第 8 期。

② 参见申继亮：《建构博士生教育模式　培养高级创新性人才——记林崇德教授培养博士生的经验》，《学位与研究生教育》2001 年第 9 期。

③ 参见熊明安：《中国高等教育史》，重庆出版社 1988 年版，第 576 页。

④ 本材料摘编自黄蔚：《林崇德：培养值得自己崇拜的学生》，《中国教育报》2004 年 12 月 9 日。

1960 年 5 月，上海市上海中学的一名毕业生，把所有大学入学志愿表上的志愿都填上“师范”二字。

44 年过去了，这名当年对教师职业痴迷的学生，如今已经成为国内心理学界和教育界响当当的人物，成为学生心目中的慈父、严师和最值得信赖的长者。

师业——

“无论是作为中学教师还是大学教师，我都不仅仅把教师的工作理解为授业解惑，更自觉地把它看成是教书育人并为之终生奋斗的目标。”

场景一：在恩师朱智贤的培养下，林崇德开始了艰苦的研究历程：早在大学上学期间，每到寒暑假，他上午去精神病院当实习大夫，下午就跑到实验小学当义务辅导员。从此，他坚持理论联系实际，从中发现儿童智力和思维品质发展的问题。

林崇德受朱智贤的启发，翻开西方的心理学理论，发现除了引用皮亚杰的学术成就外，都是某国自己的研究成果，而我们有什么在心理学研究方面为之骄傲的成果呢？林崇德从此萌发了要建立属于中国独有的心理学研究体系的想法。

自 1978 年以来，林崇德教授基于自己的思维理论，一直坚持把培养学生的思维品质作为促进其智能发展的突破口，抓培养学生思维品质的实验班，至今已在全国 26 个省市建立了 3000 多个实验点。

1985 年 5 月，林崇德协助朱智贤教授白手起家创建了北京师范大学发展心理研究所，并在 1985 年到 1999 年长期担任所长职务，经过近 20 年的艰苦创业，研究所从无到有，从小到大，如今已成为国内一流、国际上有声望的发展心理学研究单位。

师爱——

“大中小学教师都要有爱的教育。师爱是教育的灵魂，是教师教育学生的感情基础。师爱在性质上是一种只讲付出不计回报的、无私的、广泛的却没有血缘关系的爱，是一种严慈相济的爱。”

场景二：师爱牵游子，“爱的教育”能把爱国主义教育与崇高的师德融在一起。从 1986 年到 20 世纪 90 年代中期，林崇德先后选送 16 个研究生出国联合培养或做访问学者，有 15 个学生按时回国。原国家教委有些干部感到不解，当时 2/3 的留学人员都不回国，为什么林老师的学生回国率那么高？他们问这些学生为何要放弃国外优越的科研、生活条件，学生们的回答是：“我们是冲着林老师回来的。”

2002 年，在美国攻读第二博士学位的林崇德的学生辛涛，让其怀孕临产的妻子回国生孩子。周围人都觉得很奇怪：别人千方百计要把孩子生在美国成为美国籍的孩子，你为什么却要把老婆孩子带回国？

回答是：“不回来对不起老师对我们的信任。”

林崇德常对学生说：“论年龄，我是你们的父辈，我在内心也把你们当我的孩子，你们有什么困难一定要告诉我。”

当年林崇德送出国的学生、现任北京师范大学发展心理研究所所长申继亮教授称林崇德“不是父而胜于父”。林崇德的弟子、日本早稻田大学客员教授张日升博士说：“我每年要回国七八次，因为我的根在中国，林老师是孕育这‘根’的土壤。”林崇德的研究生们就是在这种深厚的师生情中义无反顾地回到祖国，回到他的身边与他并肩前行。

师严——

“严在当严处。爱而不严不是真正的爱，‘严’是培养一流人才的基本保证。”

场景三：一名林崇德的博士生将一篇博士论文交给林崇德，在预答辩之前，这名学生发现论文已经来来回回改了五六次，哪怕是参考文献出处及卷期号标注不清，篇名、书名的标点符号使用上的不规范等细节问题都一一不放过。几次改下来，这名学生就知道了什么是规范，什么是严谨。

林崇德最大的希望就是学生超过自己，要敢于“培养出值得自己崇拜的学生”。他认为，不想超过老师的学生不是好学生，不想让学生超过自己的教师不是好教师。

有人曾经对林崇德说：您真是名师出高徒啊。林崇德总是笑着说：这哪里是名师出高徒，分明是高徒捧师名。

林崇德的弟子、北京师范大学副校长董奇博士创建了脑认知国家重点实验室，做出了老师没有做成的学科建设方面的大事，然而董奇却说：“我们这些林老师的弟子做出的成果，都是林老师的成果。”

师表——

“随着知识经济时代的到来，知识分子获得工资外收入的途径和机会多了。但是，作为教师，我在处理这些问题时，一定要坚持一条原则，即‘君子爱财，取之有道’，切不可利用职权之便赚取不义之财、不法之财。”

场景四：一年冬天，北京下着大雪，几位外校的同行带着礼物来北师大宿舍看林崇德。林崇德对这些同行说：“你非要给我送礼，那就连家门也不要进了。”结果几位同行就在林崇德家楼下的自行车棚里畅谈了半个多小时的学科建设，直到林崇德的儿子跑到楼下来给其送大衣。临别前，林崇德也没忘嘱咐这几位老兄把带来的礼物拿走。

“学为人师，行为世范”，这是北京师范大学的校训。林崇德用他的言行，展现了一名智者渊博的学识，一名长者对学生的无尽爱意，一名仁者对晚辈的宽厚，一名学者对学术的无限追求。

➤ 参考文献

［1］黄蔚：《林崇德：培养值得自己崇拜的学生》，《中国教育报》2004 年 12 月 9 日。

［2］郜思聪、魏梦佳：《全国优秀教师林崇德：“严在当严处，爱在细微中”》，2018 年 9 月 9 日，见 http：//www. xinhuanet. com/2018-09/09/c_ 1123401416. htm。

［3］宋晓梦：《林崇德和他的学生们》，《光明日报》2011 年 3 月 31 日。

［4］《教育部关于全面落实研究生导师立德树人职责的意见》，教研〔2018〕1 号，2018 年 1 月 17 日。

［5］王凡录：《现代教育是主体间性教育》，《新疆广播电视大学学报》2004 年

第 4 期。

［6］《习近平谈治国理政》第二卷，外文出版社 2017 年版，第 378 页。

［7］林伯海、张军琪：《当代大学生成长规律探究》，《思想理论教育》2017 年第 8 期。

［8］李炳义：《高校教师立德树人的实现途径》，《教育探索》2014 年第 5 期。

［9］李力、金昕：《新时代高校立德树人的内涵、难点及实现路径》，《东北师大学报（哲学社会科学版）》2019 年第 2 期。

［10］王永丽：《教师大计 师德为本——访北京师范大学资深教授林崇德先生》，《基础教育参考》2014 年第 21 期。

［11］《论语·子路》。

［12］章景琪：《从研究生到博士生导师——林崇德的攀登之路》，《学位与研究生教育》1991 年第 5 期。

［13］《林崇德：严慈相济甘为人梯》，《人民教育》2005 年第 8 期。

［14］申继亮：《建构博士生教育模式 培养高级创新性人才——记林崇德教授培养博士生的经验》，《学位与研究生教育》2001 年第 9 期。

［15］熊明安：《中国高等教育史》，重庆出版社 1988 年版，第 576 页。

第三编

“坚持潜心问道和关注社会相统一”典型案例

案例 12

一位战略科学家的追梦人生
——黄大年教授

➢ 案例导读

黄大年同志是著名地球物理学家，生前担任吉林大学地球探测科学与技术学院教授、博士生导师。2009 年，黄大年同志毅然放弃国外优越条件回到祖国，刻苦钻研、勇于创新，取得了一系列重大科技成果，填补了多项国内技术空白，2017 年 1 月 8 日不幸因病去世，年仅 58 岁。习近平总书记对黄大年同志先进事迹作出重要指示指出，黄大年同志秉持科技报国理想，把为祖国富强、民族振兴、人民幸福贡献力量作为毕生追求，为我国教育科研事业作出了突出贡献，他的先进事迹感人肺腑。我们要以黄大年同志为榜样，学习他心有大我、至诚报国的爱国情怀，学习他教书育人、敢为人先的敬业精神，学习他淡泊名利、甘于奉献的高尚情操，把爱国之情、报国之志融入祖国改革发展的伟大事业之中，融入人民创造历史的伟大奋斗之中，从自己做起，从本职岗位做起，为实现“两个一百年”奋斗目标、实现中华民族伟大复兴的中国梦贡献智慧和力量。

➢ 案例文本①

2009年，51岁的黄大年放弃英国的一切，作为国家“千人计划”特聘专家回到祖国。他选择了到母校吉林大学做全职教授，成为东北第一个引进的“千人”专家。他负责“深部探测关键仪器装备研制与实验项目”及相关领域科研攻关，引领中国科学家冲入“深地时代”。他没日没夜地工作，办公室深夜明亮的灯光被称为吉林大学地质宫“不灭的灯火”……

黄大年抱着“活一天就赚一天，哪天倒下就地掩埋”的信念，在通往世界科技强国的征途上，拼搏到生命的最后一刻。正如他在生前接受最后一次采访时说：“为了理想，我愿做先行者、牺牲者。我已经50多岁了，生命也就这么几年了，能做出点儿事情，让后来人有一条更好走的路。”②

身影：追星逐日以身许国

吉林大学地质宫，507房间的门一直关着。那个繁忙的身影，再也不曾出现。很长一段时间，黄大年的工作秘书王郁涵都不敢从那扇大门前走过。

“哐当……”一年前从507办公室传来的那声闷响，王郁涵每每追忆都心悸不已，“冲过去一看，黄老师倒在地上了”。翌日，北京青龙桥地球深部探测中心，从长春飞来的黄大年神采奕奕，没有人知道他前一天曾累倒在地，也没有人知道他上台前悄悄吃了速效救心丸，与会评审专家认真听取他所负责的“深部探测关键仪器装备研制与实验项目”的汇报，最终给予了“项目成果具备国际领先水平”的专家组意见。

黄大年每天追星逐日，跟时间赛跑。7年间，他平均每年出差130多

---

① 本案例主要参考以下文献资料编写而成：刘博智：《追记黄大年：一位战略科学家的追梦人生》，《中国教育报》2017年9月12日；吴晶、陈聪：《心有大我 至诚报国——黄大年》，时代文艺出版社2017年版。

② 徐梅：《原色黄大年：一位海归科学家的精神世界“深探”》，《南方人物周刊》2017年第21期。

天，最多的一年出差 160 多天，几乎每次出差的日程都被安排得满满的。订“最晚的班机”已经成了惯例，他总是在最后一刻合上电脑，下楼上车，等飞机平稳，再次打开电脑……对于时间，黄大年锱铢必较。“真的没时间”，每次让黄大年填写荣誉材料，时任吉林大学地球探测科学与技术学院党委书记得黄忠民都会被这句话堵回来：“大年参加学术会议或讲座，能准备十几页的材料，但要让他填报个荣誉材料，半页纸都找不到”。

黄大年对时间的焦虑感并非无来由，他太知道地质勘探对于一个国家有多重要。有一次记者问黄大年，中国的深地探测与西方发达国家的相比有多大的差距。“我们是‘小米加步枪’，人家是‘导弹部队’。”黄大年语气中带着忧虑，就这些“步枪”，还是进口来的。

2009 年年底，阔别祖国 17 年之久的黄大年，放弃英国国籍，说服妻子卖掉经营多年的两家诊所，“逃离”了英国，“必须立刻走，我怕再多待一天都有可能改变主意”。当时的他，正担任剑桥 ARKeX 地球物理公司研发部主任、博士生导师，带领着一支包括外国院士在内的 300 人团队，从事海洋和航空快速移动平台高精度地球重力和磁力场探测技术工作。他这一回来，就像跑步上了战场！黄大年会抓住一切机会谈工作和构想，像一个布道者。“每次一见面，不论原来主题是什么，他说不了两句，就会开始讲他的科研。”比黄大年高一级的学长、吉林大学原党委副书记韩晓峰说。

但对学生，黄大年的时间支配简直是“挥金如土”。在黄大年的笔记本电脑里，他给每名学生都建了学习笔记和读书报告文件夹，在开会休息期间就通过邮件批阅。每次出差的午休时间，他都会通过视频通话，给学生解答问题。无数次黄大年拖着行李和疲惫身体出差回来，第一站总是实验室，他要检查学生的学习近况。“进的青涩出的才。”这是国家交给他的另外一项使命。“我是在为国家培养人才，马虎不得。”黄大年常说。7 年间，黄大年指导了 18 名博士研究生、26 名硕士研究生，还担任过地球物理系第一届“李四光实验班”班主任。这个班的好几名学生继续攻读硕博学位时，都选择了他做导师。“你们是为国家做事情的人，老师有一身的本领要教给你们。”本科刚入学时学生们并不太理解黄大年这番话的意思，7 年后，他们懂得了老师每一句话的意思。

黄大年去世后，他带的第一批博士生、“大弟子”马国庆比以前更忙了，晚睡早起，整天泡在实验室里，他要把导师未完成的工作做下去。如今，那个繁忙的身影已经消失了，但地质宫的灯依旧夜夜不眠。

梦想：与世界比肩的“深探梦”

地下千尺，黑褐色的煤层下埋藏着什么？这曾是黄大年少年时代的“天问”。带上行囊，随父母钻进卡车，从一个矿区驶向另外一个矿区，这种情景在黄大年的童年不断重复着。在地矿系统长大的黄大年，从小跟着父母在矿区流动“居无定所”，矿区像他另一个家。从那时起，“勘探”如同宿命般，同他，也同他脚下这片土地纠缠在了一起。黄大年额头有一条明显的伤疤，那是物探在他身上留下的第一个痕迹。高中毕业后，单位子弟大多直接在系统内参加工作，黄大年也不例外地被分在广西第六地质队，做了物探操作员。“那时的工作充满风险，伤是在采集关键数据时留下的。”黄大年曾对人说。

1977 年高考前一天，他整整徒步一天，走向了广西容县杨梅公社中学，走进改变命运的考场，也踏上了一段传奇之旅。放榜时，他以超出录取分 80 分的成绩考入长春地质学院（现吉林大学朝阳校区），毕业后留校任教。黄大年当年的成绩是可以上清华北大的，但他依然选择了地球物理。那时“文化大革命”刚过，好不容易能够上大学，学生们都很刻苦，比着学，黄大年专业成绩和专业意识都非常出色，是全校仅有的 10 个“三好标兵”之一。黄大年悟性很高，也十分刻苦。他遇到难题就钻进去，搞不清楚就打破砂锅问到底。他的大学同学、中国地质大学教授张贵宾记得，当时人手一本《吉米多维奇数学分析习题集》，很多同学只做了一部分，大年却整个“啃”下来了。他印象最深的，就是这个踢球健将精力充沛，对同学热情友善，遇到他认为正确的事也总是据理力争，骨子里很“硬”。

几十年前，“为国家找矿”，于黄大年是一种近乎梦想的使命，像一条无形的鞭子在鞭策他，让他更刻苦、更努力。几十年后，他成为地球物理专家，初衷不改。人工智能专家王献昌是被黄大年拉到吉林大学的“千人专家”，“大年的梦想，是要形成高空、深海、深地综合的探测系统，这个目标非常宏大”。黄大年生前对王献昌说，自己一心想要“为国家把失去的 20 年追回来”。

国家间的竞争既是文化软实力的竞争，更是科技硬实力的竞争。在大宗矿产资源领域，我国矿产资源探明程度仅为 1/3，依赖进口已成为影响我国经济发展和国家安全的重大问题。未探明的“2/3”究竟在哪里？在陆地下 500 米至 4000 米乃至更深的地方！当西方发达国家勘探开采技术深度已达 2500 米至 4000 米时，我国却大多小于 500 米。向地球深部进军是我国面对国际能源竞争必须解决的战略问题。发展地球物理探测技术是其中的关键。

有些人不明白为什么黄大年被称为“战略科学家”。事实上这是一个恰如其分的定位。判断一个科学家是不是战略科学家，首先看他规划、完成的事情是不是服从于国家需要，是不是站在国际前沿上去思考问题，他所统领的各个碎片化的工作重新集成以后，能不能集成出一个真正满足国家需求、代表国际前沿的研究成果甚至是研究领域来。这一点黄大年做到了。翻看黄大年的名片，上面的头衔是“吉林大学移动平台探测技术研发中心主任”。这个中心正是他回国后力推成立的。

在所有航空物探仪器中，最关键的是航空重力梯度仪，它历来是探测装备领域的制高点之一。它可以反映地下密度突变引起的重力异常中的变化，探测精度非常高，可以探测出海面以下几百米深度内，一辆卡车大小的目标，并且效率也很高，不受地形限制，一天就可以完成传统方法几个月的工作量，这种装备对资源探测和国土安全意义重大。2010 年 6 月，黄大年出任第九项目“深部探测关键仪器装备研制与实验”首席科学家，专攻深部探测所急需的高端设备的研发和实验。

黄大年没有把眼光仅仅盯着自己的学校，而是放眼全国，寻找最适合的科研单位。许多单位想要加入，他不提前通知，直接“飞”到人家的实验室和车间，摸清对方资质和水平。一旦选到合适的科研单位，他会直接给对方负责人打电话，开口便说：“我有一个几亿元的项目，想请您单位参与进来研究。”以至于很多单位的领导接到电话简直不敢相信：“谁会主动给钱、给项目？不会是骗子吧！”有些自认为和他关系不错的专家找来，想“争取经费”，他一句“我没有对手，也没有朋友，只有国家利益”，噎得对方说不出话。后来，大家发现，居然连吉林大学也没有多拿一分钱。为此，时任学院党委书记黄忠民曾与他争执：“学校学院年底都有考核，在项目和经费分配上，你给吉林大学做了什么，给学院又做了什么？”黄大年听罢只回答：“可这是为国家做事。”

2016 年 6 月 28 日，以他所负责的第九项目“深部探测关键仪器装备研制与实验”结题为标志，短短几年时间，中国深部探测能力已跃居国际一流水平，部分领域处于国际领先地位。欧美学界发出惊叹——中国人不再沉默了，中国正式进入“深地时代”！是夜，庆功宴上的黄大年喝掉半瓶白酒，泪水纵横：“咱们追上了，终于追上了！”

旋律：海归科学家的爱国之歌

几年前的一次吉林大学留学人员联谊会上，吉林大学艺术学院副教授姚立华演唱了《我爱你，中国》。一曲终了，一位个头不高、身材微胖的人走过来一边和她握手一边说：“这首歌让我感动，我们常年在国外的人，对祖国的爱很深很深。”她能看出来，这位老师刚刚流了泪。后来她知道这位老师叫黄大年，他是一个有很多头衔的专家，但他有个身份，却是他最看重的——“爱国者”。

2009 年年底，黄大年决定回国。一切的起因，只是一封短短的邮件。这是时任吉林大学地球探测科学与技术学院院长刘财发给黄大年的一封邮件，邮件中是国家“千人计划”的有关材料。刘财只是试探性地给他发了邮件，可没想到，黄大年很快就回复说：“多数人选择落叶时归根，但作为高端科技人员应该在果实累累的时候回来更好，而我现在正是最有价值的时候，应该带着经验、技术、想法和追求回去，实现报国梦想。”这个决定意味着放弃了每天绅士般的生活，放弃了世界上最好的科研条件，放弃了国际著名地球物理学家的高薪待遇……短短几个月，黄大年放弃了公司股份，处理了部分家当，和妻子商定把女儿留在英国独自完成学业，毅然回到东北，回到他的母校。18 年的英伦生活，从此“挥一挥衣袖，不带走一片云彩”。

黄大年与吉林大学签约 5 年，仅有一个头衔：地球探测科学与技术学院教授。“大年，有什么要求，我们尽力解决。”学校领导很担心，多所国内顶尖学校纷纷伸出橄榄枝，东北这块土地会不会留不住他。“我是国家培养出来的，是从东北这块黑土地走出去的，吉林大学是我梦开始的地方，我就一定会回到这里！”黄大年身板挺直，眼中透出一股坚定的自信。

回国不久，2010 年 2 月，科技部的一位负责同志带着一个国家级的大项目找上门来。这是国家正在酝酿的一个“863”“十二五”主题项目：高精度航空重力测量技术。相关团队、仪器、设备都已齐备，只缺一个领军人物。有人向这位负责同志推荐了黄大年，经过简短的交流，来人发现他在这一领域的视野比其他人要宽广得多。怎么管理、用什么路线、怎么保证核心部件质量……他都“门儿清”。“没问题。”黄大年笑容可掬地回答。“黄老师，我得和您说明一下，现在这个项目的情况是，您拿不到一分钱、没有一个自己承担的课题，但是非常迫切，需要您做牵头人，请您来管团队、赶进度、帮忙指导技术……”“没问题。”黄大年依然是三个字，让这位同志愣住了。黄大年看着对方正色说道：“这是关系国家战略安全的重大研究，我愿意做。我有一肚子的想法和本事，只要国家需要，我就和盘托出。”

同样是吉大人，同样旅居国外 18 年，同样的功成名就，在未见黄大年之前，吉林大学计算机科学与技术学院“千人计划”特聘教授崔军红就对这个师哥有种惺惺相惜的感觉。一次偶然的学术交流，让当时还是美国康涅狄格大学教授的她再次踏上故土。“中国水下国门洞开。”黄大年语气中的忧愤和焦虑让她难忘。跟黄大年从事的深地探测一样，崔军红所从事的水下通信在国内也面临着高端设备依赖进口的处境。“回来吧，吉林大学要上天入海，母校需要你，祖国更需要你。”黄大年的语气中有种让人难以抗拒的魔力，闭门5小时的深谈后，走出地质宫，天擦黑，崔军红心绪澄明，她打定主意回国。后来她才知道，黄大年在下一盘很大的棋，“他要打造一个学术特区”。

2016年，回国仅仅半年多，黄大年就统筹各方力量，打造了一个辐射地学部、医学部、物理学院、汽车学院、机械学院、计算机学院、国际政治系等的非行政化科研特区。“大年的这个战略设想涉及卫星通信、汽车设计、大数据交流、机器人研发等领域的科研，可在传统学科基础上衍生出新方向，有望带动上千亿元产业项目。”现任吉林大学交叉学部副部长的“千人计划”专家马芳武说。黄大年并非“孤勇”，这里有一帮跟他一样醉心科研的“疯子”。支撑起这个特区的，就是一批像黄大年一样的归国教授，王献昌、马芳武、崔军红……“试问有谁不爱国!”崔军红说。黄大年那没有任何杂质的拳拳赤子心，点燃了他们内心的冲动。“没有‘海漂’经历的人，很难理解我们这些‘海归’内心的急迫。”“中国需要黄大年们，黄大年们更需要中国。”

2016年11月19日晚上8点多，黄大年突然在微信朋友圈里问道：“谁还记得我们在校庆70周年晚会时合唱的那首歌叫啥名字？一天一夜没睡了，刚吃完一顿饭，就想听‘她’。”这首让黄大年念念不忘的歌曲，正是1988年中央电视台播放的一部讴歌钱学森、邓稼先等科技知识分子的专题片主题曲——《共和国之恋》，歌词写道：在爱里在情里，痛苦幸福我呼唤着你；在歌里在梦里，生死相依我苦恋着你……如今，这位爱国者已经离开，但是这首爱国之歌却将被永远传唱下去。

➤ 案例分析

2017年5月25日，习近平总书记对黄大年同志先进事迹作出重要指示指出，黄大年同志秉持科技报国理想，把为祖国富强、民族振兴、人民幸福贡献力量作为毕生追求，为我国教育科研事业作出了突出贡献，他的先进事迹感人肺腑。习近平总书记强调：我们要以黄大年同志为榜样，学习他心有大我、至诚报国的爱国情怀，学习他教书育人、敢为人先的敬业精神，学习他淡泊名利、甘于奉献的高尚情操，把爱国之情、报国之志融入祖国改革发展的伟大事业之中、融入人民创造历史的伟大奋斗之中，从自己做起，从本职岗位做起，为实现“两个一百年”奋斗目标、实现中华民族伟大复兴的中国梦贡献智慧和力量。学习黄大年的事迹，可以让我们深入理解何谓“潜心问道和关注社会相结合”以及如何践行它。

经过几十年的勤奋努力，黄大年早已是享誉世界的地球物理学家，但回国 8 年间，他依然只争朝夕、刻苦钻研，带领科研团队勇于创新、顽强攻关，填补多项国内技术空白，部分成果达到国际领先水平；他夜以继日、忘我工作，为国家事业奋斗至生命最后一息。回顾黄大年 58 岁的生命历程，我们会发现“潜心问道”是他生活的一种基本状态，也是他所有成绩的基础。对于所有研究生导师来说，离开了刻苦钻研一切都谈不上。

但是作为一名高校教师和科研工作者，对“潜心问道”的具体方式还应该有更深层的理解。不是说坐在书屋里埋头苦读就是潜心问道，根据自己的工作性质和研究内容，“潜心问道”应有不同的形式。以黄大年为例，作为国家重大项目的首席科学家，他放眼全国寻找最适合的科研单位，不提前通知，而是直接“飞”到人家的实验室和车间，摸清对方资质和水平。可以说，这是更高水平的“潜心问道”。

除了科研工作本身的要求，支撑黄大年夜以继日忘我工作的正是他“只要祖国需要，我必全力以赴”的爱国之情。从“修身齐家治国平天下”，到“天下兴亡，匹夫有责”，我国知识分子历来有浓厚的家国强怀，有强烈的社会责任感，黄大年延续了这种精神血脉。所以他能毅然放弃国外的优越条件回到祖国、回到东北；他全心全意培养学生因为这是国家交给他的使命；他宁可得罪朋友也要放眼全国组建科研攻关团队；他不拿一分钱不承担一个课题也愿意担任高精度航空重力测量技术项目的牵头人，只因这是关系国家战略安全的重大研究，国家需要他。

黄大年以短暂而精彩的一生告诉我们，只有把个人前途命运与国家和民族的前途命运紧密相连，把个体奋斗融入实现中国梦的时代洪流中，才能超越自我、升华自我，写下俯仰无愧的人生篇章，成就利国利民的不平凡事业。正如黄大年曾说过的：“人的生命相对历史的长河不过是短暂的一现，随波逐流只能是枉自一生，若能做一朵小小的浪花奔腾，呼啸加入献身者的滚滚洪流中，推动人类历史向前发展，我觉得这才是一生中最值得骄傲和自豪的事情。”

➢ 延伸阅读

永远的“班主任”①

“黄老师太累了，他只是睡着了。”每天，离开吉林大学地质宫五楼，当电梯门关上的一刹那，黄大年的学生乔中坤仍会下意识地回望一眼，507办公室的灯是不是亮着，那个头戴鸭舌帽的胖老头会不会从里面走出来……这个高高个子、斯斯文文的男生，开始慢慢去接受一个残忍的现实：黄老师是真的永远离开了。在乔中坤看来，能做黄老师的学生，是他“这辈子最不后悔、最骄傲的事情”。乔中坤说，黄老师给学生在学术和生活上营造了一个美好的“乌托邦”，他与许多黄老师的其他学生一样，都想在黄老师的庇护下，肆意忘我地学习，没有迷茫。

2013年9月，乔中坤揣着专业第二名的保研成绩单，忐忑地敲开了黄大年办公室的门。终于要面见心中的偶像了。早在读本科时，黄老师给新生

① 本材料摘编自吴晶、陈聪：《心有大我　至诚报国——黄大年》，时代文艺出版社2017年版。

上的第一堂专业公开课就让乔中坤折服了。

“你好，中坤，请坐。”没想到，黄老师直接从办公桌边起身走过来，招呼他坐在沙发上，还为他倒了一杯水。

面试的机会实在宝贵，这个从农村考出来的孩子攥着成绩单，不知说什么好。瞧出他的紧张，黄大年主动给他讲起了自己的求学史和在国外工作的经历。然后，等到气氛轻松了，他才问起他的家庭情况、学习兴趣、业余爱好、理想规划，等等。

整整一下午，乔中坤感觉黄老师就像家中长辈，已经非常细致周到地为他把未来的发展都考虑到了。最后，黄大年握了握他的手，微笑着说：“中坤，欢迎加入我们的团队，你要做好心理准备，跟我做科研的日子会很苦很累，但一定很值得。”

很快，乔中坤就理解了什么是“很苦很累”。也理解了师哥师姐为什么打趣地说黄老师是典型的“一丝不苟的处女座”。

黄老师的笔记本电脑上，给每个学生都建了学习笔记和读书报告文件夹。不出差的时候，他会到实验室，挨个询问每个人近期学了什么、想了什么、遇到什么困难。出差了，他就在机场、车站和开会间隙通过邮件查改作业，或者开视频会议在线答疑。

写一份研究报告，每个文字、每个标点，黄老师都要反复琢磨、逐个推敲；做一个 PPT，从配图到解说，他也要精心指点，出差途中想到什么也会立刻发来。

有一次，有学生把一个科学术语的大小写弄错了，黄老师提出要修改，那个学生嘟囔了句“其实业内人士都能明白”，结果黄大年严厉地批评道：“大小写区别很大，会导致多重理解，科学容不得半点儿马虎，更不能有丝毫懒惰。”

对团队师生的论文，黄大年也非常上心。他亲自指导、逐字修改，但拒绝署名，“要记住，做科研绝不是写写文章。要耐得住寂寞，坐得住冷板凳。”

有老师劝他，带学生差不多就行了，用不着管那么细。可他却认真地说：“我们的国家，太需要人才。现在多用点儿心，他们中就有可能出大师。”

在很多人看来，做科研可以出成果，带学生那是捎带手，可是黄大年心中，教师是他最看重的身份，因为他始终忘不了，在人生的不同阶段，那一段段胜似亲人的师恩。

初中时，由于父母被下放，黄大年被送到一所乡村“五七”中学寄读，半年才能见一次父母。学校里有很多优秀教师，多数是身体状况不佳的知识分子，他们清瘦、认真，尽心尽力地传授知识，温和儒雅地对待学生，像极了他的父母。

黄大年曾回忆说：“在这段经历中，我无意中接触到了中国式教父的形象。他们在求索知识的道路上坚毅、刻苦、顽强和清贫的品格深深地影响着我们。”

1978 年 2 月下旬，经过 4 天 3 夜的长途跋涉，黄大年抵达长春火车站后，大老远就看见了举牌接站的老师。一位个头不高的老师一边关切地问他脚有没有因长途坐车而浮肿，一边帮他扛起行李一路送到学生宿舍。

这个从炎热的南方来到东北的青年，被老师们的热情包裹着。看到他没有棉裤，老师就连夜缝制；看到他基础薄弱，老师又帮他补课。在师生情谊的温暖中，他作为一个下放知识分子的后代感受着被尊重的快乐，也向往着“为人师者”的崇高。

后来，人在异乡，他的英国导师也曾专程开车来实验室接他，邀请他一起回家过圣诞节。那些暖融融的点滴经历，不仅让黄大年感念了大半生，也让他深深意识到，一个优秀的科学家，应该是专业领域的领跑者，更要做学生成才的陪伴者。

2010 年 8 月的一天，黄忠民来找他，语气有些迟疑，试探着问道：“大年，咱们学院想设置‘李四光’本科实验班，想邀请一些大专家担任班主任……”“没问题，我愿意。”黄忠民心头一热，他没想到“已经把一分钟掰成几瓣用”的黄老师没有丝毫推诿，立马就应了下来。

新学期开学，“李四光班”的教室里先后爆出两次欢呼声。第一次，是黄大年神采奕奕、满面笑容地走上讲台，同学们被他“不凡的气度”彻底征服。第二次，是黄大年宣布为全班二十四名同学每人发放一台笔记本电脑。黄大年说：“要想探索前沿的科学，首先要掌握先进的手段。”

为了让学生们开阔眼界，他帮助他们订阅期刊，送他们出国参加一些国际会议，回来后有一些支出不可以报销，他当场就把票据撕掉了，然后自己掏钱补给学生。

黄大年的办公桌旁有两张椅子，两台电脑。倒不是因为“阔绰”，而是专门为学生准备的。学生来了，就坐在黄大年身旁，一人一台电脑，讨论清晰高效。有时，他碰见学生们有公式和计算方面的难题，就随手拉张椅子，手把手教起来。每次，当他为学生讲完一道题、推导完一条公式，他常会对他们说：“你们的竞争对手在外面，要以国外一流高校的学生为榜样，追赶强者并超越他们。”学生们常常觉得，黄老师是天底下最忙的老师。可无论他们走到哪里，都觉得黄老师好像就在身边。

傍晚时分，如果走廊里传来又急又重的脚步声，学生们就知道，黄老师来了。他会一间屋子一间屋子走过去，挨个询问大家吃没吃晚饭、有没有问题。“绝不能亏待了这帮孩子，绝不能耽误了这拨人才。”这句话，黄大年常挂在嘴边。

地质宫顶楼冬冷夏热，黄大年给每个实验室配备了电暖气、电风扇，到了暑期就让妻子张艳给学生们煮绿豆汤，用大锅盛着送过来，入了冬又让张艳包饺子给孩子们吃；雾霾天，他给学生们买口罩，还教给大家正确的佩戴方法；怕孩子们想家，他几乎每个节日都让学生去家里吃饭，油烟过敏的他还亲自下厨做油焖大虾；出国时，他会带着两个空箱子专门给学生买礼物；接学术电话时会开着免提让学生们一起听；学生毕业回来看他，他也要请吃饭，问学业长进；谁没有对象，他也要操心，恨不得帮别人规划一辈子……

2014 年的国庆节，黄大年又带同学们去净月潭徒步。风拂杨柳，碧波云影，醉人心神。黄大年背着相机，健步走在前面，一会儿给大家照相，一会儿又和男生赛跑。他发现张代磊、张冲和周帅三个人默不作声地跟在大家后面，就悄悄来到他们身边，轻声对他们说：“是在为读博士的学费发愁吗？如果手头不够，先别向父母开口，我这边给你们垫上。”

第二天，王郁涵单独交给三个学生每人1万块钱，说是从学科经费里节省出来的。第二年的学费也是这么解决的。后来，同学们申请了国家助学金，补齐了这些费用。直到黄大年去世，他们才知道，当年学费都是黄老师用自己的工资给他们垫付的。

黄大年发自内心地爱学生，一有时间就想和他们在一起。2016年4月，为了给学生作报告，他从长春辗转北京、南宁出差，插空赶回长春作了报告，当天又赶回京。回长春待了几天，复去天津，第二天又回来给学生作报告，马上又赶赴河南……黄老师就像一部永不停歇的马达。

学生们也爱他。可是黄老师越来越忙，大家多想和他多待一会儿，一起吃吃饭说说话啊！2016年9月8日，学生们买了蛋糕、水果，跑到黄老师家，同老师和师母一起庆祝教师节。学生们联名写了一张贺卡，被黄老师摆放在书柜中最显眼的地方。大家是这样写的：亲爱的黄老师，在别人眼中，您是位儒雅而又有风度的大学教授、健谈而不失风趣的闻名学者、博学多识精益求精的科学大家。而在我们眼中，您更是传道授业、解疑释惑的严师慈父，幽默风趣、推心置腹的忘年之交，多才多艺、帅气爽朗的吉大“欧巴”。老师您辛苦了！

谁也没想到，那是黄老师度过的最后一个教师节。

12月5日，黄大年住院前最后一次出差回来，照旧先回了办公室。和往常一样，同学们都到他办公室门前排队问问题。排到王泰涵时，已是晚上9时多了，他探头一看，黄老师靠在椅子上，神态疲惫，就说：“老师您回家休息吧，我明天再问。”可黄大年拍了拍旁边的椅子：“没事，来吧。”一个多小时后，4个问题解答了两个，黄大年说：“剩下那两个我再思考一下。你吃饭了吗？我请你吃饭吧。”王泰涵才意识到，从机场赶回来的黄老师还没有吃晚饭。

黄老师入院的第二天，点名让王泰涵过去。一进病房，打了一天点滴的他就从床上坐起来，招呼王泰涵挨着床边坐下。“我这两天一直思考你提出的后两个问题，现在就在这儿给你讲讲。”边写边讲的黄老师手腕里还埋着针管，胳膊也有些颤抖，不停地喘着粗气。王泰涵眼眶发热，赶紧低下头做笔记。黄老师陆陆续续讲了 40 分钟，他一字不落地都记在了本上。过了一会儿，黄老师不说话了，王泰涵再抬头，才发现老师睡着了。泪水再也无法抑制地夺眶而出，“敬爱的黄老师啊，您已经累成这样了，惦记的还是我们的学业……”

7 年间，在黄大年指导的研究生中，共有 14 人获得省部级奖励，8 人获得国家奖学金，3 人获得“李四光奖”。在给学生设计研究方向时，他总是考虑每个人的兴趣爱好和发展前途，并与国家需求紧密结合起来。每个学生都像一块璞玉，被黄大年发掘着、打磨着。

他发现侯振隆喜欢推导公式，就给他买些专业书籍；他鼓励周文月学好英语，建议她多看英文电影；他要了张代磊在线申请的账号和密码，对赴外交流提交的各种材料反复确认，录取结果公布了，他第一时间告诉张代磊，又叮嘱研究细节……

6 月的吉林大学校园有一年中最美的风景，这是黄大年最开心的时候，每年学生们毕业答辩后，他都要背上相机，拉着他们到处拍照。现在，黄老师不在了。他只记录了他们的青涩，却没能见证他们的成熟……

学生们去实验室学习的时间比以前更早了，晚上回宿舍的时间也更晚了，就连周末休息也是全员到齐。很多学生记得黄老师说的“做什么就要有什么的样子”，按照他教的样子擦桌子、整理资料。

王郁涵每星期都会修剪黄老师办公室中的绿植。她记得黄老师偶尔看到哪片叶子枯了，都会不开心，他说花长得不好，不是花的问题，是养花的人没用心；事情做得不够好，同样是因为做事的人没有做到全心投入……

原本以为黄老师走了，大家就散了，可是没想到，大家都决心要完成黄老师未竟的事业。

“等你们学成，再汇聚起来，就是未来中国科技的生力军。”黄大年曾结合每个人的专业特长、兴趣方向、性格特点，将学生置于未来研究的某一个点，最终汇成祖国下一代多学科交叉研究的科研人才网络。

现在，学生们就像一粒粒蒲公英的种子，撒播在世界各地。有的学生根据黄老师的规划，赴外攻读国家需要的专业方向；有的学生进入全国各大科研机构，继续相关项目的研究开拓；有的学生接过黄老师的教鞭，放弃优厚的工作机会留在吉林大学任教……

聚是一团火，散似满天星。黄老师说过的话，他们都记住了。

“不要有太多杂念，要把所有的时间都用在学习上。”

“做科研绝不是写写文章就行。要耐得住寂寞，坐得住冷板凳。”

“一定要出去，出去了一定要回来；一定要出息，出息了一定要报国。”

马国庆说话像“机关枪”，黄大年多次给他辅导，告诉他这该怎么讲、那该怎么说。还给他分析、鼓励说：“你讲话快其实是因为你不自信，所以就想着快速结束这个事情。你做得很好，干吗没有自信呢？不要害怕，要表现得很自信!”

走在移动平台探测技术研发中心的楼道里，马国庆时常会觉得黄老师并没有离开，他仿佛还在这里陪伴着他的学生们。马国庆打算等到自己目前正在做的项目结束后，就像恩师一样出国继续深造，然后把一些最先进的技术带回来，为国效力。

有一次，有个学生对他说：“马老师你一上台，就像打了鸡血，特别精神，讲得也透彻。”马国庆听后呼吸一滞，缓了缓神，自言自语道：“你们没见过我的老师，他讲课那才叫好，他的板书也漂亮。”

那天晚上，马国庆又一次梦到黄老师：他从书柜里抽出一沓新整理过的讲义，递给他，笑着说：“我把这个知识讲给你，不是只讲给你的，是让你讲给更多人的。”

➢ 参考文献

[1] 刘博智：《追记黄大年：一位战略科学家的追梦人生》，《中国教育报》2017 年 9 月 12 日。

[2] 吴晶、陈聪：《心有大我　至诚报国——黄大年》，时代文艺出版社 2017 年版。

[3] 徐梅：《原色黄大年：一位海归科学家的精神世界"深探"》，《南方人物周刊》2017 年第 21 期。

案例 13

一粒种子的初心与梦想——钟扬教授

➢ 案例导读

2017 年 9 月 25 日凌晨 5 时许，复旦大学钟扬教授在为民族地区干部授课途中遭遇车祸，生命定格在了 53 岁。在钟扬去世消息发布的第二天，关于他的纪录片《播种未来》播放量超过 1200 万，近 400 个微信公众号发布纪念追缅文章，在全国各个领域认识和不认识他的人都在为他的离去扼腕，教育界更是把他称作“四有”好老师的楷模。在一个看似“冷门”的专业领域做研究的科学家，为何引得如此多人心潮涌动？追问到答案，我们才能真正读懂钟扬。读懂钟扬，可以让我们更好地践行习总书记提出的“潜心问道和关注社会相统一”。

➢ 案例文本[①]

1964 年出生于湖北黄冈的钟扬，少年早慧，勤奋刻苦。1979 年，因担

---

① 本案例主要参考以下文献资料编写而成：刘昕璐：《援藏不畏艰险　一生追梦不停》，《青年报》2017 年 12 月 13 日。

任黄冈地区招办副主任的父亲以身作则，不许他提前参加普通高考，蓄势待发的钟扬“一气之下”考取中国科技大学少年班。谁曾想，这个无线电专业毕业的少年，因 1984 年被分配到中国科学院武汉植物研究所而与植物结缘；又因心怀为国育才之梦，2000 年到复旦大学生命科学学院任教，从此为教育事业奉献一生。①

“一个基因可以拯救一个国家，一粒种子可以造福万千苍生”

“一个基因可以拯救一个国家，一粒种子可以造福万千苍生。”这是钟扬总挂在嘴边的一句话。他经常这样问学生：“你可知，一粒袁隆平教授培育的杂交水稻种子，让我国占世界 7%的耕地养活了占世界 22%的人口？你可知，仅仅 20 多株被西方‘植物猎人’引进的我国野生猕猴桃枝条，撑起了新西兰经济的支柱产业？你可知，英国皇家植物园邱园，收集有全世界最多的豆科植物种子，一旦全球变暖，英国将占据粮食作物的基因优势？植物学中也有‘领土’。晚清时期中国贫穷落后，英国人先后来华采集了几万颗种子、2000 多种珍稀植物；就拿从新西兰进口的高档水果‘奇异果’来说，几代人下去，还有谁知道它就是有着土生土长‘中国基因’的猕猴桃呢？还有那大熊猫般珍贵的‘鸽子树’珙桐，居然是外国人发现的……西方人从中国拿走的珍稀种子和苗木，把英国这个只有 1500 种植物的岛国装扮成了世界植物的圣殿，更让西方在植物学研究中掌握话语权。”

作为中国植物学家，钟扬立誓，要为祖国守护植物基因宝库；作为对人类负责的植物学家，他立誓，要在生物多样性不断遭到破坏的当下，为人类建一艘种子的“诺亚方舟”。这个想法，终因他与西藏的结缘成为现实。记录钟扬西藏采种子的纪录片《播种未来》在他逝世后第二天单日点击量超过了 1200 万次，在纪录片片尾，背着双肩包、面容黝黑的钟扬回头憨厚微笑，这个画面已定格在了无数人的脑海中。“我是钟扬，一名来自上海的援

① 参见张烁：《一粒种子的初心与梦想》，《人民日报》2018 年 3 月 26 日。

藏教师”。这句平凡而厚重的话，就是他 16 载援藏时光的注脚。

青藏高原拥有国家最大的生物“基因库”，有 1000 多种特有种子植物，这些珍稀植物资源对于国家发展、人类命运都意义非凡。但由于高寒艰险、环境恶劣，植物学家甚少涉足，这个世界屋脊的生物“家底”也因此从来没有被盘点过。钟扬决心把这个最大的生物“基因库”真正建立起来，为国家和人类储存下绵延后世的丰富“基因”宝藏。自此，他背起足有三四十斤重的双肩包，带着学生开启了为国家收集种子的征程。

野外科考的艰苦超乎人们想象，经常七八天吃不到热饭。每天清晨出门，为了把包里的空间尽量省下来装采样，他就只带两个面包、一袋榨菜、一瓶矿泉水，渴了就从河里舀水喝。他说：“食物不好消化才扛饿，饥饿是最好的味精。”晚上，住的是牦牛皮搭的帐篷，因为严重缺氧，煤油灯很难点亮；冬天，盖三床被子也无法抵御寒冷，早上洗脸要先用锤子砸开水桶里的冰；路上，常常被突袭的大雨冰雹困在山窝窝里，车子曾被峭壁上滚落的巨石砸中……钟扬血压高，身材又胖，刚到西藏时高原反应特别厉害，头晕、恶心、无力、腹泻，但他从不抱怨。“高原反应差不多有 17 种，在过去的十几年间，每次我都有那么一两种，头晕、恶心、无力、腹泻都是家常便饭。不能因为高原反应，我们就怕了是吧。科学研究本身就是对人类的挑战。”钟扬曾这样说，开玩笑般的“轻松”。他的学生拉琼回忆过这样一段经历：“我们在珠峰大本营准备继续向上攀登，钟老师出现了严重高原反应，随时都会有生命危险。大家建议他待在帐篷里等，他却说‘你们能上我也能上，你们能爬我也能爬’!”那一次，他们最终在海拔 6000 多米的珠穆朗玛峰北坡采集到了被认为分布海拔最高的种子植物鼠曲雪兔子，也攀登到了中国植物学家采样的最高高度。

为了规避种子遗传之间的杂交问题，每走 50 公里，才能采一个样；一个地方的两棵取样植物，至少相隔 20 米；一个物种，需要 5000 个优质的种子。往往，为了采集更多更优质的种子，钟扬和学生们一年至少行走 3 万公里……夜以继日，殚精竭虑，一个夏天，他和学生们能采 500 个样。如今，这些种子被精心保存在零下 20 摄氏度、湿度 15%的冷库中，仿佛坐上了一艘驶向未来的时空飞船，将在 80 年到 120 年后，为那时的人们绽放生机。

16 年来，钟扬和学生们走过了青藏高原的山山水水，艰苦跋涉 50 多万公里，累计收集了上千种植物的 4000 多万颗种子，近西藏植物的 1/5，也取得了一个个惊动学界的创举！他们追踪整整 10 年，在海拔 4150 米处发现了“植物界小白鼠”拟南芥的崭新生态型；他们采集的高原香柏种子里，已提取出抗癌成分，并通过了美国药学会认证；他们花了整整 3 年，将全世界仅存的 3 万多棵国家一级保护植物——西藏巨柏逐一登记在册，建立起保护“数据库”；他们揭示了红景天、独一味、藏波罗花、垫状点地梅、西藏沙棘、山岭麻黄、纳木错鱼腥藻等青藏高原特有植物对环境的分子适应机制；他们的“杂交旱稻”重大研究成果获国家科技进步二等奖，这意味着，万一全球气候发生变化，干旱缺水地区也有机会让农业“平稳着陆”；他还带领团队耕耘 10 年，在上海成功引种红树林，创造了世界引种最高纬度，为上海海岸生态保护打造了新的屏障……

钟扬的理想是在未来 10 年间，收集西藏植物的 1/3 以上，如果有更多人加入，也许 30 年就能全部收集完……“最好的植物学研究，一定不是坐在办公室里做出来的。”钟扬有些“傲娇”地与学生共勉，这也成为他一生大写的标注。

“我将矢志不渝地把余生献给西藏建设事业”

从 2001 年起，钟扬坚持 10 年自主进藏开展科研，此后更连续成为中组部第六、七、八三批援藏干部。刚到西藏时，钟扬发现，西藏大学的植物学专业是“三个没有”：没有教授，老师没有博士学位，申请课题没有基础。更关键的是，老师们也并不相信钟扬的到来能为西藏大学改变什么，毕竟来的教授一拨又一拨，合作的人一批又一批，都没有帮助他们实现什么科研突破，他们没想到，钟扬却坚守了下来。在钟扬的工作日记《藏北的窗》中，曾有这样一段记录，足见当地条件之艰辛：“半夜，一阵胸闷将我从睡梦中惊醒。我急忙唤醒同屋的博士生老王，说‘开点窗吧’，他应声起床。黑暗中，却听‘哐当’一声巨响，一股寒风扑面而来——糟糕，老王把整面窗户从二楼推了下去……”困难不仅于此，没有旅店，钟扬就裹着大衣睡在车上，突遇大雨冰雹就躲在山窝里，常常披星戴月赶路，峭壁上蜿蜒的盘山路，曾有巨石滚落砸中钟扬所乘的车……藏族同事给他起了个昵称——“钟大胆”，只要对研究有帮助，他就一往无前。

2002 年，钟扬和同事琼次仁一起申请国家自然科学基金，结果失败了。他安慰琼次仁：“万事开头难，我们明年再来！”在他的鼓励下，两人一起总结教训，继续进行高密度的野外考察，高原反应严重时，钟扬常常一边插着氧气管，一边连夜修改研究报告。2003 年，申报终于成功了，消息传来，整个西藏大学沸腾了！这是西藏大学有史以来第一个国家自然科学基金项目，极大增强了西藏大学师生的信心。2005 年，琼次仁不幸查出癌症，弥留之际，他紧紧拉着钟扬的手说：“钟老师，我还没有和您合作够啊！”“我走时，您来抬我。”这是一个藏族同胞对于朋友最深的信任。①

早在 2015 年时，钟扬曾突发脑出血，已经死里逃生了一回。苏醒后，他第一时间口述让人写下了一封给党组织的信。他说：“西藏是我国重要的国家安全和生态安全屏障，怎样才能建立一个长效机制来筑建屏障？关键还是要靠队伍。为此，我建议开展‘天路计划’，让更多有才华、有志向的科学工作者，为建设社会主义新西藏而奋斗……就我个人而言，我将矢志不渝地把余生献给西藏建设事业。”从医院出来，医生给他规定了 3 条“铁律”：一是戒酒，二是吃药，三是绝不可再去西藏。担心钟扬的人们“舒了口气”：这个“钟大胆”，可以在进藏上消停消停了吧。可离开 ICU 刚半年，他又进藏了。开始不敢坐飞机，就辗转坐火车。怕在家人那里“落埋怨”，就偷偷一个人行动。回来后，他惊喜又炫耀地对人说：看吧，我没事哎！出院后，钟扬仿佛按了加速键，更加争分夺秒。不少人这样评价钟扬，他用

① 颜维琦：《钟扬：追梦的脚步永不停歇》，《光明日报》2018 年 3 月 26 日。

53 岁的人生，做了一般人 100 岁都做不完的事。“我有一种紧迫感，希望老天再给我 10 年时间，我还要去西藏，还要带学生”，他总是这样对妻子说。

“这个上海来的大教授，怎么这样抠！”初相识，西藏学生“大跌眼镜”。他花 29 元在拉萨地摊上买的牛仔裤，臀部破了两个巴掌大的洞，自己找一块蓝布补起来，补丁又磨破了还不舍得扔。这样的“破衣服”，钟扬衣柜里还整整齐齐叠着很多件。几十元钱的帽子，一晒就褪色，学生嫌丢人，“在我们西藏，只有赶毛驴的人才戴这样的帽子”，帮他扔了，钟老师却捡回来一直戴着。可更让他们惊讶的是，这个连宾馆里用剩的一点点肥皂头都要拿塑料袋装走的钟老师，一资助西藏老师和学生就是几十万元！为让藏族学生开阔视野，他私人出资发起了“西藏大学学生走出雪域看内地”活动，组织 80 多个藏大学生赴上海学习；只要是藏大老师申报国家级项目，无论成功与否，他都补助 2000 元；日常科研开销让人发愁，钟扬总是爽朗地拍胸脯：把发票给我！大家都以为他神通广大，可整理遗物时才发现，他的办公室里，有满满两抽屉没报销的发票……

初始援藏，钟扬想为青藏高原盘点植物“家底”。漫长科考道路上，他慢慢意识到，这片神奇土地需要的不仅仅是一位生物学家，更需要一位教育工作者，“将科学研究的种子播撒在藏族学生心中，也许会对未来产生更为深远的影响”。再后来，他想把西藏大学的“造血机制”建起来，打造最好的平台，把学科带到新高度。正是钟扬的努力和付出，帮助西藏大学创造了一个又一个第一：申请到第一个生态学博士点，培养了藏族第一个植物学博士，带出了西藏第一个生物学教育部创新团队，带领西藏大学生态学科入选国家“双一流”建设一流学科名单，不仅填补了西藏高等教育的系列空白，更将西藏大学生物多样性研究成功推向世界。

到西藏后，钟扬在复旦招收的研究生越来越少，在藏大招收的研究生越来越多。“在西藏培养一个学生很慢，可培养出来的学生吃苦耐劳，愿意去做这种高劳动强度、低回报的种子收集和研究工作。”钟扬自豪地说：“我的 5 个西藏博士，至少有 4 个毕业后扎根西藏。”如今，钟扬培养的少数民族学生已遍布西藏、新疆、青海、甘肃、宁夏、内蒙古、云南等西部省份，不少已成长为科研带头人。

他曾说：“中国最长国道——318 国道，零公里处是上海人民广场，到西藏终点绵延五千多公里，西藏人也说，沿着这条路，就可以走到上海。这就是上海和西藏的缘分，也是我作为一个上海援藏教授冥冥中的使命。”

“红树林是献给未来上海的礼物”

无瓣海桑、秋茄、桐花树、老鼠簕……在浦东临港的一块试验田里，多种红树品种种植成功。钟扬和他的团队历经 8 年，于 2015 年在上海海滨“种活”一片红树林。他创造了一个奇迹：在纬度最高的北半球地区，成功实现人工栽种红树林。对于上海，意味着可能产生更大的奇迹：如果在海边广泛种植红树，50 年后，上海将拥有美丽的海滩。

红树林，是一种生长在热带、亚热带特有的海岸带植物群落。它是至今世界上少数几个物种最多样化的生态系之一。红树林不仅能带来丰富的生物资源，还有重要的生态效益。它具有防风消浪、促淤保滩、固岸护堤、净化海水和空气的功能，被誉为“海岸卫士”。有红树林存在的海域，几乎从未发生过赤潮。红树林每年每公顷能吸收 150—250 公斤的氮和 15—20 公斤的磷，对水体起着净化的作用。红树林有如此功能，引起世界各国临海地区的重视。除自然分布的红树物种外，日本冲绳、中国温州等地还尝试从其他地方引入红树植物。“只要稍微热一点的海边都有红树林，为什么上海不能有呢？”在上海的海边种红树林，是钟扬十多年前就有的想法。

2000 年，钟扬到上海执教。作为一名植物学家，他一直在思考，为什么上海的海滨“光秃秃”的呢？钟扬说，尽管位于东海之滨，上海很少被人以“海滨城市”来描绘，“因为上海的海边，没有美丽的沙滩，也没有茂密的红树林”。100 多年前，人们将欧洲的悬铃木（法国梧桐）引入上海，一度成为十里洋场街道的象征。钟扬认为，红树也能像法国梧桐一样，在上海生根。可是，刚开始，人们普遍怀疑：以上海的天气条件，红树林能种活吗？在此之前，在中国，人工栽种的红树林，最北的在温州。位于更高纬度的上海种红树，能否抗过冬天的低温？

钟扬决定试一试。他在科研论文中查到，上海曾有过红树林，二十几万年前的化石就是证据。在中科院时，他还了解到原产于南美洲亚马孙河流域的凤眼莲引种到中国并广泛传播的过程。植物对环境有强适应性，钟扬相信，红树林能在上海落地生根。8 年时间里，红树林遭遇过无数否定和不可抗的天灾。2008 年的冬天，罕见的冰雪冷冻灾害席卷整个中国南方，上海 1 月至 2 月的平均温度比往年同期低 2℃。钟扬的红树林试验田刚刚经营第一年，就遭遇灭顶之灾。此外，出没的野兔时常啃食这批红树。“第一年栽的时候很痛心，好不容易长出来的苗子还被兔子吃了。”钟扬没有放弃。第二年，新种的红树全部活了下来。更惊喜的是，第一年貌似死去的红树，竟然又“复活”了。那些红树尽管叶子都掉光，只剩下光秃秃的枝干，可是根还在生长。钟扬说，“这是一个很好的寓意，人和树都要坚持下去。”

2016 年 1 月 24 日晨，浦东临港附近一片荒滩，温度计显示-8℃。天寒地冻的海边有片红树林，由多个热带植物组成——无瓣海桑、秋茄、桐花树等。它们在寒风中傲立，没有丝毫热带植物的娇气。“红树林经受住了极寒的考验，它更证明上海能够生长红树林。”钟扬兴奋不已。他说：“红树林是献给未来上海的礼物，可能这一代人未必看得见，但可以造福 200 年后的人。”①

“科学知识、科学精神和科学思维要从小培养”

谁能想到，一个忙得连饭都顾不上吃的大教授，每个月却坚持抽出两天去中小学开科普课。多年来，钟扬以巨大热情投入科普教育中，参与了上海科技馆、自然博物馆建设，承担了自然博物馆 500 块中英文图文的编写工

① 张炯强：《沪教授率团队驻守临港海边守护红树林扛过严寒考验》，《新民晚报》2016 年 1 月 25 日。

作，出版了3本科普著作和6本科普译著，每年主讲30场科普讲座。钟扬，是有口皆碑的明星科普专家。上海自然博物馆建设期间，需要寻找一个团队承担全馆图文写作，先后联系的几家高校都因项目难度太大婉拒。负责人鲍其洞找到了钟扬，原本只盼着他能帮忙牵线或引荐，没想到钟扬二话不说就接下了这个要求高但回报少、时间紧却周期长的“烫手山芋”。他如此投入，上海科技馆的工作人员总互相调侃说，有困难就找钟老师。有人问钟扬：“你堂堂一个大教授，干吗花这么多时间来给小朋友科普？”钟扬回答道：“科学知识、科学精神和科学思维是要从小培养的，现在让他们多一点兴趣，说不定今后就多出几个科学家。”

钟扬为双胞胎儿子取名“云杉”和“云实”，一个是裸子植物，一个是被子植物。他说，“如果人们都喜欢用植物给孩子取名字，那就是最好的科普时代到来了。我的童年一套残缺不全的《十万个为什么》让我相信，科学能深入儿童的心灵。”

事实上，钟扬的视野从没离开过下一代。他挤出宝贵时间参加“一席”“种子方舟”等节目录制，公开进行公众科普教育。就在去世前不久，钟扬还到西藏墨脱最偏远的背崩乡上钞希望小学，为那里160多名门巴族学生作科普讲座。讲座后，钟扬看到学校破败的情况，当即想要捐出10万块钱，可被校长拒绝了，“比起钱，这里的孩子更需要像您这样给他们带来科学的火种。钟教授，您以后一定要常来呀！”钟扬毫不犹豫答应了，可是一向信守诺言的他这一次却无法兑现了。

钟扬还多次担当上海市科协与《新民晚报》主办的《新民科学咖啡馆》活动的主讲嘉宾。他乐于科普，善于科普，总能留下充满科学思维又通俗易懂的“金句”——当他解读禽流感时，这样说：“人类和流感病毒是一场永不停歇的军备竞赛，人类虽然无法彻底战胜流感病毒，但这个劲敌也在不断促进科学发展，不远的将来，人类或许可以用大数据来预测流感暴发。”当他判断转基因时，又这样说：“转基因研究发展至今，没有哪个真正的科学家会向你保证今后是绝对无害的，对一杯普通的水也是如此，因为这种

100%的保证本身就是不科学的。但是，大多数老百姓无法读懂这种‘不能保证’的真正含义。这就是科学和普通百姓间的‘最后一公里’。”钟扬是科学家，新民科学咖啡馆的“金牌主讲人”，听他讲科学，没有绝对的宣讲，有的是对话与启发。就在去世前钟扬还答应会再来“科学咖啡馆”坐坐，可惜，人们再也等不来那个把科学知识和科学思维方式讲得和故事一样有意思的钟扬了。①

钟扬去世后，一些同事上门探望才发现，他家里竟一直是 20 世纪的老旧陈设，简陋的家具，老式的电视机。工作人员整理遗物时，在陪他跋山涉水的一条廉价牛仔裤上发现了破洞，不禁潸然泪下。如今，钟扬的骨灰被他的学生庄严地撒入奔腾不息的雅鲁藏布江，江水呜咽，寒风卷着浪花，痛悼他的离去……奔腾不息的浪花会将他的骨灰送到青藏高原的每个角落，成为祖国山河肌体的一部分，而他，永远也不会与这片他深爱的土地分离。他那带着湖南味的普通话依然回荡在人们耳边：“任何生命都有其结束的一天，但我毫不畏惧，因为我的学生会将科学探索之路延续，而我们采集的种子，也许会在几百年后的某一天生根发芽，到那时，不知会完成多少人的梦想。”

➢ 案例分析

钟扬是扎根中国大地成长起来的一名科学家和人民教师，是新时代共产党员“不忘初心、牢记使命”的优秀代表，也是践行“四有”好老师要求的楷模。就我们的研究主题来看，他还是研究生导师中“坚持潜心问道和关注社会相统一”的典范。“潜心问道”是“关注社会”的前提，“关注社会”则是“潜心问道”的目的所在。钟扬之所以让世人铭记，就在于他将

① 参见张炯强、陆梓华：《他给上海留下了一片红树林》，2017 年 12 月 27 日，见 http：//news. fudan. edu. cn/2017/1227/45057. html。

“潜心问道”与“关注社会”两方面都做到了极致，并且成功实现了二者的统一。

钟扬的“潜心问道”不同于我们通常理解的“板凳要坐十年冷”，相反，他的人生故事里，有16年间在西藏行路50万公里的足迹，有为了采集4000万颗种子而最高登上6000多米雪原，反倒难得坐下来歇一歇。可见，如何“潜心问道”，不同的学科专业有不同的方式方法，但无论是在书屋里苦心研究文献还是走遍各地作田野调查，他们的共同点都是发扬科学精神、运用科学思维，专心从事学术研究，扎扎实实探索本领域的规律和真理，而不计较名利得失。正如本案例所展示的，钟扬说：“在西藏培养一个学生很慢，可培养出来的学生吃苦耐劳，愿意去做这种高劳动强度、低回报的种子收集和研究工作。”吃苦耐劳，愿意去做高劳动强度、低回报的工作，这就是“潜心问道”的最好注解。从本案例还可以看到，钟扬多年从事针对少年儿童的科普教育，他这样做的一个重要原因就是他认为“科学知识、科学精神和科学思维要从小培养，现在让孩子们多一点兴趣，说不定今后就多出几个科学家”，这就是在培养孩子们学会“潜心问道”。

但是钟扬之所以让社会各界纪念学习，绝不是因为他“两耳不闻窗外事，一心只读圣贤书”，即使他这样做能够发表更多的文章、拿更多的课题。“这辈子，一个人留下的不在于多少论文、奖项，而在于做了多少实实在在的事。”钟扬生前曾这样说。“一个基因可以拯救一个国家，一粒种子可以造福万千苍生。”作为一名植物学家，钟扬深知种子资源事关国家生态安全，事关整个人类未来，所以他将种子资源作为科研主攻方向之一，毕生致力于生物多样性研究和保护。作为中国植物学家，他的目的是要为祖国守护植物基因宝库，因为植物学中也有“领土”；作为对人类负责的植物学家，他的目的是要在生物多样性不断遭到破坏的当下，为人类建一艘种子的“诺亚方舟”，因为人类对种子的研究步伐，远远追不上植物消逝的速度。钟扬对“种子”的执着不仅体现了一个知识分子的家国情怀，还体现了他对整个人类命运的忧虑和关照。这正是对习总书记提出的“潜心问道和关注社会相统一”的教育要求的践行。

作为一名教育工作者，“关注社会”不应仅是关注与自己的科研相关的方面，还应该有更宽广的视野，钟扬在这方面也为我们作出了榜样。正如本案例所展现的，钟扬多年从事针对少年儿童的科普教育，是因为他知道“十年树木，百年树人”，人才对国家发展具有非常重要的意义；他在上海种植红树林，可能这一代人未必看得见，但可以造福 200 年后的人；援藏之初钟扬的打算是为青藏高原盘点植物“家底”。但他慢慢意识到，这片土地需要的不仅仅是一位生物学家，更需要一位教育工作者。在这一理念的指引下，西藏不仅成为他科研的沃土，更成为他服务和奉献的家园。在他看来，“援藏不仅是奉献，更是与当地师生一起，探寻可持续发展的动力。”钟扬也实现了自己的诺言：“我将矢志不渝地把余生献给西藏建设事业。”

➢ 延伸阅读

教师是他最在意的身份①

“每个学生都是一颗宝贵种子，全心浇灌就会开出希望之花”

与复旦的结缘，始于钟扬一个非常朴实的教师梦。因父母都是教师的关系，钟扬也一直想做一名教师，他从小就觉得教师这个职业是天底下最好的职业。他想做一个非常纯粹的教师，选择大学非常合适。1997 年，34 岁的钟扬升任中科院武汉研究所副所长，跻身副局级干部序列，发展前景可想而知。但仅仅三年之后，他就在陈家宽教授邀请下，加盟复旦做了名普通教授。钟扬当初之所以选择复旦，也是因为复旦信任教授，几乎没有急功近利的考核，给予充分自由的发挥空间，他喜欢着这种充满着人文情怀的文化

① 本材料摘编自刘昕璐：《援藏不畏艰险 一生追梦不停》，《青年报》2017 年 12 月 13 日。

土壤。

作为复旦的一名研究生导师，钟扬十分擅长激发学生的科研兴趣，在科研指导中严格而有针对性。他教导学生：“学术规范是做科研的底线。很多科研工作的创新点都来自很小的环节，比如青霉素的发现。跳过这些环节，虽然省了时间，但也可能和创新失之交臂。”钟扬实验室有汉族和藏族、回族、哈萨克族学生。他特别尊重学生意愿，从生活到学习，都贯穿着引导式教育。

钟扬招收学生还有一个“特点”，相比有些导师喜欢招收基础好、天赋高的学生，他却常常招收那些基础并不算好的学生。他曾将一名患“肌无力”的学生毅然收入门下，为他规划适合的发展道路，悉心指导科研，如今这名学生已成为中科院的科研人员，正沿着钟老师的足迹继续前行。

曾有学生由于课题推进不顺，精神几近崩溃，下定决心要退学，钟扬听说了他的情况，和他多次谈心，一起梳理研究思路，全力提供帮助，最终指导学生顺利毕业。

这样的故事还有很多。身边有人诧异，为什么要花费这么大工夫帮这些基础并不好的学生。钟扬说：“每个学生都是一颗宝贵种子，都有自己的价值，全心浇灌就会开出希望之花，不能让任何人掉队。”

“钟老师一直是我们默默的守护者。”复旦大学生命科学学院博士生徐翌钦说。在学生们眼里，钟扬总如父亲般关爱他们。植物学野外考察多，一有意外和危险，他总是冲在最前面保护学生。“钟老师其实是有痛风的。有时，在采样过程当中，他也有发病的情况，他就会把随身药物拿出来，这个时候，其实他吃了药，走路也是很艰难。即便那时，他也会先捡一些很粗的树枝，带着我们。他愿意做一个探路者，这是可以走的路，他才叫我们走。钟老师一直把我们的生命、我们的安全，看得比他的生命、他的安全重要得多，不管他自己处于什么情况。”

钟扬曾说：“在商场，顾客是上帝，在我这儿，学生就是上帝。”无数野外考察的清晨，他冻得嘴唇发紫、强忍着身体不适，早起做饭、打包；早上的实验室，钟扬也总会习惯性地多买几份早饭为学生们备着……这些往事历历在目。

“我们愿意做钟老师一样的不忘初心、执着追求的人。”

“钟老师每天只休息三四个小时，工作 20 个小时左右。我们平常看见一切的有条不紊，一切的岁月静好，都是钟老师默默付出了很多努力和贡献。”

让学生徐翌钦印象至深的还有钟扬老师半夜三点的固定闹铃。

2015 年钟扬脑出血的那次，徐翌钦也曾是自发在医院里面陪护钟老师的学生。“说实话，当时其实很危险，因为脑出血是由于高血压引起的，如果两个小时不送医，就会有很多后遗症。当时抢救完之后，他醒来第一件事情，不是干别的，而是赶快给学院老师打电话，安排教学需要做一些调整的工作，这是他醒来话都说不清楚，第一时间就想到这件事情。”

“慢慢地，钟老师从重症监护室转到普通病房，第一天晚上陪夜是我在陪，当时有一个情况很意外，半夜三点钟，钟老师手机响了，我以为是有人打电话，结果，我发现是闹钟。”

第二天，徐翌钦问钟老师，这是要赶飞机而设的闹钟吗？钟老师说，这是提醒他该睡觉了的闹钟。如果不是那场脑出血，许多人或许不知道钟扬固定的闹铃时间。

钟扬就是这样一个始终与时间赛跑的人，无论何时，他都以时不我待、只争朝夕的紧迫感投入工作。他一年飞行次数最高超过 170 次，有时密集到一周坐 10 趟飞机；每次出差都选择最早班飞机，只为上午到达后就能立即开始工作，为了赶早班飞机，好几次深夜睡在机场楼梯间里；经常在办公室工作到半夜，大门早已用铁链拴上，身高 1 米 8、近 100 公斤的钟扬，常常跨过链条、再吸肚子，一点点从狭窄的缝隙中挤出去；哪怕是突发脑出血后，他也只住了十几天院就重新投入工作，而当时半身不遂的他甚至连午餐盒都无法打开……

就在出事前晚，钟扬还在和学生边珍安排次日晚上在学校见面的细节。

边珍本想在毕业后继续跟钟老师读博士，然后回到家乡，和钟老师一起做更多的事情……噩耗来得如此突然，她一直处于极度悲伤中。“钟老师和我们约定，再次进藏还要采集一种特殊的‘种子’——酸奶菌种的实物样本。中国大陆生产的酸奶至今都是国外进口菌种，这意味着每喝一瓶酸奶都要给外国人交专利费。钟老师在微信中对我们说：‘就是藏民正在喝的酸奶，放到特制的塑料管中，从中分离出有经济价值的菌种。西藏的酸奶是在空气中完成发酵的，只有那里纯净的空气才能做到。我们要做出中国人自己的酸奶菌种！’”常年背着一个沉重双肩包的钟老师，仿佛还在她眼前微笑，“钟老师包里装着笔记本电脑、大摞的资料、翻译稿、学生的论文、参加会议的发言草稿。他习惯把所有要用的东西随身背着，背包特别重。他常年往返各地，会利用在机场、在车上等碎片化时间，随时打开包工作。”她记得那次和钟老师到特别偏远的墨脱县背崩乡，差不多坐了三天车。昼夜温差很大，食宿都非常困难。“钟老师就是坚持要去那边采样。我们住很简易的板房，有时候还得钟老师给我们做饭……”

“他像流星一样划过天空，却给每一个人留下了太阳般的温暖，钟老师永远照亮着我们！”徐翌钦说：“钟老师永远活在我们心中，很多精神，可以继续指引我们前行。我们可能一辈子也做不到钟老师那么好，但是我们愿意做钟老师一样的——不忘初心、更加有执着追求的人。”

➢ 参考文献

［1］刘昕璐：《援藏不畏艰险　一生追梦不停》，《青年报》2017 年 12 月 13 日。

［2］张烁：《一粒种子的初心与梦想》，《人民日报》2018 年 3 月 26 日。

［3］颜维琦：《钟扬：追梦的脚步永不停歇》，《光明日报》2018 年 3 月 26 日。

［4］张炯强：《沪教授率团队驻守临港海边守护红树林扛过严寒考验》，《新民晚报》2016 年 1 月 25 日。

［5］张炯强、陆梓华：《他给上海留下了一片红树林》，2017 年 12 月 27 日，见 http：//news. fudan. edu. cn/2017/1227/45057. html。

案例 14

教书与环保是一生的事业——钱易院士

➢ 案例导读

钱易，中国工程院院士、清华大学环境学院教授。她从教近 60 年，培养了几代环境科学界学术骨干，一生致力于研究开发适合中国国情的高效、低耗废水处理新技术，为解决中国水污染问题、发展循环经济、推进社会可持续发展发挥了重要作用；她研究提出大学绿色教育理念，创建大学绿色教育体系，为我国乃至世界环境科学与工程教育事业的发展作出了重要贡献；她三获清华大学研究生“良师益友”奖和 2015 年“全国最美教师”荣誉称号，是最年长的 2017 年全国教书育人楷模，也是高校教师中践行习总书记“潜心问道和关注社会相统一”的典范。

➢ 案例文本①

已 80 多岁的钱易出身书香世家，在清华大学教了近 60 年的书，“一门

① 本案例主要参考以下文献资料编写而成：刘庆根：《只要一息尚存，也要把环境事业坚持到底——记中国工程院院士、清华大学教授钱易》，2017 年 9 月 14 日，见 https://www.sohu.com/a/191993770_387118。

六院士，半门皆教师”是她的“标签”；她也是我国著名的环境工程专家，1994 年就成为当时清华大学唯一的女工程院院士，作为新中国第一代环保人，自从一脚踏入这个领域，就是一个甲子。正如有人所说：“钱易的故事，可以写成厚厚的几大本书，也可以浓缩为最简单的一个等式：教书+环保=一辈子。”①

环境保护：化腐朽为神奇

钱易本科毕业于同济大学卫生工程专业。毕业时曾志愿到祖国大西北建功立业的她，被清华著名环境工程专家陶葆楷教授相中，成为他门下的弟子，没想到这一选择竟影响了她的一生。从此，她与环保事业结下了不解之缘。并如她自己所说的：“做环境事业的人，有点像堂吉诃德，朝着一个目标努力，虽然可能一生中都没有办法看到目标实现，但依旧不改初心。”

读研究生期间，钱易初次接触厌氧技术，做农村沼气池的研究，“变废为宝”。当时条件艰苦，研究人员就自己在农村搭建沼气池研究，但单是沼气池的密闭问题，就难倒了所有的研究人员。实验、失败、再来，实验、失败、再来。就在“所有人都有些丧气”的时候，问题解决了。多年过去，钱易依然清楚地记得当时的场景，“高兴坏了！”就是在这样的条件下，中国的厌氧技术一点点起步了。后来，在我国“七五”建设时期，厌氧技术作为重要的污水生物处理技术被纳入攻关项目，钱易成了这个项目的负责人之一。

1959 年，钱易以优异成绩毕业并留校任教后，作为陶先生的助手，开始了对水污染防治的研究。数十年来，她致力于研究开发适合我国国情的高效、低耗废水处理新技术，对难降解有机物生物降解特性、处理机理及技术进行了卓有成效的工作。近 30 年来，钱易又致力于倡导和推行清洁生产、

---

① 赵婀娜、侯文晓：《清华大学环境学院教授钱易：六十年，干好两件事》，《人民日报》2017 年 9 月 24 日。

循环经济和可持续发展的研究与实践，是我国最早倡导和研究清洁生产与循环经济的学者之一，在参与国家环境立法、提出政策建议等方面都作出了重要贡献。

钱易在多个场合讲过这样的话："做环境工作的人，不会轻言成就感，因为做得越多，遇到的不足就越多。"在她看来，只要生态环境保护和污染防治没到位，工作就一天不能停下来。钱易有个不离身的日程本，本子上密密麻麻全都是调研和上课的安排。她曾经半年跑了 7 个城市，考察城市垃圾的开发和利用。进入耄耋之年的钱易不嫌累，只怕自己做得还不够多。"像餐厨垃圾，可以回收工业油、回收能源、做肥料；废弃的木材，经过加工，能做漂漂亮亮的桌椅；废弃的电子产品，拆开分类，分别回收，这能节省多少资源?"在钱易看来，这些工作做好了，那就是真正的"化腐朽为神奇"。

2016 年 4 月，清华大学生态文明研究中心成立，钱易出任中心主任。年事已高，干嘛还自己找事做? "钱老师像一只春蚕，愿为环保事业吐尽丝。"她的学生这样回答。

"生态文明建设要融入经济建设、政治建设、文化建设、社会建设各方面，更深入的研究工作必不可少。"谈起研究中心的课题，钱易神采奕奕地说："跨学科交叉研究是研究中心的一大优势，我们将利用好这一优势，实现工科、理科、文科和艺术学科等不同领域之间的有机整合，建构完整的生态文明理论体系，探讨生态文明的建设途径，为国家生态文明建设决策贡献力量。"①

环境教育：人人参与

20 世纪 80 年代，随着可持续发展理念的提出，环境保护逐渐从单纯的"末端治理"转向重视"源头控制"，即重视从生产工艺的源头减少污染物

---

① 刘博智：《记清华大学教授钱易：一门六院士，半门皆教师》，《中国教育报》2017 年 9 月 24 日。

的产生和排放。这让钱易教授意识到，环境保护工作不是环境一个专业的事情，各行各业的人都要具有环保理念，才能让所有生产工艺更清洁。

基于这个前瞻性的判断，她认为，大学应该把环境教育推向所有专业，让大学生在学习本专业知识的同时甚至之前就了解一些环境知识，帮助他们建立环保理念，由此开发出各行各业环境友好的巨大潜力。没想到，为了这一夙愿的实现，她用了一辈子。

从 1977 年清华大学设立我国第一个环境工程本科专业开始，国内大学环境教育就进入了专业教育时代。如何打破专业壁垒、让所有专业的学生都能接受一定程度的环境教育，成了钱易在校内外积极呼吁和推动的事情。

1998 年，钱易作为主要发起人之一的清华大学“绿色大学”建设正式启动，计划通过“绿色教育”“绿色科技”和“绿色校园”建设，把可持续发展理念融入大学人才培养、学科建设、科学研究和校园建设的各个环节。抓住发展“绿色教育”的契机，钱易实现了让环境教育覆盖每个专业的愿望，学校增设了一批有关可持续发展和环境保护的课程。年逾花甲的钱易率先垂范，面向全校本科生开设了《环境保护与可持续发展》课程，并亲自撰写提纲、编写教材，学习制作 PPT 教案并授课答疑。这门课程受到全校学生的普遍欢迎，因为选课学生太多，原本一年一次的课程改为一年两次，20 年来选课人数已近 2 万人。2002 年，这一课程的同名教材荣获全国普通高等学校优秀教材一等奖；2006 年，该课程被评为国家级精品课程；2007 年，钱易荣获高等教育国家级教学名师奖。这些奖项折射出她为这门课程付出的精力和心血。

选过这门课程的一位同学说：“刚开始觉得钱老师是院士，有光环，也有距离感。可当她站上讲台，温柔的声音传来，隔阂瞬间就没有了。那种循循善诱、深入浅出的讲述，简直是一种享受。”

钱易对环境通识教育的实践并没有因为《环境保护与可持续发展》课程的成功而止步。随着清华大学教育教学改革的深入，她也不断探索新的课程形式。2003 年，钱易面向全校大一学生开设了新生研讨课“环境与发展”，以小班专题讨论的形式，指导学生围绕环境与发展的相关问题展开自主学习和研究、口头辩论及写作训练。2015 年，钱易联手清华大学工程、人文、艺术等不同领域的十余位著名学者开设《生态文明十五讲》课程。钱易研究、提出并不断完善大学绿色教育理念和内涵，经过 10 年多的探索与实践，创建了多层次、宽覆盖、重实践、国际化的绿色教育体系，并得到教育界的广泛认可，获得了 2008 年北京市教育教学成果特等奖（高等教育）和第六届高等教育国家级教学成果二等奖。

在推动环境通识教育的同时，钱易也没有松懈对环境专业卓越工程教育的追求。在 1995 年至 2006 年担任全国高等学校环境工程类教学指导委员会主任委员期间，她与国内同行一起推动了我国环境科学与工程教育的发展及教学改革。她主持的教育部高等学校 21 世纪教学内容和课程体系改革计划项目“环境类专业人才培养方案及教学内容体系改革的研究与实践”荣获第五届高等教育国家级教学成果一等奖。因对可持续发展战略指引下的工程教育改革实践作出重要贡献，她还获得世界工程联合会颁发的 2009 年优秀工程教育奖。

如今，虽然进入耄耋之年，但钱易教授依然坚持在教书育人一线，每次一个半小时的讲课依然一站到底。她说，与院士的头衔相比，她更喜欢“老师”的称谓，因此“只要自己还有力气，还有精神，就不能在讲台上下来，也不能在环保事业上退出来”。学院担心钱易的身体，派三位教师和她一起上“环境保护与可持续发展”课。“有年轻老师与我一起上课，我就放心了。”钱易说，“我要保证万一以后真的讲不动了，这门课也永远不会停开。”

由于身负多职，经常受邀出国讲学，钱易的学术活动、社会活动和科研工作异常繁忙，而她“不管多忙，日程表上永远把学生排在第一位”，学术交流会、报告会、研讨会、讲座，常常可以看到钱易的身影。

钱易不仅是环保教育的推行者，在生活中，她更是身体力行的践行者。钱奶奶的“抠门”几乎每个学生都有话可讲。2015 年夏天，央视“寻找最美教师”摄制组到钱易教授家采访，为了给摄制组创造一个舒适的工作环境，她破例打开了空调，这也是那个夏天她唯一一次使用空调。平常，钱易教授都是从家步行到办公室上班。有一次，学校邀请她参加会议，考虑到当天雾霾严重，主办方问她是否需要安排车辆接送，她非常坚决地拒绝了。她说：“严重的雾霾正说明我们现在的环境保护工作还没搞好，我们这些做环保的人更应当以身作则，实践绿色出行。”钱易的课设在教学楼四楼，而她从来不坐电梯，80 岁的她笑着说四楼在自己身体承受范围内，电梯载自己一个人比较耗能，也号召大家去走楼梯。有的课在大阶梯教室，学生坐不满，钱易就让大家集中起来到一个区域而把其他空余的灯关掉。在岁月的沉淀中，钱易早已将环境保护融入自己的生命。

如今，钱易的学生已经遍布我国环保行业的各个岗位，她在环保事业中取得的成就，获得的奖项也是数不胜数，她的学术造诣和师德师风完美地诠释了“学为人师，行为世范”的教师品质。执教近 60 年的钱易心里还有三大希望：一是绿水青山，二是学生成才，三是自己培育的学生都能真正成为生态文明建设的引领者和担当者。她还在为此继续努力。正如她在今年央视青年电视公开课“开讲啦”中所说，“我只要一息尚存，我就要把这些事业坚持到底！”

➢ 案例分析

“我们做环境事业的人，有点像堂吉诃德，朝着一个目标努力，虽然可能一生中都没有办法看到目标实现，依旧不改初心。”对于钱易来说，教书和环保就是她愿意毕生奉献的事业，这两个事业又有着密不可分的联系。

作为中国工程院院士和环境工程领域的专家，钱易长期致力于研究开发适合我国国情的高效、低耗废水处理新技术，在难降解有机物生物降解特性、处理机理及技术方面开展了大量卓有成效的工作，并积极倡导非传统水资源的开发利用，为水资源开发与可持续利用贡献了新的理论、方法和技术，对我国水污染防治工作作出了重要贡献。她还致力于倡导和推行清洁生产、循环经济和可持续发展的研究与实践，是中国最早倡导和研究清洁生产与循环经济的学者之一，在参与国家环境立法、提出政策建议和建立示范省市方面作出了重要贡献。已耄耋之年的她还亲自担任清华大学生态文明研究中心主任，决心为国家生态文明建设决策贡献力量。

钱易不仅自己几十年如一日持续关注环境保护事业，她还致力于环境教育事业，因为她深知环境保护需要人人参与，只有广大学生参与进来，环境保护事业才能发扬光大。所以她在清华大学开设相关课程，八十多岁还亲自给学生上课。

钱易事无巨细地践行着环境保护的信念，始终如一地保持着对教育事业的热爱。在她的身上，我们可以体悟到：传承的极致就是使命，信念的极致就是坚守，热爱的极致就是奉献。从本案例还可以看出，钱易对学生的环境教育不仅有言传，更有身教。这更能激发学生对环保事业的热爱和传承。清华大学环境学院的大厅里挂着建系以来杰出教授的画像，陶葆楷先生、顾夏声先生均在其列，钱易教授的画像也在其中。我们可以设想，也许若干年之后，钱易教授学生的画像也会作为杰出教授展示在大厅里，师德、师道，就这么一代一代地传下去。①

➤ 延伸阅读

日程表上把学生排第一位的“钱奶奶”②

执教近 60 年来，钱易教授培养了 80 余名研究生。现在，她的学生既有

---

① 参见赵婀娜、侯文晓：《清华大学环境学院教授钱易：六十年，干好两件事》，《人民日报》2017 年 9 月 24 日。

② 本材料摘编自刘庆根：《只要一息尚存，也要把环境事业坚持到底——记中国工程院院士、清华大学教授钱易》，2017 年 9 月 14 日，见 https://www.sohu.com/a/191993770_387118。

国内外知名高校的学术领军人物，也有创立国内上市环保企业的行业翘楚，还有服务国家部委和地方基层的公务员。

2016年，钱易教授八十寿辰之际，她的学生们发起成立了“钱易环境教育基金”，以回馈恩师和母校的培养。学生对导师的这份爱戴与感恩源于钱易教授以学生为本、甘为人梯的无私大爱和高尚情怀。

这份大爱既体现在她几十年如一日躬耕三尺讲台的兢兢业业，也体现在她无论工作多么繁忙，总能把学生的事情排在日程表的第一位。1994年，钱易教授当选中国工程院院士，随之而来的是更大的社会责任，她兼任了全国人大环境与资源保护委员会副主任委员、中国科协副主席、全国妇联副主席等多项职务。学生们组织学术交流活动或者其他课外活动时想邀请这位学术“大腕”参加，却又担心被拒绝，这时同是钱易教授学生、清华大学环境学院原党委书记杜鹏飞教授总会鼓励学生们大胆去邀请她，因为“钱老师从不拒绝学生”，“不管有多忙，钱老师的日程表上永远把学生排在第一位”。

2011年，在“两岸清华大学博士生论坛”开幕式上，钱易教授做了开场演讲。演讲前，她微笑着说了这样一段话：“主持人跟我联络的时候，几次表示说非常感谢我接受这个邀请来作一次讲话。我今天要告诉她，我非常感谢你们邀请我来参加这样一次有意义的活动。”钱易教授对学生事情的重视更增加了学生对她的尊敬与爱戴，三获清华大学研究生“良师益友”奖就是最好的证明。

这份大爱既体现在她对学生科研成果的“高标准、严要求”，也体现在她对毕业学生的“扶上马、送一程”。清华大学环境学院陈吕军教授是钱易教授早期指导的学生之一，直到今天，他对导师给他改论文的情景还记忆犹新。那时电脑尚未普及，每次他把一沓厚厚的博士论文手稿交给钱老师审阅，几天后钱老师把论文还给他时，手稿总会被红笔改得密密麻麻，从专业问题到语法措辞，甚至到标点符号，都有钱老师修改的印迹。他只好重新手抄一稿，如此反复，直至第三稿才通过。

随着年龄增长，现在钱易教授指导学生已不能事必躬亲，但是对于学生的毕业论文，她都会认真提建议和修改。桑德集团是我国民营环保企业标杆，其董事长文一波也是钱易教授的学生。桑德集团在创业初期的发展并不顺利，正是在最困难的那几年，钱易教授对文一波说："我没有钱，没有权，但是我可以给你出主意。如果你觉得我在业内还有一定影响力的话，你可以用我的名字"。

2015 年毕业的博士生谢淘也是近些年让钱易教授最牵挂的学生之一，因为他不仅放弃北京的高薪职位，也谢绝了钱老师推荐他去美国深造的机会，而是选择了回自己的家乡做一名基层公务员。找谢淘谈话之后，钱易教授虽然为他放弃前沿研究感到惋惜，但是她也在这个年轻人身上看到了自己 60 年前的影子，那时本科毕业的她也曾志愿到祖国大西北建功立业。最终，钱老师鼓励谢淘坚持初心，支持他去欠发达地区基层工作的选择。在清华大学 2015 届赴西部、基层、重点单位工作毕业生表彰、出征仪式上，谢淘获得了"启航奖"金奖，而作为导师代表，她勉励这些学生，"站在人生新起点，更要勇于面对未来挑战"。

这份大爱既体现在她对专业知识的倾囊相授，更体现在她对学生价值观潜移默化的影响。钱老师一直认为，"当老师最重要的不是传授知识，而是教给学生做人的道理：要做一个有担当、有责任的人"。清华大学经济管理学院的博士生孔茗是通过电视播放的 2015 年"寻找最美教师"颁奖典礼认识钱易教授的，并从此立下志向——要成为像钱老师一样的人。当她因为毕业后选择西部边远地区支教的志愿受到周遭质疑和反对而犹豫不决时，她想到了钱易教授，给她写了封邮件诉说自己的困惑。钱老师给她回信说："我支持你的选择，我年轻的时候也想去西北。还有很多困难在等着你，你要加油！"正是钱老师的鼓励，让孔茗坚定了这个选择，决定赴西藏支教。

2017 年，清华大学设立了教师开放交流时间，全校学生可在此时间到约定的地点与教师进行面对面交流。钱易教授公布自己的交流时间后，10 个名额在一分钟内就被学生抢完。当天，钱老师提前 20 分钟来到自己的办公室，等待陆续赶来的学生。在交流时间中，钱老师与同学们谈治学、谈为人、谈她热爱的环保事业。

当被问及人生选择时，她说：“要学会自己作决定，并持之以恒地锻炼这方面的能力。拿主意不要担心犯错，要保持积极、乐观的心态，只记住那些帮过你的好人，尽快忘掉受打击的事，人生就豁然开朗了。”原定一个小时的交流时间最后延长至两个多小时，同学们仍然意犹未尽。离别时，钱老师起身把每一位学生送到门口。

几十年如一日的简朴、亲和、谦逊、有活力，是几代清华人共同的“钱易印象”，现在的年轻学生更是感觉她“跟邻家老奶奶一样”，因此“钱奶奶”的称呼也在学生中流传开来。

➢ 参考文献

［1］刘庆根：《只要一息尚存，也要把环境事业坚持到底——记中国工程院院士、清华大学教授钱易》，2017 年 9 月 14 日，见 https：//www. sohu. com/a/191993770_ 387118。

［2］赵婀娜、侯文晓：《清华大学环境学院教授钱易：六十年，干好两件事》，《人民日报》2017 年 9 月 24 日。

［3］刘博智：《记清华大学教授钱易：一门六院士，半门皆教师》，《中国教育报》2017 年 9 月 24 日。

案例 15

大爱成就大境界——刘秀梵院士

➢ 案例导读

“学术无边，爱心永恒”这是悬挂在中国工程院院士、扬州大学刘秀梵教授书房里的一幅横匾。他常常以此自勉，也常常告诫他的弟子们：“学术无边”是一种外在的追求，学术和知识永无止境的追求；“爱心永恒”是一种内在的境界，爱心至高无上的境界，有追求才会有境界，有大爱才能成就大境界！这句话也成为刘秀梵教授坚持“潜心问道和关注社会相结合”的真实写照。

➢ 案例文本[①]

兽医缘·赤子心

1941 年，刘秀梵出生在一个祖祖辈辈都是贫苦农民的家庭。他是以优异的成绩走出江苏靖江中学的。青年时期，他立志当一名天体物理学家来报

① 本案例主要参考以下文献资料编写而成：刘金彪：《大爱成就大境界——记中国工程院院士、扬州大学教授刘秀梵》，《中国高校师资研究》2010 年第 6 期。

答他的父母、他的师长。然而，阴差阳错，1960 年他被录取到苏北农学院（扬州大学合并时江苏农学院前身）无线电专业，第二年无线电专业撤销，他转学农机，第三年农机专业系撤销，他又不得不改学兽医专业。无线电—农机—兽医，无论从哪个角度联想都是风马牛不相及的。面对爱捉弄人的命运之神，刘秀梵考虑的是怎样在被动中争取主动。在院校调整、专业变动中，他学一行就爱一行，爱一行就钻一行，并且钻出成绩来！

烟花三月的古城扬州秀色可餐。平山堂内的钟声、瘦西湖的柳枝招引着四方游客。大学时代的刘秀梵竟有一个学期没有出过校门，每逢节假日，同学们多选择外出游玩，刘秀梵却把自己一个人关在宿舍里用功读书。他每天苦读到深夜。但是，他决不是书本的奴隶，而是书本的主人。他从不满足于现状，大学二年级又开始自学德语。良好的外语功底，为他后来考取公费留美资格奠定了扎实的基础。

1965 年大学毕业时，他在当年研究生考试中取得了很好的成绩。学校怕他“飞”了，让他放弃了深造的机会，留校当一名助教。第二年“文化大革命”风起云涌，刘秀梵在学校附属兽医院干了近 13 年临床兽医。但他并没有随波逐流，而是排除干扰，潜心工作和学习。刘秀梵之不凡，就在于他不仅没有成为环境的消极适应者，而且能够正确地审时度势，始终把握人生的航向，于薄弱处求成功。

1980 年的一天，江苏农学院领导欣喜地通知刘秀梵，他以全省省属单位外语选拔考试第一的成绩获公派留学资格。对这个消息，刘秀梵并不意外。机会总是留给有准备的人。当时公派留学，外语只要达到 50 分即可入选，而刘秀梵考了 88 分。“英语一直没丢，在我读书乃至工作的十多年期间，一直坚持看外国学术期刊，听中央对外英文广播，英语考试，我是很有信心的。”刘秀梵笑着说。①

---

① 参见楚楚：《春风 40 年：从“牛大夫”到“牛院士”》，2018 年 7 月 9 日，见 http：//www. sohu. com/a/240039648_ 158052。

1980 年 10 月，刘秀梵先后被公派去美国密执安州立大学和美国农业部家禽研究所进修。这个研究所采用最新的生物技术和 DNA 重组进行禽病的防治研究，学术水平居世界领先地位。从飞机在异国他乡降落那一刻起，刘秀梵深感中国与美国差距巨大。“最直观的感受就是，人家是高速公路，而我们还是泥土小路。”这种感觉直接拍打在刘秀梵的身上，巨大的落差产生的冲击力，激发出强烈的使命感。于是刘秀梵争分夺秒，如海绵吸水般孜孜向学。“出国进修，我们眼睛要盯着世界先进水平，在科研工作中要争主动权，争当主角。”对当时的刘秀梵而言，兽医研究不再只是简单地给动物看病，也正是这两年海外的求学经历，让他寻得自己科研上的“心头好”。

每天工作 14—16 小时，周末也不休息，在美国，刘秀梵几乎都“泡”在了实验室里，每天都要比别人多出一个工作日。1981 年的圣诞节，当所有的美国人都在欢度节日时，刘秀梵在实验室工作至凌晨。也正是那一夜，他筛选出了鸡马立克氏病的单克隆抗体。回住处的路上空空荡荡，刘秀梵心中却有着难以言喻的兴奋、激动。他掏出钥匙，伴随着一阵清脆的金属碰撞声，开门的一刹那，刘秀梵的心中仿佛也开启了一扇“动物疫病研究”的大门。

功夫不负有心人！通过两年的刻苦钻研，刘秀梵完成了数个研究项目，发表了 6 篇论文。在美国加利福尼亚州立大学召开的北美家禽科学协会第 71 届年会上，刘秀梵关于“鸡马立克氏病的单克隆抗体研究”的论文，引起了与会各国学者的关注。而此时的他没有贪恋高学位、高待遇、高荣誉而留在国外，毅然返回祖国，为振兴中华而鞠躬尽瘁，他的事业在中国！在欢送会上，魏特所长那闪着智慧的碧眼里，此刻充满了依依惜别的真情。他高举酒杯向刘秀梵敬酒：“刘，从你身上，我第一次具体认识了中国！”刘秀梵后来谈及当年他留学归国时的情形时坦言：“以我的专业基础和英语水平，在美继续攻读博士学位完全没有问题，但我认为，做人要讲诚信，祖国也需要人才。”“那时国内物质生活匮乏，我在农学院每个月收入是 80 元，而在美国，国家每个月要承担 400 美元生活费，国家投入很多培养我们，在最需要人才的时候我们不能转身离去。我在美国度过了我的 40 岁生日，人到中年，剩下的大好年华如果不能报效祖国，说不过去。”

刘秀梵回国时用自己节省下来的 1000 美元生活费，带回重 80 磅的资料和科研必需的试剂，仅托运费就有几百美元。他说：“做单克隆抗体的试剂很难买，国内基本没有，我必须买了带回来。”回国后不久，南京军区总医院临床免疫科正在搞乙肝病毒单克隆抗体研制，搞了 29 次融合，没成功，辗转找到了刘秀梵。刘秀梵帮他们仔细分析失败原因，所用的试剂都换上他刚从美国带回来的，终于在第 31 次融合成功了，南京军区总院成为国内最早研制出乙肝病毒单克隆抗体的单位。

1982 年回国后，刘秀梵还在国内率先将单克隆抗体技术应用于动物疫病研究和控制领域，并举办研讨班，培训了一批青年学术骨干，并在全国农业院校和科研单位中普及推广这一技术，起到了积极的作用。他用杂交瘤技术研制的单克隆抗体，不但多次填补了国内空白，而且达到国际同类研究的先进水平。他研制出鸡马立克氏病病毒、新城疫病毒、禽流感病毒和沙门氏菌等 7 种病原体不同表位的单克隆抗体 100 多种，其中新城疫病毒已成为国家血清分型的标准试剂。这些单克隆抗体已在相关性病原体的抗原分析、基因产物鉴定、发病机理和免疫机理研究，以及诊断试剂盒的研制中得到广泛的应用。

1986 年年底，刘秀梵被国家科委评为国家级专家。他主编的“八五”国家重点科技图书《单克隆抗体在农业上的应用》，系统总结了所主持的国家攻关项目取得的成果，具有较高的学术意义和实用价值，该书获第九届中国图书奖。在世界著名出版公司爱思唯尔发布的 2017 年中国高被引学者榜单，刘秀梵教授再次入选，这已是他连续第 4 次入选。年近八旬的他仍然保持着旺盛的科研创造力。

农民缘·公仆心

1985 年 5 月，刘秀梵领导的课题组在研究资金贫乏、设备简陋的情况下，经过两年的艰苦努力，研制成功“抗大肠埃希氏菌粘着素，抗原 K88 单克隆抗体”和“鸡新城疫病毒（俗称鸡瘟）的单克隆抗体”并通过省级鉴定。以前，我国对初生仔猪大肠杆菌下痢病和鸡瘟病采取常规血清诊断法，费时且效率不高，有时还会发生交叉反应，因此不能有效控制疫病的传染。仔猪下痢和鸡瘟造成的直接经济损失足以使硬铮铮的农家汉子不顾体面地嚎啕大哭起来。当过 10 多年临床兽医的刘秀梵曾多次目睹过这种场面。因此，我国急需研制对这两种畜禽病作出快速诊断的检测试剂。刘秀梵领导研制的这种单克隆抗体经有关单位试用证明，其特异性强，效率高，使用方便。过去往往几天都不能对仔猪大肠杆菌下痢病作出明确诊断，现在两小时即可得出结果。有关专家作出鉴定：“这两项成果填补了国内空白，达到了国际同类研究的先进水平。”《鸡新城疫病单克隆抗体的研究》荣获 1985 年度江苏省科技进步二等奖。1985 年 7 月 15 日《光明日报》在头版对此作了报道。

作为第八、九、十届全国人大代表，他时刻不忘自己的历史使命，经常深入基层，了解情况，反映民意。他一次次向全国人大提交促进我国兽医行政管理体制改革的提案，他的有关加强我国食品安全的提案，得到国家有关部门的高度重视。每次开完全国人大会议回校后，他都要一次次地在不同的场合会议传达、宣讲精神，充分履行一个人大代表的职责和义务。作为国务院学位委员会学科评议组成员，他不辞劳苦地为我国兽医教育体制的创新和教育质量的提高献计献策。他还提议早日颁布《学校安全法》，统一安全管理模式、安全管理措施，形成各部门齐抓共管的局面，提高学校安全管理水平，让孩子们有一个安全的成长环境。更为可贵的是，作为国内兽医流行病学、动物传染病学领域的知名专家，在我国 SARS、高致病性禽流感肆虐之时，他挺身而出，进言献策，为我国动物疫病防制的决策机构提供了决策依据。特别是在高致病性禽流感流行期间，他多次应国家、省动物疫病防治机构的邀请，就该病的流行病学、危害性、控制对策等重要问题为决策层提供咨询，同时结合实验室的研究成果，为我国高致病性禽流感的防治提供了大量宝贵建议。汶川大地震发生后，面对灾后巨大的卫生防疫任务，刘秀梵院士又在第一时间建言：灾后防疫包括人和动物两个方面的疫情，要保证不发生群发的人畜共患病，保证食品的安全。他提出，现在70%以上的病原体都是人畜共患病，开展灾后防疫工作，千万不能忽略动物防疫，否则很可能前功尽弃，一定要把动物公共卫生和人类公共卫生很好地结合起来。他的建议被相关部门采纳。

刘秀梵于1996年担任民盟扬州市第六届委员会主委，2001年换届继续担任第七届委员会主委。虽然本职工作繁重，但他认为在其位就要谋其政，努力做好民盟的自身建设与参政议政工作。虑民之深，其谋也精。在刘秀梵的领导下，民盟扬州市第六、七届市委会将参政议政列为最重要的工作，主委办公会、市委会逢会必谈，逐步健全了专门委员会。他除了自己带头在两会上积极建言献策外，还要求盟内各级人大代表、政协委员广泛听取各方意见，履行职责。

刘秀梵不仅为政府决策层提供咨询，也经常深入基层为广大农民、养殖企业服务。当养殖户遇到困难时，他会及时为他们排忧解难，认真研究对策，尽量把风险降到最低限度，并经常到养殖大县为养殖户作讲座，从不计较报酬。他也经常为养殖企业作科技咨询，养殖企业的从业人员和养殖户都喜欢听刘教授的讲座，都十分敬重刘教授的人品。他的讲座几乎是堂堂爆满，座无虚席。一位农民兄弟道出了这样的心里话："听刘教授的讲座，不深奥，听得懂，实在、管用。"刘秀梵提出疫苗免疫"科学减负"的新理念，在国内多家大型蛋鸡企业示范场得到了较好的应用示范和推广，取得巨大经济效益和社会效益；技术咨询和培训40余场次，受众达6000多人次。对接动物医院年诊断病例超过1万例（次），解决了许多疑难杂症，服务水平得到了社会的广泛认可，培养的学生成为用人单位的"香饽饽"。

刘秀梵教授作为扬州大学国家重点学科预防兽医学科首席学科带头人，近20年来主持并完成了多项国家和部省级重大课题，他作为第一完成人的10余项具有国际先进水平的成果获国家和部省级科技进步奖。其中用自行分离鉴定和系统筛选的毒株研制的禽流感（H9亚型）灭活疫苗是国内第一个获得国家新兽药证书（2002年2月）和批准正式生产的禽流感疫苗，至2004年年底已累计应用35亿羽份，新增产值20000万元，间接经济效益达100亿元，为禽流感病的控制作出了贡献。该研究项目获2003年江苏省科技进步一等奖。此外，《鸡传染性法氏囊病中等毒力活疫苗（NF8株）的研制》也获2002年江苏省科技进步一等奖和2003年国家科技进步二等奖，该疫苗是用自己培育成的NF8株研制的法氏囊中等毒力活疫苗，综合性能明显优于原有的国产和进口疫苗，工业化生产后，在全国的市场占有率为25%，年销售18亿羽份以上。他在动物疫病新型诊断试剂和疫苗研制中贡献突出，针对鸡马立克氏病、鸡法氏囊病、禽流感等研制的5种新疫苗取得国家新兽药证书，在全国范围推广应用成效十分显著；在多种动物疫病的流行病学研究方面做了一系列基础性工作，对禽流感和新城疫的贡献尤其突出，受到国际同行专家的关注；在一些动物疫病的基础理论研究中有重要发现，在重组鸡痘病毒疫苗等高新技术研究中取得重要突破，为我国动物疫病控制提供了新理论和新方法。2005年刘秀梵教授荣获首届“中华农业英才奖”。2016年11月，他又在首届盛彤笙兽医科学奖颁奖仪式上凭借在我国兽医科学领域的突出成就获得“最高成就奖”。

面对众多的头衔、众多的奖励和众多的荣誉，在别人看来，刘秀梵教授似乎已经到了人生的顶峰，达到了人生的最高境界。可是在他看来，荣誉只是一种责任，还应有更高的目标等待我们去追求、去奋斗！

➢ 案例分析

在科教兴国的历史进程中，无数科技和教育工作者无问西东、潜心攻关，心怀家国、鞠躬尽瘁，用满腔热血浇筑中华民族的强盛之基和进步之魂，刘秀梵院士就是他们中的一位。习近平总书记强调加强师德师风建设必须坚持“潜心问道和关注社会相统一”，如何践行？从刘院士身上我们可以得到许多启示。

从事科学研究，钻研教育教学规律，必须潜心向学、专心一致。这既是学术研究的必然要求，也是当前现实的迫切需要。学术研究要求扎扎实实、老老实实，来不得半点虚伪和骄傲，必须全神贯注、艰苦探索才能有所收获。这本来是十分普通的道理，但在今天对某些教师来说却成了一件很困难的事情。因为社会的急剧发展以及多样性变化，人心容易变得浮躁，可以说这种浮躁甚至成为我们社会中相当普遍的一种社会心理。受各种诱惑或压力的影响，一些教师坐不下来、静不下来，无法潜心问学。这是当前教师队伍建设必须解决的重大问题。习近平总书记提出“潜心问道”的问题，具有现实针对性。刘秀梵院士给我们提供了很好的榜样：在纷繁复杂的环境下，他没有随波逐流，而是排除干扰，潜心工作和学习。

刘院士还是习总书记所强调的关注社会的典范。20 世纪 80 年代，刘秀梵院士作为第一批公派到美国的访问学者，学成后他本可以留在国外获得较高的待遇和优越的科研环境，可是他说：“我们出国进修，为的是祖国在科研中力争主动，争当主角。”带着当时世界最先进的单克隆抗体技术毅然回到了祖国的怀抱，在国内开创了动物疫病防控技术研究的新领域。正是因为这种对祖国的大爱，对人类生存系统的长久关注，他任劳任怨、甘于奉献，并将此作为终生奋斗的事业。从业 50 余载，先后获得“全国模范教师”“全国优秀教师”等荣誉称号。而且回国后，他没有将从国外学来的先进技术据为己有，而是举办研讨班，培训了一批青年学术骨干，并在全国农业院校和科研单位中普及推广这一技术，发挥了更大的作用。刘院士不仅自己深切关心国家利益、企业利益和农民利益，他还常告诫学生要做对国家、对社会有贡献的人。在刘院士精神感召和影响下，7 位团队成员公派留学后，都能及时回国，在教学和科研中发挥了重要作用，为国家发展及社会进步孜孜以求、默默奉献。不仅如此，刘院士还为政府决策层提供咨询。2010 年两会前夕，教育部牵头制订的《国家中长期教育改革和发展规划纲要》公开征求意见，教育公平、素质教育等问题成为代表、委员们热议的焦点。作为扬州唯一的全国政协委员，又身兼委员、院士、教授等多重身份，刘秀梵深感责任重大，他提交了四份提案，其中两份都与教育有关，一份关于高校硕士研究生招生工作改革，另一份关于区域内基础教育公平问题。刘秀梵说，这两份提案都是经过大量调研和论证得出的结论，有的数据来自学校研究生部，有的观点来自民盟扬州市委的调研，可以说是汇聚了集体的智慧。可见，刘院士的提案不是人云亦云，而是以大量的调查研究为前提和基础的，用这样严谨认真的方式关注社会，才能有真实的效果。这一点对广大研究生导师来说具有重要的启示意义。

➢ 延伸阅读

师生缘・慈父心①

科学研究永无止境。如今，年近八旬的刘秀梵，仍常常扑在实验室里。但他更关心的是培养青年人才。“当今世界的综合国力竞争，说到底是人才竞争，人才一定是为推动经济社会发展的战略性资源。”刘秀梵说，从改革开放恢复高考，再到首批公派留学，其实都是为了培养人才。即使如今已78 岁高龄，他仍坚持为本科生、研究生授课。

刘秀梵教授可谓桃李满天下。从 1984 年至今他已经带出了 200 多名研究生。他的学生中有两位是国家杰出青年基金获得者，有一位是全国优秀博士论文获得者，有一位入选国家“青年千人计划”，还有多位是这个行业的企业家。虽然他的课程教学任务、科研任务和社会工作导致他的工作负担十分繁重，但他依然以身作则，任劳任怨，孜孜不倦，除了出差在外，不分节假日，每天都在实验室工作 10 小时以上，有时是夜以继日，连续工作。他

① 本材料摘编自刘金彪：《大爱成就大境界——记中国工程院院士、扬州大学教授刘秀梵》，《中国高校师资研究》2010 年第 6 期。

有“两个12点”：为了工作他每天中午12点以后才吃上午饭，每晚12点以后才能休息，由于长期劳累和超负荷工作，刘教授落下了胃病。刘教授在教学和科研中不仅对自己要求严格，对学生学习和研究要求也很严格，从每一个重要实验的设计，到实验过程中出现问题的分析、可能存在的原因及对策都精心指导。他尽管身兼数职，工作繁忙，但只要不出差，研究生每两周的课题进展报告他都要亲自参加，及时给予指点。

刘秀梵教授不仅注重知识的传授，更注重学生能力的培养和全面素质的提高。他常常告诫学子们：“你们不但要学会做学问，更要学会做人，做对国家、对社会有贡献的人。”在已毕业的研究生中，除少部分在国外深造或工作外，在国内工作的大多数都已取得了优异的成绩。

刘秀梵教授平时非常节俭。他常常谆谆教导学子们不要铺张浪费，要开源节流，要有忧患意识，要把钱用在刀刃上。刘秀梵教授十分热心社会公益事业，当扬州地区发生洪涝灾害、遭受龙卷风袭击时，他总是慷慨解囊。特别是在2004年5月19日“扬州慈善一日捐”活动中，他个人捐赠5000元，成了“扬州大学捐款第一人”!

在2009年高致病性禽流感流行期间，为防止在实验室从事禽流感工作的人员感染，刘秀梵教授除了经常提醒他们实验要规范操作、加强自我保护外，还特地从自己的津贴中拿出6000元钱，给教研室的每位教师和研究生注射了流感疫苗。他说：“人感染禽流感的概率虽然只有十万分之一，但我们要把它降低到零，确保万无一失!”1999年，在获得10万元“大北农科技奖励基金”后，他当即拿出5万元在研究生中设立奖、助学金，专门用于奖励品学兼优的学生，同时帮助家庭困难的学生完成学业。因为他自己也曾是从农村贫困家庭走出来的学子，他深知这些从全国各地贫困地区走出来的孩子求学的艰辛，他的心中始终装着他的学子们！刘秀梵教授指导的学生在毕业后都有优异的表现。有的破格晋升教授，有的是全国优秀博士学位论文获得者，有的是国家“333”工程第二梯队人选，有的成为国家重大动物疫病研究的首席科学家，有的自主创业成为国内生物制品和消毒药方面的知名企业家。

他的学生在来信中是这样评价他的：

“您渊博的学识、宽广的胸怀、真诚的为人，一直打动着我们每位弟子的心，深深感染和激励着我们每一位弟子。您是我们的指路明灯。您对我们的谆谆教诲和无微不至的关怀，我们将永远铭刻在心。”

“虽然您表面上不苟言笑，显得很严肃，我们师兄师妹都‘怕’您，其实与您谈心时，您总是面带笑容，幽默风趣，谈吐优雅，并没有想象的那么‘可怕’。您既像一位忠实的听众，更像一位慈祥的长者。”

“能够做您的学生，是我们的缘分，您就是我们的再生父母！”

2018 年 2 月，教育部公布首批“全国高校黄大年式教师团队”名单，刘秀梵院士领衔的扬州大学动物传染病学教师团队入选。从 1965 年开始从事动物传染病研究至今，从一个人到一群人，从一个成果到又一个成果，50 多年来，刘秀梵以身作则，言传身教，带领团队始终站立在教育教学、科研创新和社会服务的一线。桃李不言，下自成蹊。刘秀梵教授以他渊博的学识、丰硕的成就、宽广的胸怀、高尚的人品，深深感染和激励着每一位学子，不愧是教书育人的楷模！

➢ 参考文献

[1] 刘金彪：《大爱成就大境界——记中国工程院院士、扬州大学教授刘秀梵》，《中国高校师资研究》2010 年第 6 期。

[2] 楚楚：《春风 40 年：从“牛大夫”到“牛院士”》，2018 年 7 月 9 日，见 http：//www. sohu. com/a/240039648_ 158052。

案例 16

国家需要就是我们的研究方向——贾振元教授

➢ 案例导读

贾振元教授是大连理工大学副校长，长江学者特聘教授，国家“973 计划”项目首席科学家，国家“万人计划”入选者，2017 年度国家技术发明奖一等奖的第一完成人。他经常说的一句话是：“农民要种好地、多打粮食，工人要把工做好、拿出好产品，我们搞工程科学的就要把问题弄懂、把技术弄通，争取解决实际问题、满足国家重大需求。”这句话概括了他 30 多年科学研究的一贯原则，也成为他践行习总书记提出的“潜心问道和关注社会相结合”要求的最好注脚。

➢ 案例文本[①]

2018 年 1 月 8 日，以贾振元为首的科研团队凭借“高性能碳纤维复合

---

① 本案例主要参考以下文献资料编写而成：赵永新、吕东光：《国家技术发明奖一等获得者、大连理工大学教授贾振元：“我就是个干活的”》，2018 年 1 月 8 日，见 http://scitech.people.com.cn/n1/2018/0108/c1007-29751598.html；锐科技：《贾振元：国家需要什么，我们就研究什么》，2018 年 1 月 8 日，见 http://www.stdaily.com/index/kejixinwen/2018-01/08/content_619131.shtml；郭静原：《大连理工大学贾振元团队：匠心独运雕琢中国制造》，《经济日报》2018 年 1 月 23 日。

材料构件高质高效加工技术与装备”项目摘取了 2017 年度国家技术发明奖一等奖。有记者慕名前来采访，见面握手时，贾振元这样自报家门：“我就是个干活的。”贾振元到底干的是个什么活？他又何以能够带领团队取得如此成绩呢？追溯他的经历，我们可以得到许多有益启示。

“做制约行业发展的卡脖子问题”

从博士毕业留校任教至今，贾振元在机械工程精密加工领域干了近 30 年。“我们做工程科学的，总希望自己做的事情能有意义。”他说：“所谓‘有意义’，就是能把自己的研究和国家需求结合起来，做高校有优势、企业无法解决、制约行业发展的卡脖子问题。”碳纤维复合材料的高质高效加工，就是这样的“卡脖子”问题。

解决企业、行业的“卡脖子”问题，“搞科研一定要服务国家重大需求”。这是贾振元 30 多年来坚持深入企业、服务生产一线的深切感悟。“我们工科教师如果单纯从学校角度搞研发，没有企业应用拉动，研究成果就很难‘落地’，最终搁置在实验室里，无法形成生产力。”在贾振元看来，与企业合作，重要的是选择研究目标，“高校要加大原创性、基础性研究，去解决企业、行业的‘卡脖子’问题，形成企业需求拉动，基础研究、应用基础研究、技术开发、产品研制一条链的创新体系。”

航空、航天、交通等领域的高端装备，是一个国家制造水平的集中体现。对于“一克重就是一克金”的高端装备领域来说，不管是天上飞的，还是地上跑的，只有减轻重量，才能提高结构效率、提升装备性能，越轻跑得越快、飞得越远，有效载荷也更大。研究结果表明，飞机结构重量每降低 1%，油耗可以减少 3%—4%；高铁减重 1%，能耗可减少 6%—7%。

减轻重量有两种途径：一是设计巧妙，二是材料轻质。目前既轻巧又有刚度、强度的材料，当属碳纤维材料：强度比钢强，比重比铝轻，导电性能比铜好。因此，以碳纤维为增强相制备的树脂基复合材料，不仅轻质、高强，而且易实现材料与结构整体同步制造、省时省工，已成为航空、航天、交通等领域高端装备减重增效的优选材料。为此，一场由“减重”而引发的先进材料之争早已蔓延全球。

一代材料一代装备，但光有好材料还不行，加工技术必须跟得上，然而工艺技术的滞后却让碳纤维复合材料一经亮相就遇上了不小的难题。传统加工只能采取手工方式，低质低效，加工构件极易出现毛刺、撕裂和分层等损伤，并且加工损伤是随机的、不可控的，达不到碳纤维复合材料构件的高性能要求，严重制约了材料的推广应用。只有先经过切边、制孔等系列机械加工，复合材料构件才能连接装配、用到高端装备上。让企业头疼的是：复合材料构件在加工过程中很容易产生损伤，这些加工损伤会影响构件的承载性能、疲劳寿命和可靠性，属于重大的安全隐患。由于加工技术落后，发达国家应用多年的碳纤维复合材料，在我国愣是难以派上用场。

2003 年，贾振元带领的科研团队在与企业合作时发现了这个“卡脖子”问题后，下决心攻克这一难关。

“从根子上解决问题”

碳纤维复合材料是由纤维和树脂经过赋形、固化而成，细观呈多相混合态、宏观层叠、各向异性，加工中在力、热的作用下，与金属等均质材料相比，碳纤维增强树脂基复合材料的失效行为及去除机理迥异，是典型的难加工材料。而国内外浩如烟海的研究中，又没有系统地从碳纤维复合材料构成机理上说清楚造成碳纤维复合材料加工损伤的缘由，更没有从工程实践中提炼出具有推广指导意义的、解决共性问题的基础理论。

“国外大公司靠大量经费与时间，耗时耗力，最后摸索出的经验是企业的核心机密，人家不会告诉你，也不会卖给你”，贾振元说，“我们要在短时间内实现从跟跑、并跑到领跑，没有基础研究作支撑，你就超不过去。”

从 2005 年到 2009 年，贾振元带领团队虽然也曾较好地解决了若干航空和航天企业复合材料构件加工中遇到的难题，但是加工质量提升到一定程度就受限，原因在于工程中沿用的是传统的金属等均质材料切削理论，而碳纤维复合材料为各向异性材料，材料特性和材料结构与金属等各向同性均质材料完全不同，易产生加工损伤，对高质加工提出了严峻挑战。

经过反复研讨，贾振元果断提出，必须突破传统金属等均质材料切削理论体系的束缚，开辟和建立一个适应碳纤维复合材料加工新的理论体系，工程问题和理论问题同时去解决。要建立理论体系，必须在前人的基础上有所突破。实践上的难题倒逼贾振元团队在基础理论研究上开疆拓土，重新打造一番新天地。

团队加大材料、力学、机械等多学科交叉融合的研究力度，在“973 计划”、国家自然科学基金、国家 863 重点课题、国家“04 专项”研究任务等项目经费支持下，以基础理论研究为着眼点，重新搭建实践平台，开发新的实验装置，进行大量的材料分析、力学计算和机械加工实验，实现了理论与实验的充分结合。

终于，贾振元团队在碳纤维复合材料切削理论和加工损伤抑制原理上取得突破：揭示出碳纤维复合材料去除机理和损伤形成机制，提出了针对碳纤维复合材料加工的切削理论，建立了切削力和切削过程动态仿真模型，实现了切削理论的源头创新。

运用他们建立的加工理论，能在加工之前对损伤进行初步预测，通过开发工具和设计工艺进行有针对性调整，控制甚至抑制加工损伤，解决了碳纤维复合材料机械加工中损伤易发且随机不可控的难题，为加工损伤控制和构件性能可预测、可计算以及高性能制造奠定了基础，为碳纤维复合材料在高端装备中的应用、提升高端装备性能提供了前提和保证。

“做科研要找对路子”，这是贾振元常说的一句话，“刻苦的人很多，关键在于找准方向，道儿走对了可能事半功倍，道儿走错了，你费大力气、绕大圈子也不一定能够成功。”团队成员王福吉说：“整个研究我们用了十几年，跟别人几十年的研究相比，时间并不长，这得益于贾老师方向把得准，他分析问题敏锐，能够直指问题的症结，所以我们弯路走得少，或者不走弯路。”

小小刀具　大国重器

有了扎实的理论创新作后盾，再埋头钻研实践应用，就完全是一番“柳暗花明又一村”的景象。

贾振元团队提出了微刃力小化抑制损伤原理，在一个个螺旋槽切削刃上开出分屑槽，形成微齿，实现加工过程的“微元去除”；通过巧妙设计工具以及切削运动的配合，发明了“反向剪切原理”，实现了表层纤维有效切断。此外，还研制出9个系列的制孔、铣削等刀具，实现了碳纤维复合材料高质加工，寿命高于进口刀具2倍至7倍，价格仅为进口刀具的1/6至1/4。

不仅如此，他们大胆尝试工艺创新，发明了在位随行加工方法、低应力柔性工装和随动除尘装置，研发出13台（套）数控加工工艺装备，填补了国内空白，成为我国航空航天多个重点型号复合材料构件加工的关键装备。

自2010年起，新研制的技术装备和刀具开始投入应用，使复合材料加工损伤由原来的厘米、毫米量级减至0.1毫米以内，实现了从无法加工或手工加工到低损伤数字化加工的跨越，加工技术跃升至国际领先水平。

贾振元团队的高航教授有一次带着学生到一家航空企业推广他们的刀具，企业的人不相信刀具的性能，提出：“高老师，我们大家瞅着，你这个刀具能连续加工100个孔，我们就承认。”师徒俩就在现场，拿来块复材板，真的就钻了100个孔，每个孔都光滑利落，最终赢得了企业的信任。

如今，基础理论和加工技术双向护航，让一把把满载匠心巧思的刀具和系列加工工艺技术与装备书写着“中国制造”的传奇——某新型航天装备舱段，某飞行器构件异形深腔，某航空装备机翼结构中的大厚板边缘轮廓及超大孔，某系列直升机旋翼及尾端，大型客机机身筒段复材/铝叠层验证件，高铁复材车身试验件……这些大国重器关键构件的加工难题都被贾振元团队一一攻克，为国家重大装备、重点型号研制、定型及批量生产作出了突出贡献，已成功应用于航天一院、航天三院、中国航空工业和商用飞机等企业，对提升高端装备的性能和核心竞争力具有重要推动作用。

“最喜欢别人叫我‘贾老师’”

2018 年的这次获奖已经是贾振元第四次获国家技术发明奖。第一次是 2005 年，他以第五完成人身份荣获得国家技术发明奖二等奖；第二次是 2008 年，他以第二完成人的身份荣获国家技术发明奖一等奖；第三次是 2014 年，他作为第一完成人荣获国家技术发明奖二等奖。四次拿大奖，都是聚焦国家重大需求的关键零部件加工的基础理论和工具工艺装备问题，但对象完全不同，有联系也有区别。

这期间，贾振元也由大连理工大学机械工程学院院长升至机械工程与材料能源学部部长，并于 2015 年起担任副校长。“其实我最喜欢别人叫我‘贾老师’。”他坦陈，“我给自己的定义就是老师，教书是本分，科研是本分。我当院长、部长很多年，现在干副校长，行政和科研不能说没有冲突，关键是你如何分配好时间、提高效率。”

贾振元是如何做到的？同事的答案是“三不会”。团队骨干高航教授说：“贾老师一不会打麻将，二不会打扑克，三不会唱歌，几乎没什么业余爱好。”贾振元自己的诀窍则是“三个一会儿”：早上早到一会儿，中午少休息一会儿、下班以后再多干一会儿。其实贾振元搞科研可不止这“三个一会儿”。他几乎没有节假日，办公桌上全是书，一有空就看材料、研究问题。常有同事在星期天经过他办公室时发现他正低着头、仔细琢磨手里的刀具。

贾振元自己不善娱乐，但团队成员却都觉得他风趣幽默，有他在大家干科研特别有劲头。贾振元负责的现代制造技术科研团队是科技部、教育部认定的创新团队，目前有 30 多名教师、200 多名研究生。在外人眼里，知识分子毛病多、脾气大，他是如何把这么大的团队带好的？贾振元却笑着说：“带队伍其实不难。知识分子的特点就是要得到尊重、实现自己的价值。我的工作，就是如何把成员自己的价值和团队价值结合起来，让大家都有事做、能做事，团队有发展、个人能成长。”

经过十几年的培养，贾振元带领的现代制造技术科研团队已经成为科技部、教育部认定的创新团队，目前拥有30多名教师、200多名研究生，可谓人才济济、藏龙卧虎：其中2人入选“万人计划”创新人才、3人入选长江学者特聘教授、2人获国家杰出青年科学基金资助、2人入选青年长江学者、2人获国家优秀青年基金资助。高航教授自豪地说：我们这个团队，是名副其实的“东北狼”。

贾振元团队特别受企业欢迎，总是一合作就是多年，因为企业觉得他带领的团队既懂理论、又懂实践，能拿出真家伙，能解决真问题。

从学院院长到学部部长再到副校长，一路走来，贾振元肩上的担子越压越重，对国家的责任意识、担当意识也越来越强。他总说：“要时刻以国家重大需求为导向，国家需要什么，我们就研究什么！”

➤ 案例分析

习近平总书记强调加强师德师风建设必须坚持“四个统一”，为每一位教师包括研究生导师提出了要求。如何践行，这是我们必须深入思考的。通过贾振元教授的案例我们可以得到许多有益启示。

贾振元教授的同事们说他“三不会”：一不会打麻将，二不会打扑克，三不会唱歌，几乎没什么业余爱好。他自己说自己做到了“三个一会儿”：早上早到一会儿，中午少休息一会儿、下班以后再多干一会儿。从这“三不会”和“三个一会儿”我们看到的是所有潜心问道之人都应该具备的基本要求，即刻苦努力，付出大量精力。但只有这一点还不够，在贾振元教授身上我们还应该学到两个重要方面：一是“做科研要找对路子”。所谓找对路子就是要有正确的努力方向，方向不对而盲目努力，那就会南辕北辙，与目标越来越远。正如本案例所展现的，贾振元教授在加工质量受限的情况下果断提出必须突破传统金属等均质材料切削理论体系的束缚，开辟和建立一个适应碳纤维复合材料加工新的理论体系，工程问题和理论问题同时去解决。这就为下一步工作找到了正确方向，所以能带领团队在十几年的时间完成别人几十年才能完成的工作，少走了弯路甚至不走弯路；二是要合理分配时间，提高效率。作为研究生导师，每个人都承担着教学、科研、研究生培养甚至是行政等大量工作，就像贾振元教授所说："我当院长、部长很多年，现在干副校长，行政和科研不能说没有冲突。"他给出的建议就是："关键是分配好时间、提高效率"。要根据自身情况利用好最有效的科研时间，甚至是用好碎片化的时间，从整体上提升"潜心问道"的效率。

从本案例我们还可以看出，贾振元教授科研工作取得巨大成绩的另一个重要原因就是他关注社会，或者说他对国家强烈的责任意识和担当意识，"要时刻以国家重大需求为导向，国家需要什么，我们就研究什么!"这种责任意识和担当意识不仅鞭策着他自己"潜心问道"，而且成为他带领团队合作攻坚的重要法宝，让在别人眼中毛病多、脾气大的知识分子在他的团队里紧密合作、特别有干劲儿。原因就在于贾振元教授也用对国家的责任意识和担当意识鞭策他的团队成员，鼓励他们将个人成长、团队发展和国家进步结合起来，在实现个人价值的同时实现社会价值。

➢ 延伸阅读

"跟贾老师一起干活，感觉挺爽。"①

贾振元的同事都普遍反映，老贾没有什么业余爱好，但是有一项"神乎其技"的本事：风趣幽默，有他在大家干科研特别有劲头。

年轻的高级工程师鲍永杰说得最多的就是"压力"，"我们没有什么捷径可走，每走一步必然会被问题卡住，不卡才怪呢！有的实验，做了半年没

---

① 本材料摘编自锐科技：《贾振元：国家需要什么，我们就研究什么》，2018 年 1 月 8 日，见 http：//www. stdaily. com/index/kejixinwen/2018-01/08/content_ 619131. shtml。

一点进展，真熬人呢，每天都愁眉苦脸的，特别是我们这些年轻教师，面对的都是从来没遇到的问题。而能让大家坚持下来、走到今天的是团队有个好氛围。”

“我们的难点在于弄清楚问题是怎么产生的。由于影响加工的因素非常复杂，加工产生损伤的形式多种多样，所以整个研究过程充满挑战。”团队成员王福吉说。“作为学术前辈，贾振元教授甘做人梯，多次把他选定的前景看好的科研方向或者已经做到一定程度的科研工作让给我们年轻人做，不仅给了我们成长的机会，更是一种鞭策和督促。”

“正是因为团队氛围好，尽管压力大，但现在想起来，收获蛮大的”，鲍永杰说。大家的感受就像青年教师刘巍所说：“跟贾老师一起干活，感觉挺爽。”

“贾老师很忙，但只要我们有问题，他甚至晚上十点后还会主动找我们讨论。”青年教师马建伟是贾振元的学生，从硕士到博士，“刚开始跟贾老师搞科研时，贾老师对我强调注重创新精神和实践能力，当我思路走偏时，他并不一下否定，而是循循善诱，一步步引导我发现研究中的错误，让我感受到主动研究的乐趣，激发了我的创新意识。”刚刚工作不久的他获得了“辽宁省百千万人才”荣誉。

年轻教师不仅折服于贾振元的高深学识，更敬重他的为人品格。王福吉说：“贾老师看淡名利，凡事先替别人着想，宁可牺牲个人利益。‘04 专项’研究任务是在贾老师主持下完成的，但是项目成果报奖时，他把自己的名字拿掉，说成绩是大家共同努力的结果，年轻人更需要。”

➤ 参考文献

[1] 赵永新、吕东光：《国家技术发明奖一等获得者、大连理工大学教授贾振元：“我就是个干活的”》，2018 年 1 月 8 日，见 http：//scitech. people. com. cn/n1/2018/0108/c1007-29751598. html。

[2] 锐科技:《贾振元:国家需要什么,我们就研究什么》,2018 年 1 月 8 日,见 http://www.stdaily.com/index/kejixinwen/2018-01/08/content_619131.shtml。

[3] 郭静原:《大连理工大学贾振元团队:匠心独运雕琢中国制造》,《经济日报》2018 年 1 月 23 日。

第四编

“坚持学术自由和学术规范相统一”典型案例

案例 17

身正为范 立德树人——吴常信院士

➢ 案例导读

他是悉心育人、桃李成蹊、教龄超过六十年的资深教育工作者，也是在畜牧育种领域享誉国际的知名学者，更是多年致力于倡导宣讲科研诚信与学术规范、获评“北京市师德榜样”的优秀教师。他，就是中国科学院院士吴常信先生。多年来，吴先生以身作则，进行学术研究和指导学生时都坚持严格遵守学术道德与学术规范，同时还为多所院校的逾万名师生作专题讲座，宣传科研诚信和学术规范，为培育优良学风、规范学术行为、营造良好学术环境作出重要贡献。吴先生是坚持“学术自由和学术规范相统一”的模范，也是广大研究生导师自觉学习的榜样。

➢ 案例文本[①]

吴常信院士是我国畜牧育种领域的知名专家学者，他在蛋鸡育种的理论

① 本案例主要参考以下文献资料编写而成：陈卫国：《师生祝贺吴常信院士从教 60 周年座谈名师教书育人风范》，2017 年 9 月 23 日，见 http：//news. cau. edu. cn/art/2017/9/23/art_8769_ 531879. html；另有部分材料由吴常信院士课题组提供。

与实践、节粮小型蛋鸡选育、畜禽遗传资源保存的理论与技术、藏鸡高原低氧适应的生理学和遗传学基础研究等领域均取得系列重要研究成果。同时，他也是一名优秀教师，从 1957 年毕业留校工作到现在，他已经在中国农业大学任教六十余载。六十多年来，吴常信先生先后培养了硕、博士研究生 130 余人，他所主持的“研究生培养中导师的责任、爱心和创新”项目获中国学位与研究生教育学会研究生教育成果一等奖。他谆谆教诲着学生，引导他们树立学术道德和学术规范意识，自觉坚持学术自由和学术规范相统一，为我国的科学研究和高等教育事业培养了大量的优秀人才。

三尺讲台　诲人不倦

1953 年，吴常信先生考入北京农业大学（中国农业大学前身）畜牧系，1957 年毕业留校任教，1979—1981 年留学英国爱丁堡大学进修动物遗传育种学，历任北京农业大学副教授、教授，系主任、院长，并于 1995 年当选为中国科学院院士，是畜牧育种领域的知名专家。

六十多年来，吴常信先生始终坚守在教学一线，为本科生、研究生授课，年届八旬的时候仍然亲自撰写每堂课的教案内容，及时更新教学课件，坚持全程站立授课。三尺讲台上的吴先生用他的一言一行，履行着一名人民教师的神圣职责。

“我喜欢当老师”，吴常信先生是这么说的，也是这么做的：他主讲的《动物遗传学》被评为国家精品课程，带领的团队先后获北京市优秀教学团队、国家级教学团队，他先后获北京市教学名师奖、学校“师德标兵”和“魅力教师”、国家级有突出贡献中青年专家、“为发展我国高等教育事业作出突出贡献”荣誉证书、全国普通高校优秀思想政治工作者、2018 年“北京市师德榜样”等多项荣誉和奖励。

2017 年 9 月 20 日下午，吴先生所在的中国农业大学动物科技学院发起吴常信院士从教 60 周年教书育人研讨会，学习研讨名师教书育人经验风范。说起吴先生，他的学生们无疑是最有发言权的人：“身教重于言教”“理解和宽容”“治学严谨，不倦求真”“总是为他人着想”……从 50 多岁的专家教授到刚过 20 岁的在读博士，不同时期的学生以“我和老师”的不同故事，讲述了同一个谦和可亲、让人肃然起敬的老师。

吴常信先生曾担任过李德发院士本科时的班主任，并讲授过《家畜遗传学》课程，而今算起来已经 40 多年过去了。李德发院士说，现在还记得吴先生讲怎么从快羽、慢羽分辨鸡雏的公母。让他更难忘的是教授晋升、饲料中心筹建等事业发展重要环节，都曾得到吴先生的关注和支持，“我是在吴先生的呵护下成长到现在的”。吴先生虽然已经 82 岁高龄，仍然求真不懈、勤奋不止、乐观向上。“我要向吴老师学习”，李德发院士说。

中国农业大学动物科技学院的杨宁教授是吴常信先生带的第一届博士，他至今难忘先生对动手能力的要求，以及在读博士学位期间被安排到一线实践的经历，他在自己的工作中深深领会到重视实践育人、面向生产需求的理念——个人的成长，对接国家和社会需求，才有更广的空间、更大价值。这些理念，现在已经成为整个学科的风气和传统。

从事饲料研究的呙于明、从事草业研究的王堃等教授，虽然不是吴先生的学生，但却把自己称为除学生以外的“第二类幸运的人”，因为他们在事业发展的关键时期，同样得到吴先生的极大支持和帮助。这些当年的年轻人，今天已经成为学院发展的中坚力量。他们说，在紧要的那几步，如果没有先生的及时支持，人生事业将会大不一样。现任中国农业大学动物科学技术学院院长呙于明教授说，学院的发展要传承吴先生的管理理念、科学作风，“吴先生是我的楷模”；也希望青年教师以吴先生为榜样，像他一样重视本科生教学和课程建设、倾心人才培养，像吴先生一样不倦探索，努力做到学高为师、身正为范。

悉心育人　桃李成蹊

吴先生在自己所从事的科学研究领域取得了重要成果：他长期从事动物遗传理论与育种实践研究，并取得多项重要成果，其中 9 项获得国家级奖励，7 项获得省部级奖励，主持的“节粮小型蛋鸡育种”和“畜禽遗传资源保存的理论与技术”分别于 1999 年和 2001 年获得了国家科技进步二等奖；2001 年，他作为主要成员参加的“猪繁殖力的 DNA 标记”项目获得了美国专利局专利，并于 2003 年获得国家发明二等奖。

与此同时，吴先生也在人才培养方面收获了累累硕果：六十多年来，已培养了 130 多名硕士博士生，他们当中有中国工程院院士、英国皇家科学院院士、长江学者、国家杰出青年科学基金获得者，等等。这些优秀学生的成长，都离不开吴先生的倾心培养、鼎力支持。早年受教于吴先生、后来在团队共同工作 10 多年的邓学梅教授说：“有一种学习叫做熏习——随侍长者而感悟其风范。”她印象最深的是吴先生“要一个明白”“试试看”等口头禅，以及口头禅背后身体力行的故事、不倦求真的精神。老师的《比较育种学》课程，邓学梅曾经听过多次，她发现每次都有新的内容。吴常信先生的助手凌遥老师补充介绍这样的细节：虽然是熟悉的课程，每次开学前他都会认真备课。他的细致和认真具体到，有时候上课前几分钟还会对 PPT 内容进行微调——“来的路上想到，这个地方还可以改一下，同学们理解起来可能就更准确”。吴先生用自己的实际行动为学生们作了最好的示范，生动地诠释了师者的形象。

中国农业大学副校长王涛在回忆和吴院士往来经历时，热情赞颂吴院士是教书和育人相统一的楷模、是言传和身教相统一的楷模、是科研创新理论与实践的楷模、是恪守学术规范和学术诚信的楷模，吴常信教授身上体现了优秀教师的人格、素质和能力。

在研究生培养上，吴院士还提出“后研究生教育”的理念，他认为尽管研究生教育是高等教育的最高层次，但作为教师不仅要“活到老、学到老”，而且也要“活到老、教到老”，学无止境，教也无止境。导师既要关心在读研究生的培养，也要关心研究生毕业后的提高。主要培养方式是通过博士后流动站和院士企业工作站，前者以提高理论为主，后者以解决生产实际问题为主。

学术诚信 身体力行

无论在学术研究领域，还是在人才培养方面，吴先生所取得的这些成就，都与他多年来始终遵守学术道德和学术规范、自觉坚持学术自由和学术规范相统一具有直接关系。

在学术研究中，吴先生大力鼓励学术创新。1986 年，吴先生在《数量性状隐形有利基因的选择》(《中国农业科学》1986 年第 1 期，获“李汝祺动物遗传优秀论文奖”)一文中提出了两个不同于前人的观点：一是数量性状的基因也存在显隐性关系的理论，这是对传统理论的修正与补充；二是隐性有利基因的理论，这完全属于理论上的创新。吴先生认为研究的使命不仅仅在于提出假设，更重要的是使假设经过论证成为事实。为了达到这一目标，他带领课题组采用传代快、容易饲养、便于实验操作的实验动物——果蝇作为材料进行试验论证，经过 11 个世代的选择试验，终于证实了数量性状隐性有利基因的存在，并提出了相应的选种方法，这对选种工作具有较强的指导意义。①

但在鼓励创新的同时，吴先生也始终铭记这样一句话：做事要认真，做学问要实事求是，做人要多为他人着想。正是在这一理念的指导下，吴先生坚持搞科学研究一定要遵守科学规律和学术规范，不能凭主观臆断进行学术研究，而是要科学合理地进行创新，这直接体现为他对学术诚信和学术道德的高度重视。在培养学生的过程中，吴先生一直强调让学生既要学知识，也要学做人，尤其注重对学术诚信和道德的培养。他每年为研究生新生亲授《科研诚信与学术规范》课程，指导学生坚守学术规范和科研道德。

内蒙古农业大学原副校长、博士生导师李金泉教授在跟随吴先生作博士学位论文的时候，对吴先生严谨的治学精神有着深刻的体会。2002 年 7 月，

---

① 参见李燕朝：《继承为了发展 追求为了超越——访中国科学院吴常信院士》，《中国禽业导刊》1999 年第 16 卷第 17 期。

李金泉已经完成博士学位论文的撰写并准备参加答辩，但吴先生认为论文还有需要完善的地方，就建议李金泉延迟答辩。在对论文进行认真的修改完善后，2015 年 1 月，李金泉终于顺利通过答辩，并被推荐参加优秀论文评选。在这过程中，李金泉深深地感受到吴先生追求真理、敢为人先的创新精神，锲而不舍、刻苦钻研的奋斗精神，淡泊名利、甘为人梯的奉献精神，并被这种宝贵精神深深激励着。①

2009 年，第六届教育部科技委员会刚成立就专门设立了学风建设委员会，吴先生担任教育部科学技术委员会常务副主任兼学风建设委员会主任、中国科协道德与权益专门委员会委员等职务，为倡导学术诚信和道德、弘扬培育优良学风做了大量工作。2010 年 7 月，他组织编写的教育部《高等学校科学技术学术规范指南》正式出版发行，该书对学术不端行为，诸如“抄袭、剽窃、伪造、篡改”等作出明确界定，可作为目前认定学术违规的依据与标准。这对高校教师、学生及教育管理人员提高学术道德修养，规范学术行为，营造良好的科研氛围，促进教育和科学技术的健康发展，起到重要的作用。②

正是出于对学术规范和科研道德的高度重视，吴先生在耄耋之年还应邀到中国地质大学、山东大学、华中科技大学、河北工程大学、山西农业大学、中国农科院等多个科研院所和高校作宣讲报告，听众人数超 2 万人，为传播和弘扬学术正气作出了卓越贡献。在宣讲报告过程中，吴先生与广大师生和科研人员深入交流，以自己求学、从事教育和科研的切身经历为基础，倡导加强学术道德和学风建设，遏制学术不端行为，尤其是鼓励师生和研究人员加强自律，坚持科研诚信，遵守学术规范，在科研工作中始终心怀对祖国和人民的热爱，始终恪守对科学研究的敬畏，自觉做一名优良学术道德的

① 参见李金泉：《学业的导师　人格的楷模——恭贺恩师吴常信院士从教 50 周年》，《内蒙古农业大学学报（社会科学版）》2007 年第 4 期。

② 《〈高等学校科学技术学术规范指南〉正式出版发行》，2010 年 7 月 8 日，见 http：//www. moe. gov. cn/s78/A16/s3719/s3794/201007/t20100714_ 91705. html。

践行者和良好学术风气的维护者，不断在科学研究的道路上取得更大成绩。

➤ 案例分析

党的十九大报告明确指出：建设教育强国是中华民族伟大复兴的基础工程，必须把教育事业放在优先位置，加快教育现代化，办好人民满意的教育。[①] 要实现建设教育强国的目标，就必须全面贯彻党的教育方针，落实立德树人根本任务，从而培养德智体美全面发展的社会主义建设者和接班人。研究生培养作为高等教育的重要组成部分，同样必须以立德树人为核心。鉴于导师在研究生培养中的关键作用，要求研究生导师必须充分发挥其对学生教育、引导、塑造的重要作用，从而推动我国高等教育事业的发展，为实现中华民族伟大复兴的中国梦提供人才支撑。2016 年 12 月，习近平总书记在全国高校思想政治工作会议提出的“四个统一”，为现时代的师德师风建设提出了新的要求，也为我国研究生培养机制，尤其是研究生导师履行立德树人职责指明了方向。案例中吴常信先生六十余载教书育人，在自觉遵守学术诚信和学术规范的同时，也将其作为指导学生、人才培养的重要内容，在科学研究中坚持实事求是、尊重科学规律、鼓励学术创新，是“坚持学术自由和学术规范相统一”的典范，值得每一位研究生导师学习。

坚持学术自由和学术规范相统一是研究生导师履行立德树人职责的必然要求。“立德树人”是当今高等教育共同面对的重大时代命题，[②] 研究生导师是学生的领路人，这既体现在对学生专业知识和技能的教育传授方面，也体现在导师对学生思想、品格和道德素养的培养塑造上。正如吴常信先生指出的那样，高校承载着教书育人的特殊使命，社会各界之所以对高校的学风

① 参见习近平：《决胜全面建成小康社会　夺取新时代中国特色社会主义伟大胜利——在中国共产党第十九次全国代表大会上的报告》，《人民日报》2017 年 10 月 28 日。

② 参见靳诺：《立德树人：高等教育的根本任务和时代使命》，《中国高等教育》2017 年第 9 期。

建设高度关注，是因为高校的科研诚信工作不仅关系到高校能不能快出成果、出好成果，还关系到如何培养人、培养什么人这一高等教育的木质问题。① 研究生是教育体系中的高端人才，是社会主义事业的重要人才储备，因此在进行专业知识教育的同时，必须对其进行有效的科研诚信教育，引导其养成坚持科研诚信、遵守学术规范、讲究学术道德的自觉意识，并在实践中自觉杜绝抵制学术不端等违反学术规范和道德的行为。为了避免这种负面情况的出现，在研究生培养过程中，研究生导师应该担负起以身作则向学生进行教育、示范的重要职责，这也是研究生导师所承担的立德树人职责的重要内容和表现方式。

坚持学术自由和学术规范相统一是科学规律的必然要求。之所以要坚持学术自由和学术规范相统一，是因为这二者是辩证统一的，而不是完全对立的。学术自由对科学研究、人才培养和我国教育事业发展的重要性毋庸置疑，因此研究生导师必须坚持学术自由，坚持严谨、负责的科学精神。但在坚持学术自由的同时不能忽视一个重要问题：在任何社会条件下，自由的含义都不是完全放任、不受任何约束，而都有其条件性，学术自由也不例外，并具有更加严格的内在规定性。因此任何学术活动的健康发展都离不开学术规范的有效约束，离开学术规范所确立的规则和秩序，学术活动根本没有办法有效展开。这意味着学术自由最有力量的理据是建立在学术自由能够形成良性循环的认识上：学术自由产生学术秩序，学术秩序增进学术成果，学术成果肯定学术自由。② 有学者指出，学术规范是学术自由的保障形式，学术规范对学术自由作必要的约束，确保学术活动有序开展，促进学术活动良性运行。③ 这意味着学者必须在合理限制和规范中才能获得真正的学术自由，

---

① 参见薛娇、陈礼达：《加强高校学风建设重在落实——访教育部科技委常务副主任、学风建设委员会主任吴常信院士》，《中国高校科技》2012 年第 6 期。

② 参见林毓生：《学术自由的理论基础及其实际含意——兼论消极自由与积极自由》，《开放时代》2011 年第 7 期。

③ 参见李正亭：《加强师德师风建设要坚持“四个统一”》，《社会主义论坛》2017 年第 3 期。

也就是生活中常说的“学术研究无禁区”，但学者及其所从事的学术研究都必须承担相应的学术责任，这在实践中直接体现为学术自由和学术规范的辩证统一。具体到从事科学研究的主体，有着公民身份的学者，必须遵守宪法和相关法律；是党员的学者，除了宪法之外，还必须遵守党章的约束，按照共产党员的标准规范自己的学术活动。①

学术自由虽然是大学与生俱来的传统，若离开知识和社会的发展来谈论学术自由，学术自由同样也就成为无根之树和无源之水，其生命的活力会因而丧失。② 但在现实生活中，有些人刻意将学术自由和学术规范相分离，甚至将二者对立起来，打着“学术自由”的旗号从事破坏人民利益、危害国家安全、违反科学规律的行径，这与研究生导师所承担的立德树人职责是严重相悖的。作为研究高深学问的学者，必须具备为学术而献身的精神，坚持严谨、细致、诚实、公正的品格，遵守规范，探究宇宙真理，为人类创造宝贵的知识财富。③ 这才是对科学规律的遵循，才是对科学精神的践行。这要求研究生导师在指导学生时，必须使其形成对学术自由和学术规范关系的正确认识，并自觉坚持学术自由和学术规范相统一。

坚持学术自由和学术规范相统一是研究生导师履行立德树人职责的有效方式和路径。研究生导师可以通过多种方式和路径履行其立德树人职责，在这些方式路径中，坚持学术自由和学术规范相统一是一种特殊而有效的方式，这主要体现于其在教育方式和效果上的双重性与实效性。实践中，研究生导师通过坚持学术自由和学术规范相统一的方式来强化完善研究生培养、履行立德树人职责主要体现在两个层面。

首先，导师自身层面，自觉遵守学术规范和道德，在实事求是、尊重科学规律、遵守国家政策法规的基础上大胆探索、勇于创新，杜绝一切学术不

---

① 参见李慎明：《坚持政治标准与学术标准相统一》，《求是》2015 年第 14 期。

② 参见宋旭红、沈红：《学术职业中的学术自由与学术责任》，《大学 · 研究与评价》2007 年第 1 期。

③ 参见王兴军：《“立德树人”是青年学者历史使命》，《中国高等教育》2017 年第 17 期。

端和不规范行为，坚持学术自由和学术规范相统一，通过自己的实际行动为学生树立榜样、发挥示范和榜样的作用，在情感上引发学生的共鸣，进而形成自律意识，并将这种思想认识转化为实践中的切实行动，最终成长为掌握专业知识和技能，并具有学术操守、遵守学术道德和规范的全面型人才。在这过程中，导师的教育引导作用更多是以隐性教育的方式来完成和实现的，主要通过潜移默化的方式引导学生树立强化学术规范意识。案例中吴常信先生大力鼓励科学创新，但也以自己经历过的科研失误为教训，告诫大家搞学术研究一定要遵循科学规律，不能凭主观臆断，一定要认真论证，及时摒弃错误观点。① 这就是导师引导作用的直接体现。

其次，导师在自律、示范的同时，也应该对研究生进行系统的学术规范教育。案例中吴常信先生在耄耋之年还坚持进行科研诚信和学术规范的宣讲，就是目前全社会范围内加强高校学风建设的诸多举措中的重要代表。研究生导师是学生学习、生活的重要引导者，这意味着导师能够通过和学生的直接交流对其进行显性的、直接的、系统的学术规范教育。比如，学生在进行学术选题和研究时，导师应严格坚持学术自由和学术规范相统一，既鼓励学生打破常规、大胆创新、拓展学术研究的新思路，也必须坚持学术规范，尊重科学规律，遵守法律法规和社会公序良俗，引导学生正确认识学术自由和学术规范之间的辩证统一关系，让学生认识到：从某种意义上来说，学术研究的最终目的是为发展人类文明服务的，它的功能和作用是促进社会发展、生活和谐、人类进步的，而不能有违社会伦理，危害社会稳定。② 再如，学生在撰写发表学术论文时，导师应该对其进行认真审阅、严把质量关，防止其出现抄袭、剽窃等学术不端和不遵守学术规范的情况。与此同时，导师也可以通过向学生进行宣传教育，介绍与学术规范、科研诚信相关的正反案例，发挥其导向和警示作用，引导学生形成学术自由和学术规范相

① 参见何志勇：《吴常信 “动物世界”科学家》，《中国农村科技》2013 年第 7 期。

② 参见郑晓艳：《马克思主义新闻自由观视域下的“学术自由”的度》，《长江大学学报（自科版）》2017 年第 14 卷第 20 期。

统一的正确认识，并在这一认识的指导下自觉开展科学实践。

➢ 延伸阅读

吴常信先生科研育人事迹小记①

吴常信院士从教六十多年来一直从事动物遗传理论与育种实践的教学和科学研究工作，长期以来热爱党的教育事业，在教学过程中，身体力行贯彻党和国家的教育方针，并通过亲身体会对学生进行爱国主义思想教育，真正地做到了教书育人、为人师表：1991 年国务院给他颁发了“为发展我国高等教育事业作出突出贡献”证书，同年中组部、中宣部、共青团中央、国家教委、中国教育工会五单位又联合授予他“全国普通高等学校优秀思想政治工作者”称号，1989 年被评为北京市优秀教师，2004 年被中国农业大学评为“师德标兵”。

吴先生始终高度重视课程建设和教材建设。他给本科生主讲的课程有动物遗传学、生物统计学、家畜育种学、群体遗传学；给研究生主讲的课程有数量遗传学、动物比较育种学、现代动物育种进展、科研诚信与学术规范；参加部分讲授的课程有畜牧学概论、动物育种各论、生命科学进展。他还给农业部干训班和农业广播学校多次讲授家畜遗传育种学，为农业生产第一线传播了科技知识，培养了人才。由于有丰富的教学经验，讲课语言生动风趣、逻辑性强，深受学生欢迎，曾多次被学校、北京市、农业部评为优秀教师、魅力教师。主编的教材有《动物遗传学》（2009，2015 第二版）、《动物生物学》（2016）；合编的教材有《数量遗传学》（1995）；参编的教材有《家畜育种学》（1980）、《动物育种各论》（1996）。

在教学过程中，吴先生总是积极探索推进教学研究与教学改革。他的教

① 材料来源：由吴常信院士课题组提供。

学研究“坚持改革，不断提高《群体遗传学》和《家畜育种学》的教学质量”，获1989年北京市高教局优秀教育成果奖，并被评为北京市优秀教师；主持的教学研究项目“动物科学专业本科人才培养方案和课程体系改革研究与实践”获2001年北京市教育教学成果二等奖；主持的《动物遗传学》本科课程2006年被教育部评为国家精品课程；他主持的“坚持改革，不断提高《动物遗传学》的教学质量”获北京市教育教学成果二等奖（2008）；以他为首的“动物科学专业遗传学系列课程教学团队”2008年被教育部评为国家级教学团队。

吴先生在人才培养中始终坚持立德树人，他经常认真思考人才培养规律，无论对本科生还是研究生，主张既要抓业务培养，即“学知识”；也要抓觉悟培养，即“学做人”。对研究生的业务培养他坚持“过程严要求，重点抓两头”。对教育部和学校规定的研究生培养的各个环节都要严格要求，但重点是抓选题和毕业论文两头。选题要新颖，要瞄准世界学科的前沿，如分子数量遗传学、分子模块设计育种等热门问题。但有时前沿不一定是热门，如小型蛋鸡的选育、藏鸡高原低氧适应的遗传基础等，十几年前没有多少人研究，而现在国内外研究的人就很多了。毕业论文是衡量研究生教育质量的一个重要标志，从文献查阅、试验设计、实验操作、数据收集和分析、论文撰写等各环节都要严格把关。他的两名博士生，由于预答辩没有做好，就推迟了正式答辩，一名答辩了三次才通过，另一名也答辩了两次。

对研究生的觉悟培养，吴先生始终坚持“身体力行，身教重于言教”。他每年为研究生新生亲授《科研诚信与学术规范》课程，指导学生坚守学术规范和科研道德。导师对研究生的思想教育，更多的时候是在潜移默化之中进行的，甚至一句话、一个细节都会起到意想不到的作用。下面摘录了三位研究生的回忆：

“转眼间加入师门已近一年，在刚刚结束的课题实验设计上，更是得到了先生的精心指导。在实验设计过程中，先生抽出宝贵的时间，对整个设计进行了多次的修改、完善，对每一个细节都反复论证，做到精益求

精，并提出了许多创新性思路，使我开阔了视野，受益匪浅。”（2009 届博士生姚玉昌）

“三年的研究生学习，先生一直教导我们，‘做人要多为他人着想；做事要认真负责；做学问要实事求是’。先生的为人处事，先生对我的教诲，已经深深地刻在我的记忆中，其中最重要的一点就是先生的耐得住寂寞，终生对学问的追求。每当我面对研究困境、躁动不安的时候，先生穿着白大褂在认真数果蝇的背影就会浮现在我的脑海里，提醒我，做研究要耐得住寂寞！”（2003 届硕士生蔡卫国）

“1994 年上大学的时候，动物科学与技术学院开迎新大会，我们去畜牧楼的时候，前面 2—3 位老师有说有笑，走在前面。一拨拨的同学进入畜牧楼大门，当我前面的老师走进大门的时候，一位老教师把住门，笑容可掬地让后面的我们几个学生都进去后，才放开门。我们作为新生，刚到陌生的城市、陌生的人际环境中，对这样的举动倍感亲切。开会的时候才知道，他就是我们的院长——吴常信先生。”（2006 届硕士生马虹）

➢ 参考文献

［1］陈卫国：《师生祝贺吴常信院士从教 60 周年座谈名师教书育人风范》，2017 年 9 月 23 日，见 http：//news. cau. edu. cn/art/2017/9/23/art_ 8769_ 531879. html。

［2］李燕朝：《继承为了发展　追求为了超越——访中国科学院吴常信院士》，《中国禽业导刊》1999 年第 16 卷第 17 期。

［3］李金泉：《学业的导师　人格的楷模——恭贺恩师吴常信院士从教 50 周年》，《内蒙古农业大学学报（社会科学版）》2007 年第 4 期。

［4］《〈高等学校科学技术学术规范指南〉正式出版发行》，2010 年 7 月 8 日，见 http：//www. moe. gov. cn/s78/A16/s3719/s3794/201007/t20100714_ 91705. html。

［5］习近平：《决胜全面建成小康　社会夺取新时代中国特色社会主义伟大胜利——在中国共产党第十九次全国代表大会上的报告》，《人民日报》2017 年 10 月 28 日。

［6］靳诺：《立德树人：高等教育的根本任务和时代使命》，《中国高等教育》2017年第9期。

［7］薛娇、陈礼达：《加强高校学风建设重在落实——访教育部科技委常务副主任、学风建设委员会主任吴常信院士》，《中国高校科技》2012年第6期。

［8］林毓生：《学术自由的理论基础及其实际含意——兼论消极自由与积极自由》，《开放时代》2011年第7期。

［9］李正亭：《加强师德师风建设要坚持“四个统一”》，《社会主义论坛》2017年第3期。

［10］李慎明：《坚持政治标准与学术标准相统一》，《求是》2015年第14期。

［11］宋旭红、沈红：《学术职业中的学术自由与学术责任》，《大学·研究与评价》2007年第1期。

［12］王兴军：《“立德树人”是青年学者历史使命》，《中国高等教育》2017年第17期。

［13］何志勇：《吴常信　“动物世界”科学家》，《中国农村科技》2013年第7期。

［14］郑晓艳：《马克思主义新闻自由观视域下的“学术自由”的度》，《长江大学学报（自科版）》2017年第14卷第20期。

案例 18

历史研究必须实事求是——金冲及先生

➢ 案例导读

金冲及先生是学者，从中国近代史到党史研究，学术成果丰硕，为中国近现代历史研究作出重要贡献；金先生也是教师，多年来在担任领导职务的同时，他也一直在北京大学和复旦大学指导博士生，实现了研究和育人的“双肩挑”。无论是在自身的学术研究工作中，还是在指导学生时，金先生都坚持以马克思主义理论为指导，坚持实事求是和尊重历史规律，坚持把党性和科学性密切结合起来，坚持学术自由和学术规范相统一，真正地履行了立德树人职责。金先生用自己的学术操守和学术品德做到了率先垂范，为广大研究生导师履行立德树人职责树立了榜样。

➢ 案例文本①

金冲及先生是我国著名的历史学家。自 1947 年进入复旦大学历史系读

---

① 本案例主要参考以下文献资料编写而成：陈原：《研读风云岁月　撰述百年历史——记历史学家金冲及》，《人民日报》2014 年 4 月 8 日。

书以来，金先生专心治史70多年，对近代中国的历史进程潜心钻研，成果丰硕、享有盛誉：他是中国史学界继郭沫若、刘大年后的第三位俄罗斯科学院外籍院士，曾先后担任中国史学会会长，中国社科院近代史研究所学术委员、孙中山研究会秘书长、会长，以及中央文献研究室副主任、研究员等职务；著有《二十世纪中国史纲》《辛亥革命史稿》《从辛亥革命到五四运动》《毛泽东传》《周恩来传》等多部在中国近现代史研究领域产生广泛影响的著作。他担任领导职务长达53年，笔耕不辍；他坚持诲人不倦、培育人才。

回顾金先生的学术生涯可以发现，对马克思主义理论的学习和践行、对历史学研究的专注和热爱、对“史德”的坚守和传承、对人才培养的倾心尽力，都对包括研究生导师在内的广大教师履行立德树人职责具有重要启示和示范作用。

唯物思想启蒙深——“马克思主义是我的选择”

金先生曾经对来访的记者谈到自己学习、选择马克思主义的经历。先生说：“今天，对大多数人来说，马克思主义是学习和教育的结果，但在我最初接触马克思主义的时候，却完全是自己的选择。”1930年12月，金先生出生于上海，他的少年时期是在近代中国最为动荡的历史岁月中度过的，救亡图存是这一时期中国有志之士的共同追求。在这样的时代背景下，追寻着寻求解决民族困境、实现独立富强的目标，少年金冲及开始大量阅读国内外各种书籍。在这个过程中，他先后读到了邹韬奋、艾思奇、薛暮桥、许涤新、胡绳、华岗等马克思主义学者的著述，懂得了辩证唯物主义和历史唯物主义的基本原理。金先生说，普列汉诺夫的《论一元论历史观之发展》让他对唯物史观的诞生是人类历史观的一场革命有了深刻理解。当少年金冲及有机会接触到《中国革命和中国共产党》《目前的形势和我们的任务》等宣传介绍马克思主义的书籍和材料时，他被深深地打动了：长久以来在心中形成的对马克思主义的认同和追求在他的心底牢牢扎根，并成为他一生所遵循的理想信念和行动指南。

1947 年秋，金冲及进入复旦大学历史系读书。1948 年年初，金冲及加入中共上海地下党。入党后，他立即投入学运大潮中。这既让他接受了革命的洗礼，也遭到通缉。根据党组织指示，他躲避起来，在一间小屋一住就是几个月。充裕的时间让他从早到晚手不释卷，“马克思主义理论在我头脑中从此扎根……”1951 年，金冲及大学毕业留校工作，先后担任学校团委书记、教学科学部副主任等职，马克思主义理论更成为他研读和写作的指南。他回忆与数学家谷超豪住在同一宿舍的那段日子时说：“虽然研究领域不同，但我们经常切磋读书心得，都将方法看得至关重要。我们认为掌握了方法便可以点石成金，比研读结论更能启发心智。”学习马克思主义经典作家的著述，在金冲及看来，“并不是要背诵，更不是要拘泥于他们针对当时情况所作出的某些具体结论，而是要透过他们的论述来学习他们观察分析问题的立场、观点、方法，提高自己理论思维的能力”。

从 1955 年在《历史研究》上发表第一篇文章《关于中国近代历史分期问题的意见》起，一直到 2009 年《二十世纪中国史纲》出版，再到为辛亥革命百年、毛泽东诞生 120 周年、倡导践行和培育社会主义核心价值观所撰写的一系列文字，几乎每隔一段时间，金冲及先生都要著文论述自己学习运用马克思主义的心得。可以说，马克思主义理论的光辉始终照耀着金先生的学术生涯。

除了在学术研究和工作中坚持马克思主义理论指导外，金先生还担任马克思主义理论研究和建设工程咨询委员会委员，担负着为相关教材把关的重任。每本送来的书稿，他总要逐字地仔细读、认真改，全身心投入其中，花费了大量心血。用金先生自己的话说就是：“这是一件意义深远的工作，我一定要尽到自己的责任。”

板凳宁坐十年冷——“八成时间我都在阅读史料”

对历史学的热爱，是贯穿于金先生生活和工作的主线。无论工作内容、职务有什么变化，无论是在什么样的年龄阶段，这一点从未变过。“板凳宁坐十年冷，文章不写半句空。”这是历史学家范文澜的名言，也是金先生治学的座右铭。无论是论说，抑或考证，他都是在遍览浩若烟海的史料、掌握了充足论据的前提下才动笔写成。“八成时间我都在阅读史料、占有史料、分析史料”，金先生这样谈论他的治学之道。

1965 年，金冲及的工作岗位和性质都发生变化，这一年他奉调来到文化部，在政策研究室开展研究工作。尽管工作任务和环境有了很大变化，但他对历史学的热爱和兴趣却从未衰退。他把所有自己能够支配的业余时间都用来学习和研读史料，用他自己的话说就是：“我又没有其他业余爱好，正好可以多读一点自己想读的书。”①

“文化大革命”的爆发，让金先生的工作和学习都受到极大影响。1972 年，金先生的工作再次发生变动：他被调任到文物出版社工作，并先后担任副总编辑和总编辑，一干就是十多年。金先生在这十多年里系统补充了考古、青铜器、陶瓷、古建筑、书画等方面的知识，从“对文物一窍不通”的门外汉，成长为对文物出处特点脱口而出的文物专家。这一段工作经历看上去和金先生的本行工作历史研究没有太大的关系，但金先生却认为在文物考古出版的工作经历和学习，拓展了他的研究视野，为他此后的历史研究提供了十分重要的助力。

与此同时，改行后的金先生也没有放弃对历史学的学习和研究，他先后读完了《资治通鉴》、《续资治通鉴》、二十四史等十几部史学资料，这为他后来的历史学研究作了重要准备。在这期间，金先生还利用工作之外的业余时间进行史学研究工作，把此前已搁置多年的《辛亥革命史稿》编写工作重新启动，并于 1991 年出版了共 140 多万字的四卷本《辛亥革命史稿》。

1983 年年初，53 岁的金先生又面临新的工作调动：他的新工作单位是中央文献研究室。1984 年金先生开始担任中央文献研究室的副主任，1991

① 户华为：《金冲及：乐在学途未知老》，《光明日报》2014 年 6 月 30 日。

年又被任命为常务副主任，直至 74 岁才离休。随着工作单位的变化，金先生的工作内容也有了很大的变化：研究对象不再是他熟悉的古代历史和中国近代史，而是更多地转向中共党史和中华人民共和国国史研究，以及组织撰写领袖人物传记。在中央文献研究室工作期间，金先生先后组织编写和撰写了一系列重要研究成果：主编了《毛泽东传》《周恩来传》《刘少奇传》《朱德传》《陈云传》《李富春传》等领袖人物传记；独立撰写了《辛亥革命的前前后后》《转折年代——中国的 1947 年》《决战：毛泽东、蒋介石是如何应对三大战役的》等史学著作。除此之外，他还多次参与中央重要文献的起草工作，在金先生看来，这些工作有效地提高了自己的政治水平和理论水平，让自己更好地了解改革开放以来国家和党的路线方针政策，对自己的研究工作有很大的帮助。

不断变化的工作岗位和环境，对别人来说可能会打乱原有的研究规划，但对金先生来说，岗位变化带来的是全新的研究视野，不断改行反而为他的研究工作带来莫大的帮助，丰富的社会阅历和多样的工作经验为金先生从事历史研究提供了深厚基础。他的作品（主编、撰写、合编、合著或参与编写、制作）可以印证这一点：不光有《辛亥革命史稿》《从辛亥革命到五四运动》等严格意义上的史学专著，还有《毛泽东传》《周恩来传》等多部人物传记，甚至还担任了《周恩来》《长征》《延安颂》等影视剧的总顾问。① 在金先生看来，尽管担任行政职务占用了他的一部分精力，但这也对他的研究工作有帮助，因为“负责一定的行政工作或社会工作，十分有助于真切地了解现实的社会生活，了解它的复杂性，学会作出适当的判断。一个人如果对现实社会生活缺乏了解和判断的能力，要去研究历史上的社会生活和重大事件，难免讲出许多脱离实际的书生之见”②。

---

① 参见王建柱：《板凳宁坐十年冷　史海无涯乐作舟——记历史学家金冲及》，《学习时报》2016 年 4 月 28 日。

② 邵建斌：《金冲及历史编研访谈录》，《北京党史》2016 年第 2 期。

年逾古稀修国史——“史学工作者要有‘史德’”

在历史学研究中，中国史学界一直有隔代修史的传统。之所以形成这样的传统，主要是为了保证史学研究的客观中立，尽量减少现实因素对历史研究者的干预和影响，也有助于研究者以更加客观的角度来评判历史。但金先生对此却有着不同的看法。在他看来，当代人研究当代历史尽管有一些干扰因素和局限性，但也有着自身的独特优势，比如作为亲历者对当代历史的认识更为直接，并且能够获得很多后人无法获得的第一手材料，如口述历史资料，这是当代人写当代史的一个有利条件，是后人无法做到的。① 因此，只要坚持实事求是、客观地对待历史事实和史料，就能够进行当代历史的研究工作。

正是基于这一认识，金先生在中央文献研究室工作期间以及退休以后主持编写了大量的领袖传记和当代历史研究成果。1996 年 8 月，金先生主编的《毛泽东传（1893—1949）》出版，在国内外产生了极大反响。2003 年，在毛泽东诞辰 110 周年之际，逄先知、金冲及主编的《毛泽东传（1949—1976）》也终于与读者见面。在接受采访时，金先生表示，《毛泽东传（1949—1976）》着重通过大量第一手材料来反映毛泽东的思想发展和变化过程，以此反映毛泽东对一些重大问题的思考和决策过程，重点是把历史事实说清楚。在编写过程中，编者们一直秉持的就是“实事求是”的指导思想，对毛泽东的历史功绩和错误都是客观地、实事求是地加以反映，没有进行回避。② 这是金先生作为历史学研究者的“史德”品质的集中体现。

也是在这一理念的指导下，金先生在他 75 岁生日的第二天便开始了一项全新的重要工作：撰写《二十世纪中国史纲》。在经过三年多的潜心钻研后，这部近 120 万字的巨著在 2009 年出版，并在史学界引起了轰动，一年

① 参见萧今：《金冲及：当代人写好当代史是无可推托的》，《北京日报》2014 年 5 月 19 日。

② 参见曲志红、李术峰：《青史如鉴启迪后人》，《人民日报》2003 年 12 月 26 日。

内发行了 8 万多套。这本著作从甲午战争写起，历经义和团运动、辛亥革命、五四运动、抗日战争、国共内战，以及新中国建立后大大小小的社会运动、政治风波，一直写到 2000 年新世纪的钟声响起。有学者这样评价这部巨著：《史纲》是一部回答中国人如何走过 20 世纪的作品，它博采众论，独成一家，用丰富的史实，构造出 20 世纪中国历史的轮廓。它不是一部简单铺陈事实的作品，因此，这里不一定有很详尽的过程性的叙述，更没有大量的人名堆砌和枯燥数字，它以启迪思考、总结经验教训为职志，有时寥寥数笔，其实却匠心独运，从中人们可以体味到太多前人的艰辛和历史的智慧。《史纲》让我们看到了百年中国的光荣与梦想、经验与教训、汗水与鲜血，大手笔下勾勒出的，是不同寻常的大世纪。①

倾心育人哺桃李——为史学研究培养优秀人才

1951 年金先生毕业留校任教，从 1953 年起，他就相继为新闻系、历史系学生讲授中国近代史，1960 年又开始带研究生。复旦大学历史系 1959 级学生、复旦大学张广智教授曾深情回忆金先生给他们授课的场景：1239 教室坐得满满当当，先生信步走上讲台，讲授中国近代史，课堂上那斩钉截铁的声音，恍若赵丹在电影《林则徐》中的念白，真情感动了大家。正如金先生自己所言："一个历史学家，应严格恪守求真，更不能歪曲历史。但他决不是一个'客观主义者'，无论是撰史还是上课，都应该充满感情。"②

作为教师，金先生非常重视教书育人，关心学生的成长，即使在工作变动后，依旧坚持在北京大学和复旦大学担任兼职博导、指导博士生。在培养学生的过程中，金先生既强调基本知识、基本技能和基本理论的重要性，要求学生打好学术基础，也重视对学生科学精神的培养，他自己在这方面更是以身作则：1981 年，金先生开始做党的文献研究工作，直到 1988 年才敢发

① 参见黄道炫：《大手笔下的大世纪——金冲及著〈二十世纪中国史纲〉读后》，《近代史研究》2010 年第 5 期。

② 张广智：《斜阳冉冉青山永恒——金冲及先生印象记》，《文汇报》2015 年 4 月 13 日。

表个人署名的第一篇有关党史的论文。对著作同样是如此，他曾经说过：“当主编决不能仅仅挂个名，而是对全书的每一个字都得负责。”

➢ 案例分析

每一个学科都有其独特的研究范式，每一位科学工作者也都有其从事研究的学术自由和必须遵守的学术规范。学术活动是由学术自由和学术规范两个相互矛盾运动着的方面组成的，正是这一对矛盾运动，推动着学术活动的进步和发展。① 对于从事学术研究的研究者来说，必须正确处理学术自由和学术规范的关系。尤其是对于广大研究生导师来说，坚持学术自由和学术规范相统一，不仅是对自身学术品德和操守的基本要求，更要在指导学生时以身作则、发挥榜样示范作用，并通过学术指导引导学生形成高尚的学术品格，既敢于大胆进行学术创新，也自觉遵守科学规律和学术规范。研究生导师从事学术活动，应建立在学术自由和学术规范两大基础之上，这既是对自身的基本要求，也是对所指导的学生的行为示范，② 更是新时代研究生导师所肩负的立德树人重要使命和职责。

只有坚持学术自由和学术规范相统一，研究生导师才能有效履行立德树人职责。研究生导师作为从事科学研究和教书育人的主体，必须自觉坚持学术自由和学术规范相统一，既要积极为学术研究营造自由环境，并大胆进行开拓创新，推动科学研究工作的深入发展，不断取得新的研究突破和成果；也必须严格以学术规范为基础，坚持实事求是，尊重客观规律和事实，而不是任意地进行所谓“创新”。如果一个学者不承认大家认可的基本的研究方法和规范，这样的“学术自由”便是伪学术自由，是对学术自由的滥用。③

---

① 参见高晓清、顾明远：《学术自由与学术规范对我国切实性问题的思考》，《高等教育研究》2004 年第 3 期。

② 参见杨斌：《做合格导师需从心从德从范》，《人民日报》2017 年 4 月 20 日。

③ 参见张维迎：《学术自由、“官本位”及学术规范》，《读书》2004 年第 1 期。

实践中，研究生导师要自觉加强师德师风建设，培养造就有理想信念、有道德情操、有扎实学识、有仁爱之心的好老师队伍，确保立德树人根本任务落到实处。①

案例中金冲及先生作为一名历史学家，始终坚持以马克思主义理论为指导，坚持马克思主义辩证唯物主义和历史唯物主义的方法论，用马克思主义经典著作的立场、观点和方法去观察、分析具体的历史现象、历史问题，坚持实事求是地开展历史研究。金先生 25 岁时发表的第一篇论文《对于中国近代历史分期问题的意见》（《历史研究》，1955 年），就运用马克思主义理论提出近代史分期应该以“社会经济的发展和阶级斗争结合起来”为标准。② 尤其是在党史研究中，涉及对党和国家领袖进行正确评价这一重要且敏感的问题。金先生对此有非常深刻的体会和感受，他认为在撰写领袖传记时必须把握好三个原则：一是力求真实，尊重历史的客观性；二是对人物的评价力求具有高度的科学性；三是对传主存在的一些弱点和失误要有分析，特别是要从当时的历史条件加以说明，解释产生这种错误的原因，而不能简单地回避问题或苛求于前人。③ 金先生对马克思主义理论的深刻理解和运用，还体现在他用发展的眼光看待马克思主义，主张要努力克服教条式的马克思主义，对马克思主义不断丰富和发展。这些都值得广大研究生导师认真学习，在不断提升自身学术素养的同时，也必须加深对马克思主义理论的学习和应用，提升自己的政治和理论素养，只有这样，才能真正履行立德树人职责。

只有坚持学术自由和学术规范相统一，才能实现为社会主义建设培养可靠接班人和合格建设者的教育目标和历史使命。中国特色社会主义进入新时代，教育事业面临着前所未有的历史机遇，但也承担着十分重要的历史使

---

① 参见黄蓉生：《高校思想政治教育的时代使命》，《光明日报》2018 年 1 月 23 日。

② 参见梁卫国：《金冲及：踏遍青山人未老》，《中国社会科学报》2014 年 8 月 4 日。

③ 参见霄今：《金冲及：历史人物的研究与评价必须实事求是》，《近代史研究》2016 年第 5 期。

命，这直接体现为我们对“培养什么人、怎样培养人、为谁培养人”这一根本问题的认识和回答。习近平总书记强调，培养什么人，是教育的首要问题。毫无疑问，我们要培养的是德智体美劳全面发展的社会主义建设者和接班人。社会主义建设者和接班人，既要有高尚品德，也要有真才实学。① 这就要求研究生导师在培养指导学生时既要重视知识的讲解传授，更要重视对学生品德的培养教育。没有强大的研究生教育，就没有强大的国家创新体系；没有高质量的研究生教育，就没有高质量的人才供给。② 人无德不立，育人的根本在于立德。只有坚持立德树人，才能为实现中华民族伟大复兴的中国梦、实现“两个一百年”的奋斗目标提供人才保障。

金冲及先生作为我国知名的历史学家，在自己的学术研究和指导学生的过程中，都非常注重学术创新。他在接受采访的时候曾经就这一问题系统谈过自己的看法：创新是任何一个国家和民族兴旺发达的不竭动力，也是一种学术具有内在生命力的体现。学术研究的创新对于学术的发展至关重要。历史研究也要重视这个问题。但历史研究的创新要有它的基础，要从历史学的性质、特点出发，围绕着如何更好地发挥它的作用来展开。如果丢掉历史学的这个特点而另搞一套，那就不是历史学的创新了。③ 他还提醒从事历史学研究的学者，历史学研究要积极借鉴社会科学和自然科学研究的新方法、新手段，吸取其中有用的东西来为历史研究服务，但不能离开历史学本身的特点而硬搬。学术规范与学术道德既是教师培养大学生学术修养的重要方面，也是对大学生进行诚信意识、规则意识教育的重要途径。④ 研究生导师应该学习金先生的学术风范，结合学科特点，以学术规范为基础进行科学研究，

---

① 参见光明日报评论员：《培养什么人，是教育的首要问题—— 一论学习贯彻习近平总书记全国教育大会重要讲话精神》，《光明日报》2018 年 9 月 13 日。

② 参见黄宝印、王顶明：《继往开来，坚定自信，促进研究生教育高质量发展——纪念研究生教育恢复招生 40 周年》，《研究生教育研究》2019 年第 1 期。

③ 参见金冲及、张燚明：《金冲及先生治学答问》，《史学月刊》2014 年第 5 期。

④ 参见布超：《改革开放 40 年高校教书育人的基本经验论析》，《思想教育研究》2018 年第 11 期。

只有这样才能既保证自身的学术操守，也能为学生树立好的榜样，使其在潜移默化中形成坚持学术自由和学术规范相统一的正确认识，进而在实践中自觉践行。

实践中，随着改革开放进程的不断深入，我国已经形成较好的学术自由的氛围和环境，但仍有极少数学者（包括研究生导师）滥用“学术自由”，或以“学术自由”之名从事触犯国家法律法规、危害国家和社会公共利益、违反学术规范和学术道德的恶劣行径。这是对“学术自由”和“学术规范”关系的错误理解和实践，与研究生导师所肩负的立德树人的职责不相符的。广大研究生导师应以此为戒，自觉提升思想认识和践行能力，坚持学术自由和学术规范相统一，有效履行立德树人职责，为国家和社会发展培养出更多优秀人才。

➢ 延伸阅读

他是历史学家金冲及①

金冲及治史 66 年，对百年中国每个脚印如数家珍……他担任领导职务长达 53 年，笔耕不辍；从近代史拓展到党史领域，成果丰硕；75 岁修中国史，“水到渠成”。党的十八大以来，在学习习近平总书记系列重要讲话精神和论述社会主义核心价值观的文章中，金冲及以清晰的思路和晓畅的文字，将对马克思主义中国化的理论思考和坚持走中国特色社会主义道路的历史思辨，再次透彻地表达出来……

25 岁开始在《历史研究》等学术刊物发表文章；29 岁与学长胡绳武合作完成第一部学术著作《论清末立宪运动》；33 岁又与胡绳武一起写就

---

① 本材料摘编自陈原：《研读风云岁月 撰述百年历史——记历史学家金冲及》，《人民日报》2014 年 4 月 8 日。

《辛亥革命史稿》第一卷……早在20世纪50年代和60年代，年纪轻轻的金冲及就被认为是史学界的翘楚。60多年来，金冲及著述等身，新作新论不断，一篇篇见解独到的论文，一部部功底扎实的专著，奠定了他在中国史学界尤其是中国近代史学界牢固的学术地位。

17岁上大学，20多岁出书，在别人看来是聪慧过人，但金冲及却认为自己“很笨”。他说他至今都不会使用电脑，一切皆靠手抄，连大段大段的史料引文、一卷一册的档案，都是一字一句手写下来的。但正是这种硬功夫，让历史的每个细节都在金冲及的脑海里留下深刻印记，最终了然于胸、把握娴熟，达到了有一分证据说一分话的高水平。

每天上班下班，还要参加各种会议，但无论多忙，金冲及也要保证一段独自阅读的时间。“挤时间读书是我几十年养成的习惯。”在理发时，他都是一边理发一边捧读，理发师傅对他总是牢骚不断；1976年，唐山大地震波及北京，地震次日，他就在暴雨中头顶塑料布，埋头阅读汤用彤的《汉魏两晋南北朝佛教史》。

八旬老人金冲及有着书生的外表和气质，问他如今是不是还保有一份书生情怀，他笑而不答。其实，沉浸于书海，他好像一书生；身为中国共产党的老党员，他是一位坚定的马克思主义战士；作为高级领导干部，他拥有丰富的阅历和多年工作的经验，勤勤恳恳，一丝不苟。三者在他身上已融为一体。

➢ 参考文献

[1] 陈原：《研读风云岁月　撰述百年历史——记历史学家金冲及》，《人民日报》2014年4月8日。

[2] 户华为：《金冲及：乐在学途未知老》，《光明日报》2014年6月30日。

[3] 王建柱：《板凳宁坐十年冷　史海无涯乐作舟——记历史学家金冲及》，《学习时报》2016年4月28日。

[4] 邵建斌：《金冲及历史编研访谈录》，《北京党史》2016年第2期。

[5] 萧今：《金冲及：当代人写好当代史是无可推托的》，《北京日报》2014 年 5 月 19 日。

[6] 曲志红、李术峰：《青史如鉴启迪后人》，《人民日报》2003 年 12 月 26 日。

[7] 黄道炫：《大手笔下的大世纪——金冲及著〈二十世纪中国史纲〉读后》，《近代史研究》2010 年第 5 期。

[8] 张广智：《斜阳冉冉青山永恒——金冲及先生印象记》，《文汇报》2015 年 4 月 13 日。

[9] 高晓清、顾明远：《学术自由和学术规范对我国切实性问题的思考》，《高等教育研究》2004 年第 3 期。

[10] 杨斌：《做合格导师需从心从德从范》，《人民日报》2017 年 4 月 20 日。

[11] 张维迎：《学术自由、“官本位”及学术规范》，《读书》2004 年第 1 期。

[12] 黄蓉生：《高校思想政治教育的时代使命》，《光明日报》2018 年 1 月 23 日。

[13] 梁卫国：《金冲及：踏遍青山人未老》，《中国社会科学报》2014 年 8 月 4 日。

[14] 霄今：《金冲及：历史人物的研究与评价必须实事求是》，《近代史研究》2016 年第 5 期。

[15] 光明日报评论员：《培养什么人，是教育的首要问题——论学习贯彻习近平总书记全国教育大会重要讲话精神》，《光明日报》2018 年 9 月 13 日。

[16] 黄宝印、王顶明：《继往开来，坚定自信，促进研究生教育高质量发展——纪念研究生教育恢复招生 40 周年》，《研究生教育研究》2019 年第 1 期。

[17] 金冲及、张燚明：《金冲及先生治学答问》，《史学月刊》2014 年第 5 期。

[18] 布超：《改革开放 40 年高校教书育人的基本经验论析》，《思想教育研究》2018 年第 11 期。

案例 19

高分子先生——于同隐教授

➢ 案例导读

于同隐教授是我国高分子学科的奠基人之一，复旦大学高分子学科的创建人与学科带头人。他长期从事高分子粘弹性和高分子合金研究，研制了取得重大社会效益的人工肺，开拓了蚕丝等天然大分子研究新方向，为我国高分子化学和物理学科的发展作出了重要贡献。在这些贡献之外，于同隐被人称道和难忘的还有他独到的人才培养模式。了解于同隐的这两方面，对我们深刻理解研究生导师坚持学术自由和学术规范相统一的重要性以及它们在研究生培养中的作用具有启示意义。

➢ 案例文本①

于同隐，江苏无锡人。高分子科学家和化学教育家，复旦大学高分子专业的创建人和学术带头人。1938 年毕业于浙江大学化学系。1951 年获美国

① 本案例主要参考以下文献资料编写而成：张剑：《风轻云淡的一生：记中国高分子科学奠基人于同隐》，2017 年 3 月 20 日，见 http：//www. fudan. org. cn/site/fddxxyw/xyh/cnt/?id=3598。

密歇根大学哲学博士学位。1956 年加入中国共产党。历任浙江大学教授、复旦大学教授、材料科学研究所所长、《化学世界》杂志副主编。从事高分子粘弹性和高分子合金研究。1984 年领导研制成功微孔聚丙烯中空纤维人工肺。著有《高分子粘弹性》等著作。发表论文 60 余篇。2017 年 2 月 6 日在上海逝世，享年 101 岁。

化学报国，辗转梦圆

1917 年 9 月 6 日，于同隐出生于江苏无锡县城一个小康之家，是家里的第五个孩子。父亲科举不售，转而从商，后长期担任天津华新纱厂会计主任，收入颇丰，养育的十个子女，几乎都接受了高等教育。于同隐也接受了较为系统、正规的国民教育，并在省立无锡中学读书时，受化学老师张式之影响，对化学科学产生了浓厚兴趣。1934 年 7 月，于同隐高中毕业，考入国立浙江大学化学系。

当时的浙江大学还属于国内二流高校。校长如走马灯一样变换，三五年间，蒋梦麟、邵裴子、程天放、郭任远相继掌校。1936 年 4 月，浙江大学迎来了史上影响最为巨大的校长竺可桢。于同隐深受竺可桢的影响，他的名字曾多次出现在竺可桢卷帙浩繁的日记中。相比校长的更替，成立之初的浙江大学化学系掌舵人更是变动不居，张准、程延庆、程瀛章、郦坤厚等留学欧美的化学硕士、博士先后就任又离去。直到 1934 年，周厚复担任系主任后才成稳定局面。周厚复留学法国于 1932 年获得博士学位，并在德国柏林大学从事军用毒气研究。他亲自讲授有机化学、高等有机化学两门课程，讲课清晰扼要，注意培养学生从各类繁复的反应中抓住本质及各种反应之间的联系。于同隐努力学习，化学、物理等主要课程大多在七八十分以上，没有一门补考，三年级总评分近 80 分，四年级超过 82 分，因此很受周厚复赏识。不想抗日战争全面爆发，浙大被迫西迁。1938 年 6 月，于同隐在西迁途中的江西泰和毕业。校长竺可桢演讲，勉励同学们担负起救国的重任，“不求地位之高，不谋报酬之厚，不惮地方的遥远和困苦，凡是吾人分内所应该做的事就得去做"。在抗战救国氛围的感染下，通过周厚复的介绍，于同隐奔赴重庆，任职兵工署材料试验处。

1928 年 11 月成立的国民政府军政部兵工署，专门负责军事武器研制与生产。在署长俞大维的领导下，陆续创设理化、应用化学、弹道、精密机械、材料、冶金、光学等研究所和炮兵技术处、航空兵器研究处等机构，为国产军事武器的研制和生产作出了卓越贡献，培养了大批人才，后来共和国 23 位"两弹一星"功臣中有 9 人曾在该系统工作过。材料试验处 1938 年 7 月由百水桥研究所改组而成，主要任务是检验兵工材料，并对材料进行研究，寻求用国产兵工材料代替进口材料，力求做到兵工材料自给。当时，冶金专家、1928 年哈佛大学博士周志宏任处长。于同隐在试验处任分析技术员，主要从事煤焦、矿石及钢铁方面的分析，也帮助周志宏做科研方面的分析工作，非常认真努力，周志宏对他很满意。

1943 年，在军工单位挥洒 5 年青春，年过 26 周岁，虽然工厂收入丰厚，他还是义无反顾地选择重新回到学术界，并以出国深造为目标，这可以说是于同隐人生中最为重要的抉择之一。他说："为了贯彻出国的愿望，同时痛恶这些机关中的生活，所以虽然那时学校的待遇低很多，仍旧决心回到学校……在回到学校的这两年中，埋头做实验和读书，总算为苦烦的心情找到了出路。"于同隐回来时，浙江大学已今非昔比了，在竺可桢的领导下，虽在艰苦的抗战时期，不几年间已发展成为"东方的剑桥"。化学系也是人才济济，名师云集，恩师周厚复已离开，系主任是留英博士王葆仁。于同隐做王葆仁助教，辅导《高等有机实验》《高等分析》两门课程，帮助批改作业，指导学生做实验。翌年晋升讲师，开始为学生讲授《有机化学》《工业分析》《普通有机》等课程。王葆仁非常重视科研，对年轻人的成长也非常关心，他常对助教们说，一个老师不仅要教学，更要从事科研，"否则他接触不到科学的前沿，教学内容也得不到更新"。为了真正取得教学相长的效果，他又说："做科研的人也要讲课，讲课可与年轻人接触，年轻人思维活跃。"在青年教师中，王葆仁最看重于同隐、杨士林、高善娟三人。正是在王葆仁指导下，于同隐与高善娟一起，完成了他学术生涯中第一个科研成果，一篇相关有机合成的论文，后来发表在 1948 年《中国化学会会志》上。

第一篇论文发表之时，于同隐已身在大洋彼岸，成了美国密歇根大学的一名研究生。1951 年 1 月，于同隐顺利通过了论文答辩，获得密歇根大学博士学位。在学校 200 多名研究生中，于同隐的成绩名列前茅，被推举为荣誉化学会会员，获得了一枚象征开启科学大门的金钥匙。这是美国化学界很高的荣誉，意味着他是该领域的学术精英，想要在美国获得工作机会是非常容易的。然而，和当时的很多中国学者一样，于同隐下定决心回国。他回忆说："作为一个中国人，自然会想回到祖国来，尤其在祖国迫切需要的时候。看到美国的繁华，心中很羡慕，我们中国要能埋头苦干五十年，一定可以和他们一样。"①

当时正值朝鲜战争，中美处于交战状态。美国国内出台了《麦卡锡法案》，用监视、迫害等手段阻止在美华人学者返回中国，对涉及尖端科学技术的专家学者控制尤为严格。历经波折，1951 年 6 月，于同隐终于带着妻子蔡淑莲离美回国。轮船到达香港后，港英政府不让他们登陆，把他们禁闭在轮船的一间舱房里。中国政府知道后，派了一艘小船把他们接到广东，夫妇二人这才回到了祖国。1952 年 8 月，于同隐夫妇来到复旦大学。35 岁的于同隐是当时化学系中最年轻的教授，蔡淑莲则在分析化学教研室。在此后的几十年里，伉俪二人为复旦大学化学系的发展作出了巨大贡献。

转投新学，建立学科

院系调整后的复旦化学系实力雄厚，除于同隐、蔡淑莲夫妇外，还有吴征铠、严志弦、赵汉威、赵丹若、朱子清、顾翼东、徐贤恭、吴钧和、吴浩青等十多位著名教授。在这些教授中，于同隐年龄最小，仅 35 岁。1956 年

---

① 方艾青：《"高分子先生"于同隐：一个人，一个系科，一世风云》，《中国教育报》2016 年 6 月 30 日。

5 月，被批准加入中国共产党。

当时，为配合国家西部建设，化学系有不少教授和青年骨干教师先后离开，造成部分课程停开的局面。于同隐出任有机化学教研室主任，为本科生讲授有机化学。当时学术上也奉行“以苏联为师”的“一边倒”政策，放弃使用多年的西方教材，于同隐只得带领同事编写《有机化学》《有机结构理论》等讲义，并组织翻译《有机化学教材习题》等参考文献，逐步建立起复旦大学有机化学教学体系。

回国后相当长一段时间，于同隐根本没有机会与时间从事他喜欢的有机化学研究，特别是将他博士论文研究的课题继续下去。直到 1956 年，因第一个十二年科学规划而引起科学进军潮流，他终于有机会带领年轻的同事和学生一起，从事被列入复旦十二年科学规划的“硅有机合成”课题研究。短短几年之间，成果频出，发表七八篇论文，充分展示了他在科研上的能力与实力。

1958 年，复旦大学与中国科学院合作创设高分子化学研究所，于同隐被任命为副所长。对于同隐来说，接受这样的任命，意味着放弃在其间浸润已十多年的“有机合成”专长，在 40 多岁以后再进入一个全新的领域“高分子化学”，这不是一个容易的决定。慎重考虑两星期后，于同隐决定接受任命，主持与领导复旦大学高分子学科工作。

于同隐虽出身有机化学，但他深知高分子是一门综合性的学科，除高分子化学之外，还有高分子物理和高分子工艺等方向和领域，他特别注重高分子物理的研究，这使高分子物理一开始就成为复旦高分子科学的特色。在派人到北京取经的同时，于同隐带领同事与学生“边干边学”。请数学系老师讲微积分，自己亲自上台教英文，指导学生阅读高分子经典研究著作，组织翻译引进学术，充分发挥年轻教师的才能，初步搭建起复旦大学高分子科学的基本教学体系和框架。与此同时，他还带领团队在高分子科学领域从事科学研究，并取得成果，发表了一系列论文。

于同隐率领其团队在高分子科学跋涉不到十年，“文化大革命”开始了，他的学术生命被中断，生理生命在无端的怀疑与政治高压之下也差点终结。“文化大革命”结束，于同隐年满60岁，已过“知天命”而达“耳顺”阶段。可是他并没有放弃他的学术追求，而是以中国高分子科学领军人物的姿态与雄心全身心投入高分子科学的教学、科研、学术交流与学术布局的“洪业”中。他结合国际和国内高分子科学发展现状，认为复旦大学高分子科学应该在已有高分子物理等优势基础上形成自己的教学和科研特色，在国际上占据一席之地。他关注学术前沿，以他曾经求学浙江大学、留学美国等经历所建立的学术网络，广泛邀请国内外高水平专家学者来校讲学；介绍和送出一批又一批学生和同事到科学先进之国留学、进修或访问研究；创设每周一次的教研室学术报告制度，督促年轻教师们通过学术报告提升科研能力；通过组织翻译与编著教材、撰写专著等方式再一次构建起较为完善的复旦大学高分子学科教学与科研体系。

转投新学科，应该从哪里开始研究呢？20 世纪 80 年代，年近 70 岁的于同隐凭借他一贯敏锐的目光和对科技发展前沿的精准预测，认为从丝素蛋白为主体的天然生物大分子进行研究，会具有一定的理论与应用意义。之所以选择蚕丝，正如他的生物大分子研究事业的继承人邵正中说，因为蚕丝是一种蛋白纤维，符合化学科学中高分子的标准，属天然高分子。而且，高分子科学与生命科学的交叉研究是一种趋势，蚕丝材料的获得非常容易，在中国蚕丝业又是一个重要的产业，能够发挥我们的长处。

经过几年的努力，于同隐带领学生们在高分子科学研究领域取得重大进展，揭示了决定蜘蛛丝优异力学性能的两个主要因素：一是经过十多亿年进化选择而固定下来的丝蛋白重复单元序列，二是动物对丝蛋白所进行的液晶纺丝行为和过程。这个结论揭示了动物的吐丝器官和成丝机理对丝性能的改变有着举足轻重的作用，从而为在动物体外仿制模拟高性能纤维研究扫清了障碍并奠定了基础。2004 年该成果被教育部提名为国家自然科学一等奖。①

---

① 参见王蔚：《著名有机化学家于同隐 6 日上午在沪去世，享年 101 岁》，《新民晚报》2017 年 2 月 6 日。

于同隐先后担任高分子化学与物理博士点、博士后流动站负责人，复旦大学材料科学研究所所长等。1993 年，复旦大学高分子专业独立成系，同时建立高分子科学研究所，已退休的于同隐担任名誉所长。翌年，“聚合物分子工程国家教委开放实验室”在高分子系创建，后发展成为国家重点实验室。于同隐以他在高分子科学领域的长期耕耘，将复旦大学高分子科学建设成为国内顶尖学科，在中国高分子科学发展史上占据重要地位，他晚年开创的生物大分子等领域在国际上也处于顶尖水平，为中国高分子科学的发展留下了丰厚的学术财富。

当时的学生、现在的中国科学院院士、复旦大学化学系教授江明回忆说，高分子学科建立之初，于同隐曾专门请来数学系教授为大家上课。当时读的是一本俄文专著，非常难读，他就带着大家一起读，遇到不懂的地方就请数学系的老师讲解。于同隐还亲自带着大家在化学系图书馆查阅资料，资料都是英文原版，可大家学的是俄语，看不懂。于同隐总是不厌其烦地一句句翻译了再讲解。到了 1959 年冬天，他还专门开办了英文突击班，教了一个寒假，帮大家打下阅读英语文献的基础。正因为如此，虽不是于同隐的在册弟子，江明院士也总说自己是于同隐的学生，“他真正是我们科学道路上的引路人”。①

倾力育人，百花齐放

在创建和奠基复旦大学高分子科学过程中，于同隐最为人所称道的是他为高分子科学培养了大量的高精尖人才。自 1953 年于同隐招收北京大学化学系毕业的吴世晖为研究生以来，到“文化大革命”爆发前共招收 11 名，他们毕业后大多留校成为有机化学或高分子科学的生力军或某个领域的学科带头人。

“文化大革命”后，于同隐作为第一批硕士和博士生导师，先后培养了 17 位硕士和 31 位博士。无论是硕士还是博士，他们的研究方向与领域并不

① 参见方艾青：《“高分子先生”于同隐：一个人，一个系科，一世风云》，《中国教育报》2016 年 6 月 30 日。

固守一域，涉及高分子物理、高分子化学、高分子物理化学的聚酯缩聚动力学、高聚物共混材料结构与性能、高分子结构和性能、聚合物结构和性能的关系以及生物大分子等，几乎囊括了复旦大学高分子科学的所有研究方向与领域。正是通过这样的学生培养与研究领域的分布，于同隐确立了复旦大学高分子科学的研究方向与研究领域。这就是于同隐在人才培养方面的独到之处，中科院院士、吉林大学教授、中国第二代高分子科学代表人物沈家骢将其称为“于同隐模式”。该模式的实质就是八个字：学术自由、百花齐放。

所谓“学术自由”，就是于同隐在学生培养上并不限定他们的研究方向与研究兴趣，确定一定领域之后，充分发挥他们的才智与才华。他的学生、复旦大学高分子科学系教授邵正中有一个形象的说法：“于老师给你圈定一块他认为有价值的地，让你自己去刨，到底能挖出红薯、金子，还是什么都挖不出，就要看你自己的努力程度了。”“他给我圈的地就是丝蛋白。他觉得那是一块‘宝地’，你从任何的高分子角度都可以去研究。我觉得于先生在 70 多岁的时候，至少给我们指出了一个切入点，即高分子的研究者，如何能够比较快速或者有效地介入生命科学或者蛋白质化学的领域。”邵正中说。不过，于同隐并不是完全“放羊”。给学生指出有前景的研究领域和方向后，他让学生在该领域充分发挥自己的能力，有不懂的地方，他随时会给予解答，或者与学生共同研究，直到解决为止。这样，学生得到了他的学术训练，也能充分发挥自己的能动性，通过研究生过程的培养，也就成为一个真正的研究型人才，然后在自己的专业内继续耕耘，几年后就成为专业人才甚至专家。他的第一个硕士、复旦大学高分子科学系教授杜强国说：“你的进展他一直掌握着，他也不来逼你。只要有困难就一起讨论，介绍你去看一些什么书。”他的第一个博士、中科院院士杨玉良说：“他把你带到一片森林，然后把你放到一棵树上，但是你别老待在这棵树上，因为他也教会了你跳到其他树上的可能性。当你看到其他的树，你又跳不过去，他就给你跳跃的能力与机会。”因此，他的研究生中，不少人都“能游走在各种不同的领域”。在学生们看来，于同隐是一个知识渊博、和蔼、慈祥的“小老头”，

“头发也不多，但是你看到眼镜镜片后面是一双睿智的眼睛，思维非常敏捷。”学生们在他面前非常放松，什么话题都可以谈论。他表面上很和蔼，似乎什么都可以答应，其实很坚持原则，对工作要求非常严格。杜强国回忆说，他们的研究课题碰到了困难，曾跟于同隐商量，看在他们是“老”研究生、“上有老、下有小”的面子上，能否换一个容易一点的题目。但于同隐笑笑，就是不放松，然后鼓励说：“不难的，你们有什么困难，到时候我们一起讨论，能做得出来的，不要担心。”①

有了“学术自由”，学生们的研究成果自然“百花齐放”，不断开拓高分子科学的研究领域与方向，形成自己的研究特色。但是，“百花齐放”并不是随意“乱开”，于同隐总是以他一贯敏锐的目光、对世界科学发展前沿的了解与前景预测，确立研究方向与研究领域，然后让学生在其间自由地探索。

他退休以后开创的生物大分子研究充分体现了他的学术感知力。20 世纪 80 年代中期，年近 70 岁的于同隐感觉到从高分子科学角度对生命科学进行探索和研究具有极大的潜力与前景，他选择以丝素蛋白为主体的天然生物大分子开启这一领域。他还认为高分子科学和生命科学交叉结合是一种发展趋势，生命里面的蛋白质从化学结构的角度看就是一种高分子，高分子科学的研究者应该参与蛋白质结构的研究，进入生命科学研究领域，共同探讨生命的起源与本质。这一研究方向现已成为复旦大学高分子科学的主攻领域，也是世界高分子科学的热点之一。

于同隐“文化大革命”后培养的这些学生除留校任教外，广布国内外大学和相关科研机构，在高分子科学或其他领域贡献智慧。留校任教者是复旦大学高分子科学的中坚力量，2003 年荣膺中国科学院院士、曾任复旦大学校长的杨玉良，是于同隐“文化大革命”后培养的早期研究生代表，他工农兵学员毕业后跟随于同隐攻读硕士和博士学位，在高分子固体核磁共振、液晶

---

① 方艾青：《“高分子先生”于同隐：一个人，一个系科，一世风云》，《中国教育报》2016 年 6 月 30 日。

分子场理论和聚合物分散液晶材料、活性自由基聚合反应、高分子复杂流体等领域成果卓著，成为中国高分子科学的代表性人物。邵正中 1988 年跟随于同隐攻读博士学位，将于同隐晚年开创的生物大分子研究领域继承并发扬光大，是于同隐退休后培养的学生代表，研究涉及天然高分子及仿生材料的结构与性能关系，动物丝和丝蛋白的结构、力学性能以及纺丝等。四川大学常务副校长李光宪、美国阿克伦大学高分子科学和工程学院核磁共振中心主任、国家“千人计划”特聘专家郭鸣明等，也是于同隐学生中的佼佼者。

除自己的研究生而外，于同隐也手把手地培养青年教师。2005 年当选为中国科学院院士的江明，1958 年复旦大学化学系三年级提前毕业后就跟随于同隐从事高分子科学研究，在高分子相容性、高分子间的络合作用以及大分子自组装等领域成果卓著。复旦大学高分子学科的其他教师大都有这样的经历。在他们看来，于同隐的最大贡献是培养了一大批人，并以他的个人魅力团结了一批人。

退休后的于同隐长期保持着规律的学习生活习惯。除了吃饭、睡觉、外出散步，他就喜欢一个人静静地待在书房看书。2005 年，88 岁高龄的他还在《化学世界》上发表《漫谈化学反应》和《从化学反应到生命》这样的科普文章。他一直关注着高分子科学最前沿的信息，即使 90 岁后，也常常一个人坐着公交车到浦西福州路外文书店去买最新的专业书。于同隐阅读兴趣非常广泛，哪朝哪代有过什么著名人物，他都知道得清清楚楚。最近几年，他也阅读一些文学著作，莫言、陈忠实、村上春树等许多作家的经典作品他书房里都有。别人眼里的一代大家，在自己的生活里却乐得做一个平凡的普通人。不忘初心，方得始终。一个世纪的风云散去，面对生活、面对未来，于同隐还是那个“没有一分钟会在他面上找不到笑容”的孩童，优哉游哉，云淡风轻。①

---

① 方艾青：《“高分子先生”于同隐：一个人，一个系科，一世风云》，《中国教育报》2016 年 6 月 30 日。

➢ 案例分析

本案例展现了于同隐一生最重要也最为人称道的两个方面：一方面他是我国高分子学科的奠基人之一，为我国高分子化学和物理学科的发展作出了重要贡献；另一方面他创立了以“学术自由、百花齐放”为特征的独到的研究生培养模式。研究生导师要做到“学术自由和学术规范相结合”，如何践行，于同隐为我们提供了典范。

学术自由是学术研究的前提，没有自由就难以创新，就难以走在学术前沿。在研究生培养过程中，导师也必须给予学生充分的探索自由度，以最大限度地发挥学生的聪明才智，发挥他们的主动性和创造性。于同隐在这方面为广大研究生导师作出了表率。他在学生培养上并不限定他们的研究方向与研究兴趣，给学生指出有前景的研究领域和方向后，他让学生在该领域充分发挥自己的能力。这样的培养方式有利于学生成为一个真正的研究型人才，然后在自己的专业内继续耕耘，几年后就成为专业人才甚至专家。事实证明，有了“学术自由”，于同隐的学生们研究成果自然“百花齐放”。于同隐先后培养了 17 位硕士和 31 位博士。无论是硕士还是博士，他们的研究方向与领域并不固守一域，大多都形成了自己的研究特色，并成为有机化学或高分子科学的生力军或某个领域的学科带头人。

当然，现实世界中没有绝对的自由，学术自由也要受到一定的限制。有些限制是应该被消除的，比如客观物质条件和技术条件的制约。作为研究生导师，应该尽量帮助学生消除这样的制约，让他们拥有更多的学术自由。比如在本案例中，高分子学科建立之初，于同隐曾专门请来数学系教授为大家上课。当时读的是一本俄文专著，非常难读，他就带着大家一起读，遇到不懂的地方就请数学系的老师讲解。这是打破学术自由技术壁垒的重要手段；再比如，于同隐多年坚持给研究生开设英文文献阅读课。通过这门课，学生不仅提高了英文阅读水平，更了解了学术发展的前沿，对自己的选题也有了相当程度的了解。这就是享有学术自由的一个重要前提。

除了物质技术条件的限制，学术自由还应该受到学术规范的限制。也就是说，学术研究应该有自己的规范和准则，学术活动都应该在这些规范和准则允许的范围内进行，这些规范既是对学术自由的限制，也是学术自由实现的有力保证。这也是习总书记提出“学术自由和学术规范相统一”的根本原因。本案例虽未用过多的笔墨直接展现于同隐是如何遵守学术规范的，但他的一个事例却可以在这方面给我们非常重要的启示，这就是他对学术前沿的关注。

学术规范除了要求不能抄袭造假，还有一个重要的要求就是研究应该在已有研究的基础上向前推进，不能做别人已做过的重复性工作。这就要求每一个研究者都应该充分掌握本研究领域的学术前沿，研究生导师也应该在这方面对学生提出要求并进行必要的训练。正因为于同隐一直关注学术前沿，所以才展现出敏锐的学术感知力，才能够在 70 多岁的时候转投高分子这一新学科，并从以丝素蛋白为主体的天然生物大分子开启这一新的领域并取得丰硕成果。

➢ 延伸阅读

淡泊的学术人生①

自 1948 年发表第一篇学术论文，到 2005 年发表思考生命起源的文章《从化学反应到生命》，于同隐在长达半个多世纪的学术生涯中，共发表论文 200 余篇，研究领域涉及有机合成、不等活性线型缩聚反应动力学、高分子光化学、高分子粘弹性理论、聚丙烯硬弹性、高分子合金体系的相容性、高分子结晶行为和形态、膜科学技术和生物大分子蚕丝丝素蛋白及蜘蛛丝的

---

① 本材料摘编自张剑：《风轻云淡的一生：记中国高分子科学奠基人于同隐》，2017 年 3 月 20 日，见 http：//www. fudan. org. cn/site/fddxxyw/xyh/cnt/？ id=3598。

研究等方面。研究领域可谓广泛，研究成果不可谓少，但他却是中国第一代高分子科学家中未能评上中国科学院院士的极少数人之一，据说没有评上的原因与他是“三无教授”有关。

所谓“三无教授”，是指于同隐作为复旦大学高分子科学的创始人与奠基人，却没有建立起专属于自己的科研实验室，没有组建自己的专业研究团队，更没有形成独具特色、具有精深研究的专业方向与领域。高分子学界这坊间说法在相当程度上真实地勾勒了于同隐的情况。无论是“文化大革命”前还是“文化大革命”后，无论是作为复旦大学高分子科学的行政、学术领导人还是精神领袖，他都没有刻意经营，因此也就没有建立起专属于他个人的专门实验室及队伍。虽然于同隐培养了大批人才，但无论是研究生还是在他指导下从事科研的青年教师，都有他们自己的专业与研究领域甚至自己的研究团队，但于同隐本人却没有，他似乎总是一个人在“奋斗”。于同隐一生的学术研究从有机合成开始，涉及高分子科学的方方面面，几乎囊括了整个复旦大学高分子科学涉及的所有领域，这是他作为复旦大学高分子科学的灵魂人物及中国高分子科学领军人物在高分子科学发展上的全局性布局，因此也就没有他自己深入研究的专业方向与领域。一个人的精力与生命力是有限的，在多方面用力自然不能在某个方面深入。今天是一个学术专业化的时代，学术界看重的是在专业研究领域的“专”“精”“深”，而不是全面的布局与宏观性的把握。

每当复旦大学高分子科学系的老教授们谈起于同隐能在“文化大革命”结束后，将一盘散沙的高分子教研室壮大起来，都归结为他淡泊名利、对人宽厚的性格。从另一个角度看待“三无教授”，真正反映了于同隐“淡泊”的性格。作为复旦大学高分子科学“宗师”与领军人物，他完全可以从发展之初就确立一个自己的专业研究方向，然后利用手中的资源加以经营，包括创建自己的实验室与研究团队，这样自然就有自己精深的研究领域。但是，这却不是他的“理想”。如果于同隐这样做了，就不是于同隐了。正如他的第一个博士、中科院院士杨玉良所说，“实际上整个系就是他的”。他并不为自己个人着想，而是从发展复旦大学高分子科学甚至中国高分子科学的角度出发思考与布局高分子科学的研究方向与领域。他虽是有机化学出身，但从转向高分子科学教学与科研开始，就思考高分子科学的本质，指出有机化学和高分子化学间有明显区别，高分子科学并不仅仅是有机化学的一个分支学科。因此，他并不固守有机化学，在启动了硅有机领域的初步研究工作之后，将研究领域拓展到了高分子合成、高分子物理化学、高分子物理和高分子工艺等方面。他花了很多精力组建实验室与培育研究队伍，但并不限于自己的研究领域，也不固守他自己擅长的研究方向与领域。他“激励他身边这群朝气蓬勃的年轻科学家和讲师们尽他们最大的能力去追求个人的科研事业发展”，而不是限定他们的专业方向与研究领域。

于同隐一生淡泊名利，在争执面前总是选择“退却”。因此，他的学生们说起这一点时总是很“无奈”地表示：“于先生就是这个样子！”也许正是因为淡泊名利，对一切都看得很淡，于同隐生命力非常强盛，2005 年 88 岁高龄还发表《漫谈化学反应》和《从化学反应到生命》这样的科普文章。于同隐一直保持规律的学习和生活习惯，旅游是他平生唯一爱好，领略大好河山，赏玩奇花异草，体会城市风光，随时都是乐事。

➤ 参考文献

[1] 张剑：《风轻云淡的一生：记中国高分子科学奠基人于同隐》，2017 年 3 月 20 日，见 http：//www. fudan. org. cn/site/fddxxyw/xyh/cnt/？ id=3598。

[2] 方艾青：《“高分子先生”于同隐：一个人，一个系科，一世风云》，《中国教育报》2016 年 6 月 30 日。

[3] 王蔚：《著名有机化学家于同隐 6 日上午在沪去世，享年 101 岁》，《新民晚报》2017 年 2 月 6 日。

案例 20

钢铁院士演绎不老传奇——崔崑院士

➢ 案例导读

崔崑是中国工程院院士、华中科技大学教授，被业内人士称为“钢铁院士”。他矢志于钢铁事业，为我国特殊钢的发展作出了巨大贡献。谈及自己的人生感悟，崔院士坦言：“我这一辈子，不谦虚地说 4 个字就概括了——勤奋、报国!”就是这样一个具有家国情怀的知识分子，在习总书记所倡导的“坚持学术自由和学术规范相统一”方面也给广大研究生导师树立了典范。

➢ 案例文本[①]

1925 年，崔崑生于山东济南。上初中时，家乡沦于日寇铁蹄之下，遭受奇耻大辱。崔崑只得辍学在家，父亲教他英语、数学，又请私塾先生教他语文。崔父是燕京大学毕业生，在日寇接管洋行后毅然辞去高薪职务。父亲

---

① 本案例主要参考以下文献资料编写而成：宋克顺、乐毅、王潇潇：《且行且执着　演绎不老传奇——对话中国工程院院士、华科教授崔崑》，《楚天都市报》2017 年 3 月 22 日。

教给他的不仅有丰富的知识，还有不争名利、淡然处世的人生态度，更有坚定的民族气节。这让他受益终生。①

“国家需要什么，我就学习什么”

1943 年崔崑高中毕业后，父亲支持他离开沦陷区，去四川考大学。历经 81 天，辗转数千里，他离开战乱的沦陷区到大后方求学。1944 年，崔崑考取当时内迁到四川乐山的武汉大学，决心以实业救国，“国家需要什么，我就学习什么”，最终他选择了机械专业。1948 年大学毕业之后，崔崑选择留校任教。20 世纪 50 年代初，新中国百废待兴，钢铁这一工业的脊梁尤其重要，高性能特殊钢更是托举一个国家钢铁工业水平的巨臂。于是崔崑远赴东北到哈尔滨工业大学，跟随苏联专家学习钢铁先进技术。1958 年，崔崑被公派前往苏联莫斯科钢铁学院，专攻金属学及热处理专业，两年的留学生涯奠定了他日后的研究方向——特殊钢。

留学期间，看到苏联发达的工业水平，崔崑暗下决心，一定要把我国的合金钢系统搞上去。崔崑曾回忆：“每天除了吃饭睡觉，唯一的事情就是读书。这个学习机会太难得了。”至今，那本从苏联带回的俄文钢铁专著，虽然书页已经泛黄破损，仍被他视若珍宝。②

“中国一定要有自己的模具钢种！”

1960 年，崔崑学成回国，担任教研室主任。教研室建立之初，经广泛调查，他了解到新型高性能模具钢是我国工业生产急需品，但无力自主生产，进口价格是普通钢的 10 倍以上。“中国一定要有自己的模具钢种！”凭着决心，崔崑将模具钢作为科研方向，研发了一种含铌基体钢，在国内外尚无先例。进入生产实践环节，崔崑在哈尔滨轴承厂住了三个月，带着学生和

---

① 参见郑明桥：《崔崑：立下报国志百炼成精钢》，2017 年 4 月 24 日，见 http://edu.people.com.cn/n1/2017/0424/c1053-29232238.html。

② 参见夏静：《崔崑：用钢铁意志书写人生》，《光明日报》2017 年 4 月 25 日。

工人师傅一起，日夜守在实验现场，在不同产品上反复实验，最终达到课题攻关要求。每当新钢种出产，崔崑便背着沉重的“铁坨坨”，风尘仆仆赶往各单位试用。一次，他背着 30 多公斤的模具钢，赶往洛阳拖拉机厂。那时候搭火车人多，常常挤得无法动弹，为了少上厕所，他上车前都不敢喝水。这一新型钢很快在汽车、电子、航天等行业推广，后被纳入国家工具钢标准。

20 世纪 80 年代初，上海一家无线电厂需制作印刷线路板的模具，该模具形状复杂，上有数千个小孔，国内生产不了，只能从国外进口，每副模具约 1 万美元，一年要进口 100 多副。崔崑与钢厂合作，经反复实验，研制了一种易切削模具钢，解决了难题，用他们的钢生产的模具每副只需约 7000 元人民币，该厂每年可节约 100 多万美元的外汇。这种新型钢获广泛应用。此成果于 1985 年获国家发明二等奖，而当年一等奖空缺，二等奖仅 4 项。①

鉴于崔崑在模具钢研发和合金化理论等领域作出突出贡献，1988 年湖北省人民政府授予他湖北省劳动模范称号。1991 年中华全国总工会授予他“全国优秀教育者”称号和“五一”劳动奖章。1997 年，崔崑当选为中国工程院院士。

“科学的最高境界就是求真求美，不断追求新知”

崔崑年逾 70 岁时，学校希望他继续留在工作岗位，于是，他自学计算机，很快学会上网查资料、自己制作多媒体教学课件、利用计算机指导学生等。80 多岁后，崔崑不再承担科研课题，但依然闲不住。

近年来我国钢铁工业快速发展，但某些高端特殊钢产品与国际先进水平尚有一定差距，业界急需一部全面反映特殊钢发展的书籍，崔崑瞄准了这一工作。2006 年，崔崑开始撰写《钢的成分、组织与性能》一书，这是我国

---

① 参见海冰：《耄耋学者钢铁风骨——华科金属材料学专家崔崑院士》，2017 年 3 月 20 日，见 http：//news. cnhubei. com/xw/wh/201703/t3803042. shtml。

首部全面系统介绍特殊钢的“百科全书”。该书卷帙浩繁，共 1574 页，达 200 万字。为完成这一艰巨工程，时年 81 岁的崔崑自学电脑，亲自收集每一份文献，编辑每一张图片。崔老花费半个多世纪的心血，铸就了这部经典之作。书中包含了钢铁研究和生产实践的方方面面，引用最早的文献为 1926 年的，最新为 2011 年的。2013 年，该书上、下册陆续由科学出版社出版。至此，我国终于有一部全面系统的特殊钢专著。西安交通大学材料科学家顾海澄教授称：“这是钢的百科全书，是一座巍峨的丰碑，是一部不朽的传世之作。”《钢的成分、组织与性能》出版后，崔崑常常会上当当、亚马逊等网站，看看这本书的销量和买家的评价。2017 年，他开始着手补充近年来钢铁领域的新进展，准备 2019 年再版这本才出版 4 年的专著。

“实干是招收学生的最重要标准”

1981 年，崔崑领导的华中工学院金属材料与热处理专业成为全国高校该学科首批 6 个博士点之一。作为我国首批博士生导师，他共培养了 24 名博士、23 名硕士。

学生不多，是因为崔崑要求严格。“我培养学生就和搞模具钢一样，不能出次品和废品。我招的学生，进门时学历有高有低，但个个都想干事、能干事。反之，那些只想混文凭的人，我不欢迎。”崔崑的学生中有十多人已是博士生导师，在各自领域取得了不小的成就。华中科技大学第一个博士生谢长生就出自他的门下。谢长生入学时学历并不高，现在是华中科技大学的教授、博士生导师了，主持了很多国家课题和大项目。崔崑的另一个博士生桂赤斌曾当过工人，但他要强好学，现在是海军工程大学教授，也是著作等身。崔崑的“实干”标准也深深地影响了他的学生们，已成为一项重要的师门传承。

在研究生培养中，崔崑引导学生关注学科新动向，注意新的研究方法。他对博士学位论文的评价，最重要的依据就是学术上的创新。崔崑带的一些博士生，有的是从其他单位转过来的，他们发表有关过去工作的论文时，有时会将他的名字带上。崔崑发现后，就严肃地说：“我又没有参加这个项目，你们这样做，是给我帮倒忙。”“搞科学研究的人，要遵守科学道德。维护科学尊严，贵在诚信自律。”说到这儿，和蔼的崔崑也变得严肃起来。已经 70 多岁的华中科技大学材料学院教授周凤云，就是崔崑的学生。她本科毕业至今已经 50 多年了，但仍忘不了崔老在她大四时布置的一道期末开卷考题——试论碳化物在钢中的作用。在当时，像这类极具开放思维的考试不多见，她说：“当年崔老师就有教学改革的思想，出题启迪学生思维”。

“脑子用得多，它坏的机会就少”

崔老已是 90 多岁高龄，但仍思维敏捷、记忆力超群，孩童时学的四角号码汉字检字口诀也背得溜熟。有人问他长寿秘诀，他特别强调要心态平和。他说自己这辈子就没生过气、没吵过架。“文化大革命”时期，他被多次批斗，也没有生气，更没有想不开。原因就是他把注意力都放在事业上，所以杂音进不到他的脑子里，所以谁也气不倒他、整不垮他。

被问到为何 90 多岁还能这般耳聪目明、思维清晰，崔崑回答说：“告诉你，别让自己的脑子停下来。你看，我每天把脑子的工作安排得满满的，《钢的成分、组织与性能》一书后年再版，需要编校新资料，有时我还会上当当、亚马逊等网站，看看我这书的销量和买家的评价。有时间的话，我再翻翻上世纪 50 年代的钢铁俄文原著，要做能做的事多着呢！脑子用得多，它坏的机会就少。”

“朱九思一小时帮我解决问题”

一代教育大家、华中工学院（华中科技大学前身）老校长朱九思是崔崑的老领导，也是崔崑眼中对自己帮助最大的人。崔崑曾多次谈到他对自己的帮助，至少有三件事至今令他难忘：一是 1971 年，学校部分恢复科研项目。崔崑当时提出要恢复自己的实验室，可是有人批评他不讲政治，不批准。后来朱校长知道了，旗帜鲜明地表示支持，崔崑的实验室很快恢复了。

二是 1981 年，崔崑主持的校内首个博士点获批，教育部拨下 10 万元经费用于基础建设。崔崑当时想搞个加工间、配 4 个工人，可是找不到人手和场地。向朱校长汇报后，他一个电话打到房产科和人事科，一个小时就解决了问题，给崔崑落实了近 200 平方米的加工间，调来了 3 个工人。三是 1985 年，崔崑首次获得国家发明二等奖（当年一等奖空缺，二等奖全国共 4 个），消息见报后，朱校长第二天一早就给他打来电话祝贺，令他受到很大的鼓舞。崔崑至今都认为他取得的成绩离不开领导和组织的关怀。

➢ 案例分析

习近平总书记在全国思想政治工作会议上强调，教师是人类灵魂的工程师，承担着立德树人的神圣使命。加强师德师风建设，必须坚持“四个统一”并将其内化于心、外化于行，并养成高度的自觉体认。“坚持学术自由和学术规范相统一”就是其中的一个重要方面。

学术自由是学术研究的一个基本要求，但是到底何谓学术自由？学术自由是否就是在学术上为所欲为或仅从兴趣出发？追求学术自由是否应该有所指引、有所遵循？崔崑院士的经历很好地为我们回答了这些问题。在崔崑院士的学术生涯中，“报国”这一追求始终为他提供着指引。在大学选择专业的时候，“国家需要什么，我就学习什么”，所以他选择了机械专业；留学期间，看到苏联发达的工业水平，他又暗下决心，一定要把我国的合金钢系统搞上去；学成回国后，他了解到新型高性能模具钢是我国工业生产急需品，但无力自主生产，他又立志“中国一定要有自己的模具钢种！”因此将模具钢作为科研方向，研发了一种含铌基体钢，在国内外尚无先例。正是“报国”这一坚定信念成就了钢铁院士的不老传奇。可见，学术自由不是为所欲为，学术自由也应该有所指引、有所遵循，只有将满足国家与人民的需要作为自己的努力方向，才能在学术上走得更远、走得更扎实，它比个人兴趣提供的动力更强、更大。

本案例还给我们一个重要启示，那就是教育管理部门和学校要为教师的学术自由创造条件，使他们免受各种不必要的干扰。以本案提到的崔老的老领导老校长朱九思为例，他所做的三件事不仅让崔老念念不忘，也令我们记忆深刻。正是他的帮助和支持，不仅让崔老恢复了实验室、建起了加工车间，有了科研的硬件条件，而且给了崔老极大的精神动力。

在崔崑院士的学术经历中，我们还可以看到他对学术规范的严格遵守。一方面，崔崑院士严格要求自己。以他撰写《钢的成分、组织与性能》一书为例，2006 年他开始撰写这部全面系统介绍特殊钢的“百科全书”，共 1574 页，达 200 万字。为完成这一艰巨工程，时年 81 岁的崔崑自学电脑，亲自收集每一份文献，编辑每一张图片。书中包含了钢铁研究和生产实践的方方面面，引用的文献最早的时间为 1926 年，最新的时间为 2011 年。2013 年该书上、下册才陆续由科学出版社出版。但是 2017 年的时候，崔崑已经开始着手补充近年来钢铁领域的新进展，准备 2019 年再版这本才出版 4 年的专著。另一方面，崔崑也严格要求自己的学生遵守学术规范。正如他自己所说：“实干是我招收学生的最重要标准，那些只想混文凭的人，我不欢迎。”有的博士生想在发表自己独立完成的论文时将崔崑的名字带上，但受到了老师的严肃批评。因为在崔崑看来，搞科学研究的人，要遵守科学道德。维护科学尊严，贵在诚信自律。

➢ 延伸阅读

崔崑院士的家国情怀①

420 万元设助学金

崔崑心里总装着别人，唯独没有自己。不舍得把穿了 30 多年的破洞衬

① 本材料摘编自程墨、吴宜芝、黄青青、高翔：《崔崑：不老的钢铁雄心》，《中国教育报》2017 年 9 月 12 日。

衫扔掉，却舍得把自己一生的积蓄捐给寒门学子。2013 年，为了帮助华中科技大学困难学生顺利完成学业，崔崑和夫人朱慧楠、女儿崔明玲共同捐资 420 万元，在校内设立了“勤奋励志助学金”，受助学生每年获得 8000 元。以崔崑家里的积蓄，这笔助学金无法一次性捐出，但是他执意要将全部积蓄捐出来，有一点结余就捐一点。捐赠仪式上，崔崑结合自己的人生体会讲述捐资助学的初衷，希望同学们珍惜大学的宝贵时光，勤奋学习，健全体魄，提高人文素质，学好扎实本领，热心公益事业，增强社会责任感，为实现中华民族伟大复兴的中国梦作出贡献。

除了心系寒门学子，崔崑对校内老同志也无私地奉献着。学校汽车队车龄普遍较长，小轿车数量也有限。为方便校内体弱多病出行不便的老同志，2016 年 6 月，崔崑和夫人向汽车队捐赠了一部价值 20 余万元的小轿车，为校内离退休老同志提供交通应急服务。平时自己用车时他也按照学校规定提前约车并坚持自掏腰包：“我们受党教育这么多年，如果公家的车私用，心里会感到不舒服。”

“20 世纪 80 年代，家里孩子多负担重，我常得到崔老接济的衣服和食物。”在华中科技大学原党委副书记梅世炎的记忆里，崔崑总是乐善好施。该校材料学院原党总支书记郑恩焰则回忆，早在 20 世纪 80 年代，崔崑就自掏腰包为困难家庭老师设立了互助基金。曾管理过互助基金的华中科技大学退休教师张杰也深有体会：“要是没有这笔钱，一些困难老师家里可能就揭不开锅了。一直到 20 世纪 90 年代，大家收入普遍提高，这个互助基金才取消。”

崔崑对待别人从来都是慷慨解囊，但是对待自己向来“吝啬”。该校材料科学与工程学院原党总支书记郑恩焰透露，崔崑夫妇生活方面一直很节俭，一直都住在校内院士楼，没买房子；家里的家具比较老旧，电视甚至还不是液晶的；家里也没请过保姆，平时在学校买菜，自己做饭。

为人师，桃李不言下自成蹊

“崔教授的头衔很多，但是他最看重的还是教师的身份。”华中科技大学材料科学与工程学院副院长袁新华对记者说。对待自己的学生，崔崑为他们倾注的心血难以言数，他说：“为年轻人架桥铺路，是我应尽的职责。”华中科技大学材料科学与工程学院教授肖建中从1978年本科读到博士一直师从崔崑院士，他说：“崔教授学术严谨的风格对我的影响很大。对待不确定的问题，会坦然地告诉学生，不隐瞒也不糊弄。为了第一手资料，他常常和我们一起，在实验室里一待就是十几个小时。”

自1985年以来，崔崑让所带的博士生都参与到他所争取的国家自然科学基金与省部级基金等项目中来，这种做法使他的学生们快速成长起来。材料科学与工程学院教授熊惟皓说：“严格要求、鼓励创新、学以致用，这是恩师的教学原则。今天，我在教学上也用这一原则要求我的学生。”

直到如今，崔崑还时刻关注着学科发展的前沿动态，经常和自己的学生讨论相关方面的成果，对后辈从事科研予以帮助和指导。

耄耋之年，相依相伴

2017年，央视播出的十集电视政论专题片《将改革进行到底》引起了公众的高度关注。每天定时收看这个节目，成为崔崑的头等大事，每看完一集写一篇观后感，也成为崔崑的日常工作。崔崑和老伴的老年生活特别丰富，两人都喜爱集邮，晨起打太极拳，共同参加学校老教授合唱团，闲暇之余与一帮老朋友跳交谊舞。聊起家常，崔崑透出会心的安宁，但只要谈到特殊钢，崔崑的眼神里难掩璀璨光芒，窗边的梧桐树依旧繁盛，近一个世纪的时光似乎只是刹那。

有记者在采访时问崔崑的老伴朱慧楠教授：“朱老师对捐赠巨款最初是什么态度?”朱慧楠爽快地说，“百分之百赞成。”

崔崑和朱慧楠都生长在知识分子家庭。崔崑说：“父亲对我影响最大的莫过于他的民族气节，其次是他对我的家教。”在抗战前经济条件好时，其父乐善好施，资助贫困亲友子弟读书。朱慧楠父母都曾留学法国，母亲在解放后义务为街道工作40余载。两人都生活在兄弟姊妹众多的家庭，但家人和睦，他们终生受益。

崔崑和朱慧楠是哈尔滨工业大学研究生班同学。工作后，两人都严以律己。曾做化学系主任的朱慧楠介绍，他们都一心扑在工作上，不分节假日，把生活放在次要位置，当时最大的消遣就是周六晚一起看露天电影。因忙于工作，夫妇俩长年在食堂吃饭。崔崑 70 多岁时，二人才开始在家中做饭。“老伴洗菜、掌勺是我。”这位随和的老院士说，不会做的菜，上网一查，什么菜都可以做了。

携手走过几十年，两人“互相支持、没有吵过架”。问及秘诀，崔老脱口而出：“大的问题共同商量，生活问题我迁就她。”

尽管已经 90 多岁，但崔崑依然精神矍铄，身材结实硬朗。他就像是一块钢，一块千锤百炼的特殊钢，笔尖划过纸张，从前的燃情岁月就渐次出现了。

两袖清风，坚守本色

1956 年，31 岁的崔崑光荣入党。半个多世纪以来，他始终牢记自己的党员身份，克己奉公，一尘不染，两袖清风，坚守本色。

20 世纪 80 年代后，请客送礼风气渐长。崔崑经常告诫身边的同志，要注意廉洁自律，要坚持从小事做起。他 1997 年当选院士后，找他办事的人也多了，为避免别人送礼，他总是约来访者到办公室面谈。一次，有人到他的办公室与他讨论问题，走时留下一袋资料。他带回家一看，里面有一件贵重礼品，当即用特快专递给送礼人寄了回去。

无独有偶，2005 年 7 月，崔崑院士八十大寿，学生集资 2000 元，为他定制了一尊刻着“寿”字的金属鼎。为了不拂学生美意，他当时勉强收下，几天后便悄悄抱着鼎上交给学院。他说，这虽然是学生的一片心意，但他不收礼的原则不能破。

崔崑从不为个人的事劳烦学生。“我和他们是教育、学术上的关系，不能让学生给我打杂。”他说，自己的事情自己做，是他一直坚持的原则。平时，大小家务活基本上都是他和夫人自己动手。每有学生到他家中要帮忙干活，他都会婉拒：“这些事情我们做得来，你们现在最重要的是学习。”

2013 年，崔崑的专著出版后，学院和材料成形与模具技术国家重点实验室负责人去看望崔崑，表示该书对学院和实验室的发展意义重大，准备出资购买一些，以用于宣传和推介赠送一些给钢铁领域的单位。崔崑婉言谢绝，他说：“中央刚刚出台八项规定，作为一名老党员应该严格遵守。赠书是一件好事，但不能用公家的钱，我与出版社商量请他们优惠一点，我自己出钱买。”他坚持用自己的39000元，买了130套书。

2015年春节期间，学院领导到崔崑家慰问，个人买了一些水果。崔崑看到水果便说：“现在中央规定不得送礼，你们这是违反纪律，这样不好。”交谈中，崔崑感慨道：“‘八项规定’出台后，节俭风气渐浓，干部不许开公车办私事，公款吃喝少了，这是好事。只要中央做到言必信、行必果，社会风气肯定会越来越好。”一位同志不经意看到崔崑穿的白色衬衣领口破了，就说您大年初一怎么还穿着一件破衣服。他笑着说：“没关系，家里有新的，出门时换一下，扔了太可惜。”在场的同志都深为感动。

2016年6月，中共湖北省委授予崔崑全省优秀共产党员称号。“华夏有巨擘，中国多英才。科学兴国运，技术耀喻园。大爱播骄子，学识传后代。崔巍人品立，崑仑比胸怀。”华中科技大学的学生曾写过这样一首诗表达对崔崑的敬佩之情。喻山脚下，这位钢铁院士周身散发出璀璨的光芒。

➤ 参考文献

[1] 宋克顺、乐毅、王潇潇：《且行且执着　演绎不老传奇——对话中国工程院院士、华科教授崔崑》，《楚天都市报》2017年3月22日。

[2] 郑明桥：《崔崑：立下报国志　百炼成精钢》，2017年4月24日，见http：//edu. people. com. cn/n1/2017/0424/c1053-29232238. html。

[3] 程墨、吴宜芝、黄青青、高翔：《崔崑：不老的钢铁雄心》，《中国教育报》2017年9月12日。

[4] 夏静：《崔崑：用钢铁意志书写人生》，《光明日报》2017年4月25日。

[5] 海冰：《耄耋学者　钢铁风骨——华科金属材料学专家崔崑院士》，2017年3月20日，见http：//news. cnhubei. com/xw/wh/201703/t3803042. shtml。

案例 21

将科研成果写在大地上——康绍忠院士

➢ 案例导读

中国是农业大国，“三农”问题是关系国计民生的根本性问题，是新时期的重要工作。中国工程院院士、中国农业大学康绍忠教授就是“科技兴农”的时代浪潮里的弄潮儿和引领者。他不仅是知名的农业水土工程专家，也是一位优秀的教师：他坚持“率先垂范”，为学生作出榜样；他重视调查研究，深入田间地头获得第一手实验数据；他遵守学术规范，凡是署名为第一作者发表的论文，绝对是本人亲自执笔；他在指导学生时，不仅重视知识的传授，更加注重方法的指导和科学精神的培养。康绍忠院士用自己的实际行动践行了习近平总书记提出的“四个统一”要求，是认真履行立德树人职责的研究生导师模范，是值得我们学习的“四有”好老师。

➢ 案例文本[①]

康绍忠教授是我国农业水土工程学科主要学术带头人之一，担任中国农

① 本案例主要参考以下文献资料编写而成：康绍忠：《那年，我一跃入“农”门》，《中国科学报》2018 年 11 月 30 日。

业水问题研究中心主任，并兼任中国工程院农业学部常委会主任、中国农业节水和农村供水技术协会会长、国务院学位委员会农业工程学科评议组召集人、高等学校农业工程类专业教学指导委员会主任委员、中国国家灌溉排水委员会副主席、中国农业工程学会副理事长等多项职务。他在干旱区农业高效用水与水资源领域取得一系列创新成果，先后获得 ICID 国际农业节水技术创新杰出成就奖 1 项，国家科技进步奖一等奖 1 项、二等奖 3 项，国家自然科学奖二等奖 1 项，国家优秀科技图书奖三等奖 1 项，国家优秀教学成果奖二等奖 2 项。2010 年被英国兰卡斯特大学授予荣誉科学博士学位，并于 2011 年当选为中国工程院院士。30 多年来他始终心系三农，长期深入田间地头，足迹遍及陕西、甘肃、新疆、内蒙古、山西、河北等地，为解决干旱地区的水问题进行了卓有成效的研究与探索。

与此同时，他先后任教于西北农林科技大学和中国农业大学，多年来一直坚守在教学一线，为国家培养了大量优秀的农业人才，他个人也先后获得全国教育系统劳动模范、全国模范教师等荣誉称号和奖励。作为导师，他在指导学生时，坚持以身作则，注重培养学生实事求是、脚踏实地的学风和尊重规律、尊重事实的科学精神，坚持学术自由和学术规范相统一，为中国农业农村水利事业的发展和优秀农业人才的培养作出自己的贡献。

出生农村　求学农业

1962 年 11 月，康绍忠出生于湖南省桃源县的一个农村家庭。不及锄把高就和父母一块下田挣工分的康绍忠，在挖山丘、修水田、抡大锤、抬红土的劳动中，对“水利是农业的命脉”这一伟人名言有了更深的体会，对土地有着更深的感情。① 这样的生活经历给年幼的康绍忠留下了深刻的印象，也直接影响了他后来的职业选择。当时，桃源县是全国有名的水利建设和水

① 参见晓寒、同民：《大器早成——记西北农业大学青年教授康绍忠》，《科技·人才·市场》1995 年第 4 期。

利管理先进县，具有丰富的水资源，星罗棋布的水库、水电站、排灌站等水利设施。康绍忠从小就经常手拿镢头、钢钎，和老人们一起修水库、修水渠、建排灌站，这种体验使他从幼年便对水利工程有了最直接的和感性的认知，也切身感受到了家乡的丰饶物产得益于水，只有把水“用”好了，农作物才能长得一年旺似一年。

1978 年 7 月，不满 16 岁的康绍忠参加高考，并于同年 10 月进入武汉水利电力学院（现武汉大学水利水电学院）农田水利工程系学习。之所以填报志愿的时候会选择农田水利工程专业，康绍忠说他是无意间在学校墙上看到了武汉水利电力学院的招生广告，宣传广告上有一条高压输电线、一座水坝，自小生活在农村的成长经历使得他对这种场景十分熟悉，并且抱着一种学成后为农村水利事业服务的朴素愿望，他毫不犹豫就填报了这所学校唯一一个带“农”字的专业——农田水利工程。

1982 年，康绍忠抱着要进行农田水利与土壤物理、作物学相交叉领域研究的梦想，考取了原西北农业大学（后合并组建为西北农林科技大学）农业水土工程专业的硕士研究生，在 1985 年硕士毕业留校后继续在职攻读博士学位，并于 1990 年获得博士学位。1993 年 9 月，康绍忠被西北农业大学破格晋升为当时最年轻的教授；1994 年入选了中国科学院首批“百人计划”；1997 年获得了国家杰出青年科学基金；2001 年被聘为教育部“长江学者”特聘教授；2002 年调入中国农业大学工作。不管求学、工作的单位、岗位怎样变化，康绍忠都始终牢记自己选择农业专业的初衷：利用好水资源造福人民。

扎根农村　造福农民

30 多年来，康绍忠教授和他的团队始终扎根在西北干旱地区开展农业节水与水资源研究。石羊河流域是甘肃三大内陆河流域之一，也是我国西北内陆干旱区人口最密集、水资源开发利用程度最高、用水矛盾最突出的地区。因此，这里的人们对缺水的敏感程度比任何地方都强烈。1995 年，康绍忠教授来到甘肃石羊河下游的青土湖一带考察。一到当地，眼前的情景就给了他“当头一击”：土地龟裂、水干沙起，到处都在喊“渴”。在民勤东渠乡大号三社，因为没有水，很多人远走他乡，原来134口人的村子只剩下21口人。

经过考察，康绍忠教授发现这里存在水资源配置不合理的问题，上中游灌溉面积无序扩大和不科学的农业用水浪费了大量水资源，导致下游水资源匮乏。康绍忠深深地意识到，农业科学用水在这里太重要了。也就是从那一刻起，一个想法在他心中愈发坚定：必须为这里做些事儿。带着这样的信念，康绍忠教授带领团队建设了中国农业大学石羊河实验站，常年有60—70位师生住站研究和实习，已成为西北旱区农业节水技术示范推广、科学研究、人才培养、国际合作的重要基地。他的团队主持完成了多项科研项目，在改善土壤水分条件、优化节水灌溉工程方面取得重要成果。经过多年的努力，康绍忠教授和他团队成员的努力取得了显著成效：研究提出的“控制性作物根系分区交替灌溉”，可以在保证农作物产量的情况下，使灌水量减少20%—30%。如今“复活”的青土湖，再现水草茂盛、碧波荡漾的壮美景观。①

治学有方育人有术

康绍忠教授有很多头衔，但最让他骄傲的，是他的教师身份。多年来，康绍忠教授一直值守在教学一线，兢兢业业、教书育人。参加工作以来，他每年都要完成面向本科生和研究生的教学任务。② 为增强课程育人实效，激发同学们对水利类专业的兴趣，他积极探索本科教学改革，倾心打造出本科核心素质课《中国水问题与科学应对》，带领包括长江学者、国家杰出青年科学基金获得者、国家奖获得者等在内的名师教学团队，多次集体备课。自

① 参见张烁：《高校基层党建，打响质量提升攻坚战》，《人民日报》2018年6月7日。
② 参见孙录勤、忻越：《“科技少帅”康绍忠》，《中国水利》1995年第10期。

课程设想产生开始，大到课程体系搭建，小到图形表格引用，他始终和团队教师一起反复论证，精雕细琢。课程所展示的第一手数据与案例，都是他长期从事中国农业水问题研究的心血积累，课程开设后，选课人数不断攀升，许多非水利类专业的同学也都慕名前来听讲。

康绍忠教授严于律己，在工作和生活中都给学生树立了榜样。比起教授学生知识，他更注重方法的指导和科学精神的培养。他对待学风问题也是严谨再严谨，对学生的每一篇论文稿件都会逐字逐句耐心修改，就连标点符号都要达到标准。有时候，康绍忠批改的内容竟会比论文初稿内容还要多。学生时常感叹："康老师改我们的一篇论文要比他自己写一篇更费神"。①

除专业课程外，康绍忠还先后为本科生、研究生讲授《科研诚信与学术规范》课程，以此强化学生的学术规范和科研诚信意识。为培养出更多具有"懂农业、爱农村、爱农民"三农情怀的优秀人才，康绍忠从零起步，带头创建了中国农业大学石羊河流域农业与生态节水实验站。康绍忠带领学生克服种种困难，在农业节水领域取得一系列重要进展：2002 级研究生佟玲、姚立民、贾宏伟在民勤绿洲做土壤入渗特性空间分布试验，天不亮就出门，有时在沙漠边缘地上冒着五六十度的高温工作，还要用马车拉水；2003 级研究生郝治福、吕廷波在邓马营湖为了观测抽水井水位和土壤入渗的动态变化，常常是带着干粮和一壶开水，在沙漠边缘的农田里一跑就是一整天；2005 年，在条件最艰苦的民勤薛百乡农技站试验基地，只有一个简易旱厕，老师们尽量不让女同学在那里开展试验，但一位女生侯晓燕就是不服气，克服种种困难，顺利完成了马铃薯膜下滴灌试验……②

康绍忠说："我觉得，作为一个老师，要求学生做到的，必须自己首先做到；要求学生吃苦，自己必须能吃苦；要求学生的论文被 SCI 收录，自己

---

① 《康绍忠：心系三农　将科研成果写在大地上》，2018 年 9 月 17 日，见 http://news.cctv.com/2018/09/16/ARTI6r4B5aKoecFYUBg2xaVz180916.shtml。

② 参见秦娜：《用汗水"留住每一滴水"——中国农业大学石羊河实验站节水研究的故事》，《甘肃日报》2017 年 8 月 22 日

必须有若干篇论文被 SCI 收录。”① 在指导学生时，他的确做到了“率先垂范”：康绍忠重视调查研究，实验数据都是亲自在田间地头观察记录得来的；他发表的论文，凡是署名为第一作者的，绝对是亲自执笔。正是这样的言传身教和良苦用心换来了实实在在的回报：他所培养的博士毕业生获得全国百篇优秀博士论文奖 2 人、提名奖 1 人，“长江学者”特聘教授 1 人、国家杰出青年科学基金获得者 1 人、国家自然科学基金委设立的“优秀青年科学基金项目”资助获得者 3 人、教育部“青年长江学者”获评者 1 人，已有 35 人晋升为教授（研究员、教授级高级工程师），20 余人被批准为博士生导师。②

“现在我渐渐明白了，正是因为康老师对国家心有感激，对农民心有感念，对土地心有感恩，对节水心有感触，才能取得如此成就。”③ 在学生们的心中，康绍忠不仅是国际知名的专家学者，更是在生活中、学业上对他们悉心关怀、严格要求、认真指导的好老师，是他们人生路上的领路人。

➢ 案例分析

党的十九大报告明确指出：农业农村农民问题是关系国计民生的根本性问题，必须始终把解决好“三农”问题作为全党工作重中之重。④ 要从根本上解决三农问题，有效实施乡村振兴战略，需要有更多像康绍忠教授一样的科技工作者投身农业、扎根农村、帮助农民。而在服务“三农”的过程中，康绍忠教授还在教书育人、人才培养方面取得显著成就，以自己的实际行动

① 高立洪、陈思：《康绍忠：责任让我停不下脚步》，《中国水利报》2005 年 5 月 14 日。

② 参见诺亚：《利用好水资源　造福人民中国工程院院士、著名节水灌溉专家康绍忠》，《湖北农业科学》2013 年第 10 期。

③ 《康绍忠：心系三农　将科研成果写在大地上》，2018 年 9 月 17 日，见 http://news.cctv.com/2018/09/16/ARTI6r4B5aKoecFYUBg2xaVz180916.shtml。

④ 参见习近平：《决胜全面建成小康社会　夺取新时代中国特色社会主义伟大胜利——在中国共产党第十九次全国代表大会上的报告》，《人民日报》2017 年 10 月 28 日。

培养学生的科学精神和严谨学风，这是他作为一名人民教师，作为一名研究生导师，自觉履行其立德树人职责的生动体现。

研究生导师既要重视对学生进行知识传授讲解，也要注重严谨学风和学术品德的教育，注重科学方法和科学精神的培养，这是研究生导师履行其立德树人职责的重要方式和内容。强教必先强师，对研究生教育更是如此，导师的水平直接决定研究生的培养质量。① 因此，要培养优秀的研究生，导师必须从自身做起，以身作则、言传身教，这直接体现为坚持学术自由和学术规范相统一，涵养培育脚踏实地、求真求实的科学精神。

案例中康绍忠教授曾说："老师是决定学生培养质量的重要因素，要提高学生的创新能力，导师必须始终站在学科的前沿，掌握最新的理论发展动态，立足于知识创新，才能培养出具备创新能力的人才。"② 正是基于这一理念，康绍忠在教师岗位上勤奋踏实地工作，不断增长学问，养成团结协作、艰苦奋斗的科研精神和良好的科研道德，在工作和生活中都给学生树立榜样，以此对学生进行潜移默化的隐性教育和言传身教的显性教育，实现立德树人的育人目标。如何落实立德树人的指导思想和原则，不仅关系到党中央精神和指导思想的落实，而且关乎治愈当代中国教育的痼疾，真正实现我国以人民为中心发展教育的根本方向。③ 现实工作中，导师在研究生培养中扮演着关键角色：作为研究生成长成才的指导者和引路人，对研究生为学、为人都产生着重要影响，既要教书，又要育人，既要在学业上进行指导，更应在政治方向、价值取向和人生航向上进行引导。④。与其他教育主体相比，研究生导师具有履行立德树人职责的独特优势，主要体现为：与学生的接触时间最长、交流最多、了解最深，开展思想教育工作最便利。有鉴于此，研

---

① 参见洪流：《江苏研究生教育 40 年回顾与未来展望》，《江苏高教》2019 年第 3 期。

② 《浇灌绿色的希望——记中国农业大学长江学者康绍忠教授》，《北京市深入开展创先争优活动工作简报》第 119 期，2011 年 8 月 25 日。

③ 参见陆士桢：《立德树人的内涵与方法——学习落实全国教育大会精神》，《人民教育》2019 年第 1 期。

④ 参见骆莎：《论立德树人中导师的教育引导作用》，《思想理论教育》2018 年第 11 期。

究生导师必须积极主动、认真负责地将立德树人职责落到实处，实现全方位育人目标。

学术研究是研究生培养过程中的重要环节，也是导师履行立德树人职责的重要方面。有学者对部分研究生的学术道德意识进行调查，发现有21%的研究生对学术不端行为表示“可以理解”；更有14%的研究生对学术不端行为表示“无所谓”。[①] 由此可见，强化研究生的学术道德意识具有突出的紧迫性和必要性。要引导学生树立正确的学术道德意识，离不开导师在日常学术活动中对学生开展学术规范、学术品德教育。案例中康绍忠教授就是这么做的：作为从事农田水土研究的专家，他率领团队多年来坚持在缺水地区进行深入调查，深入田间地头获得第一手实验数据，以此保证研究结论和解决方案的真实有效，绝不弄虚作假；他在学术研究中自觉遵守学术规范，凡是署名为第一作者发表的论文，一定是本人亲自执笔，绝不冒名占用他人的研究成果。

正是通过这些实际行动，康绍忠教授不仅率领科研团队取得科学研究上的累累硕果，而且培养出大量优秀人才，有效履行了其所肩负的立德树人职责，为我国农田水利事业的发展作出重要贡献。

➢ 延伸阅读

那年，我一跃入“农”门[②]

在那个年代，完成高中学业，要么回农村老家继续种地，要么去中学担任代课老师，是高考的恢复改变了我的命运。其实，改变的不仅仅是一个农

---

① 参见蒋连霞、施亚玲、向兴华、王科：《新时代加强和改进研究生思想政治教育工作的现实思考——基于对广东省研究生思想政治状况的调查》，《思想教育研究》2019年第1期。

② 本材料摘编自康绍忠：《那年，我一跃入“农”门》，《中国科学报》2018年11月30日。

家子弟的命运，更是我们那一代人的命运。

幼年的经历让我对农业水利有了最直接、感性的认识——只有保障干旱季节的灌溉用水，农作物才能丰产。因此，在填报志愿时，我选择了当时多数人“远离”的带“农”专业——武汉水利电力学院农田水利工程专业。

“半工半读”完成中学

1962 年 11 月，我出生于湖南省桃源县的一个农村家庭。那时还有公社，我们涌泉公社有 15 个大队，我家所在的大队叫新民大队。我父亲是大队的党支部书记。

当年我们大队只有小学，没有初中。父亲很重视办学，多次跟公社领导争取协商开办中学。在他的努力下，我们村最终办起了初中，我所在的新民小学升级为新民中学，周围 6 个大队的孩子也都来我们大队上初中。

我是 1969 年春天上的小学，正赶上了“文化大革命”。到我上初中时，已经是“文化大革命”后期了。大部分时间都是“半工半读”，上午在学校学习、下午去生产队劳动。后来学校里也在山坡上开挖梯田，我们也经常前去干农活。

初中两年我一直担任班长，直至 1976 年步入高中。按照政策，那时实行分片上高中，我们新民中学的学生一半去了漆河镇里的桃源县第四中学，一部分去公社的涌泉中学高中部。我在桃源县第四中学就读，并在高一年级担任班长。

刚入学的第一年，我们还是处于“半工半读”状态。除了在学校的农场里干活，还要去对口支援的大队新建的居民点，帮助挖沙子铺路、修水库等。1977 年上半年，我们的劳动还十分繁忙，晚上有时候也要前去，但当时每个人都热情高涨，干活积极卖力，并不觉得很辛苦。

其实，读高中之前根本就没考虑过上大学，当时的想法是好好念完高中，有机会招工当一名水利工程管理人员，或者到县上棉纺厂当工人。

根据墙上广告选取专业

高一那年，听到广播里说全国恢复高考了，同学们特别高兴。因为学习成绩优异，我成为学校从 200 多位高一学生中推荐提前参加高考的两名学生之一，参加了 1977 年冬天的选拔考试。但遗憾的是，我们俩因为没有系统学习过高中知识，也就没有考上。

从高二下学期开始，学校重新分班。这次分班源于全国科学大会的召开，我清楚地记得郭沫若发表的书面讲话《科学的春天》里那句“让我们张开双臂，热烈地拥抱这个春天吧”。当时学校有 4 个班，后来学校把 4 个班的尖子生集中到一个班，我也就从原来班的班长变成了尖子班团支部宣传委员。1978 年上半年，老师集中加班给我们复习，准备 7 月的高考。

那时的高考不像现在，没有父母陪送。考试就在我们中学的教室里，可能因为我年龄小，再加上高一考过一次，并没有感到紧张。考完后，我一个人去县城体检，那是我人生第一次去县城。

过了一段时间，分数才下来。我考了 352 分，在所上的高中算分数最高的前两人了。当时我们桃源四中那一届也就考上七八位，包括后来补录的大专生。

那年全国 610 万人报考，原计划招生 29. 3 万人，后增加近 11 万人，共录取 40. 2 万人，第一批录取比例仅 4. 8%，在偏远农村中学要考上大学更是一件不容易的事。

我被武汉水利电力学院农田水利工程专业录取后，才知道这个专业极其冷门，很多人不愿意选择，因为它带“农”字。特别是有些城里来的学生认为好不容易上了大学，却又走进了“农门”。

去校医院看病，有的同学就怕大夫问起学习什么专业，因为专业带“农”怕别人瞧不起。然而我对这个专业并没有偏见，因为当时只有一个朴素的愿望，就是学习水利知识，为发展农业生产作贡献。

书包锁在凳子上占座

学校因多年未招生，教学楼、宿舍楼等基础设施都要重新维修整理，1978 年 10 月 6 日至 7 日，武汉水利电力学院终于迎来了新生报到的日子。我于 10 月 6 日前往东湖之滨、珞珈山麓，那是我平生第一次出远门。

学校良好的学习生活条件很好地解决了我生活上的困扰，可以一心一意在浩瀚的知识海洋中畅游。当时学校给予我们大部分同学助学金，根据家庭经济状况分为甲、乙、丙等。我是最高的甲等，每个月 20 元，其中 17 元是饭费、3 元是零花钱。开始时饭票上标有早、中、晚餐，不吃就作废。后来同学们都很有意见，记得大二时就改成只标有钱数的饭票了。

我们班同学间的年龄差距非常大，最大的是 1946 年出生，被称为“老三届”，最小的是 1963 年。我是 1962 年出生，算是班里倒数较小的几位，入学时还不到 16 岁。“老三届”非常不容易，他们有的人等了十几年才有上大学的机会，其中我们班的“老大”上大学时已经有 3 个孩子了。所以他们学习十分刻苦，这也极大地鼓舞与激励了我们。

我记得，当时的数学教材为同济大学主编，分上、下两册。60%以上的同学除了把老师布置的教材习题做一遍以外，还会主动把樊印川的《高等数学讲义习题集》里的习题再做一遍，这是一本“文化大革命”之前的大学数学教材配套的习题集。

那时候学校没有太多的文体活动，同学们大多去图书馆或大教室学习。但因刚恢复高考，图书馆的学习室非常狭小，座位有限且珍贵，如果去吃饭要离开一会，必须占座。一般情况下，书包仅仅放在凳子上占座是不可行的，因为回来时书包有可能就不在原地了，必须把书包锁在凳子上。所以，同学们的书包里经常会装一把锁。

那时，我们一心只是想着好好学习，希望日后能为国家作点贡献。

科学报告会上唯一本科学生

我们上大学时学校的学术交流活动不是很多。记得大概是1981年的秋天，我看到农田水利教研室有个学术报告会的通知，内容涉及地下水资源动态评价、组合喷灌强度计算、非饱和土壤水分运动。

我出于好奇与兴趣，兴冲冲地跑去聆听。但到了教室才发现，近40人的科学报告会只有我一人是本科学生，其余都是老师。

老师们坐定后，教研室秘书给每一位老师发了一份有十几页的组合喷灌强度计算的油印材料，可能知道我是学生，加之也不认识我，唯独没有给我发那份材料。

这时在我前面一位和蔼可亲、看起来十分有学问的老师看到此景，就对秘书说，大家都发了，也给这位同学一份吧！顿时我内心无比激动与感恩，后来才知道他就是大名鼎鼎的张蔚榛老师。

张蔚榛老师是20世纪50年代中从苏联获得农田水利副博士学位后回国的，是十分受同行尊敬的我国著名的农田水利与地下水专家，1997年当选为中国工程院院士。

张老师为人和善，他不仅给予年轻人关心和提携，在学术上更是一丝不苟、严谨治学，在如今浮躁的学术大环境下却很难再找到这样的老师。他是我十分崇敬的老师，对我的学术生涯影响很大。我在工作后跟张老师一起参加过几次成果鉴定会，鉴于我国当时的科技发展水平，凡是材料上写着“国际领先”字眼的，张老师都谨慎签字。

大学时期对我影响很大的还有茆智老师。他是我毕业论文的指导教师，在灌溉工程及其用水管理的理论与技术方面有出色成就，现在是中国工程院资深院士。

那一届，茆智老师指导四个本科学生撰写毕业论文。茆老师的房间里有一张大办公桌，我们每周都要去他家围坐在办公桌前汇报和讨论毕业论文进展。

我的毕业论文的题目是《水稻需水量的分析与计算》，茆老师亲自带我们到安徽滁县水文实验站等地调研收集资料，分析早、中、晚稻生育期需水量的变化规律，以及需水量与品种、空气温度、湿度、日照时数和栽培措施等影响因素之间的关系。

茆老师悉心的教导与关心，使我顺利通过毕业答辩并获得优秀。也正是由于此次经历，让我更加喜欢上了作物需水量研究，并逐渐扩展为土壤—植物—大气连续体水分传输和作物节水调质高效灌溉理论与技术研究。

“科学成果是由一点一滴积累起来的，唯有长期积累才能由点滴汇成大海”，这是我时常激励自己的话语。

2002 年，我调入中国农业大学工作。但最近 10 多年我们团队的工作仍然扎根在西北旱区，我们团队建设的中国农业大学石羊河实验站，常年有 60—70 位师生住站研究和实习，已成为西北旱区农业节水技术示范推广、科学研究、人才培养、国际合作的重要基地。目前我们的研究又扩展到新疆南疆等区域。

一路走来，我认为自己是一个很平凡普通的人，有时甚至感觉还有点“愚笨”，但我们那一代人，都是靠自己的奋斗与汗水浇灌出梦想与希望的。我想，机会总是留给有准备的人的，艰苦奋斗、严谨治学、持之以恒和团队精神是不可或缺的，这也是现在的年轻人最需要培养的。

➤ 参考文献

[1] 康绍忠：《那年，我一跃入“农”门》，《中国科学报》2018 年 11 月 30 日。

[2] 晓寒、同民：《大器早成——记西北农业大学青年教授康绍忠》，《科技 · 人才 · 市场》1995 年第 4 期。

[3] 张烁：《高校基层党建，打响质量提升攻坚战》，《人民日报》2018 年 6 月 7 日。

[4] 孙录勤、忻越：《“科技少帅”康绍忠》，《中国水利》1995 年第 10 期。

[5]《康绍忠：心系三农将科研成果写在大地上》，2018 年 9 月 17 日，见央视

网，http：//news. cctv. com/2018/09/16/ARTI6r4B5aKoecFYUBg2xaVz180916. shtml。

［6］秦娜：《用汗水“留住每一滴水”——中国农业大学石羊河实验站节水研究的故事》，《甘肃日报》2017 年 8 月 22 日。

［7］高立洪、陈思：《康绍忠：责任让我停不下脚步》，《中国水利报》2005 年 5 月 14 日。

［8］诺亚：《利用好水资源造福人民 中国工程院院士、著名节水灌溉专家康绍忠》，《湖北农业科学》2013 年第 10 期。

［9］习近平：《决胜全面建成小康社会 夺取新时代中国特色社会主义伟大胜利——在中国共产党第十九次全国代表大会上的报告》，《人民日报》2017 年 10 月 28 日。

［10］洪流：《江苏研究生教育 40 年回顾与未来展望》，《江苏高教》2019 年第 3 期。

［11］《浇灌绿色的希望——记中国农业大学长江学者康绍忠教授》，《北京市深入开展创先争优活动工作简报》第 119 期，2011 年 8 月 25 日。

［12］陆士桢：《立德树人的内涵与方法——学习落实全国教育大会精神》，《人民教育》2019 年第 1 期。

［13］骆莎：《论立德树人中导师的教育引导作用》，《思想理论教育》2018 年第 11 期。

［14］蒋连霞、施亚玲、向兴华、王科：《新时代加强和改进研究生思想政治教育工作的现实思考——基于对广东省研究生思想政治状况的调查》，《思想教育研究》2019 年第 1 期。

后　　记

本书的三位编者长期从事思想政治教育教学与研究、长期担任研究生导师。在教学与科研实践中切身体会到导师在研究生培养中的重要作用，切身体会到导师立德树人的重要性。2016 年申报并获批大连理工大学研究生教改项目中的思想政治教育专项“道并行而不相悖——导师在研究生学术与人格培养中的双重责任”；在此基础上 2017 年又获批中国学位与研究生教育学会课题“‘四个统一’视域下研究生导师立德树人职责研究”，这本案例汇编正是这两项课题的研究成果。最令我们感到高兴的是这本案例汇编入选了教育部《高校思想政治工作研究文库》并由人民出版社统一出版。

以案例汇编的形式呈现优秀研究生导师的事迹，可读性强，具有教育意义和警示意义。编者作为较早从事案例教学与研究的思想政治教育专业教师，在课题研究过程中，萌生了将研究生导师立德树人的典型案例汇编成册的想法。在收集资料及调研过程中，许多研究生导师立德树人的事迹令我们深受感动，如大连理工大学的钱令希院士、吉林大学的黄大年教授等。希望以这本案例汇编，为研究生导师履行立德树人根本职责、为研究生教育事业略尽绵薄之力。

在案例编写过程中，参考和引用了大量报刊和网络文献，主要文献我们已经联系作者获得授权，在此对允许我们免费使用文献的作者表示衷心感谢！

三位编者的研究生修晓辉、苗萌、马朝晖、周丽、张雅妮、岳俊帆、孙洁、王雪莹为本书前期收集资料做了基础性工作，在此一并表示感谢！

特别感谢本书的编辑杨文霞老师！她对待编辑工作认真严谨的态度令我们深受感动和感染，同时也给予我们很多建设性的意见和建议，使我们得以顺利完成书稿的后期工作。

由于精力和水平所限，本书不足之处在所难免，真诚欢迎和感谢批评指正。

责任编辑:杨文霞
封面设计:林芝玉
版式设计:王欢欢
责任校对:吕　飞

图书在版编目(CIP)数据

“四个统一”视域下研究生导师立德树人案例汇编/刘宏伟,王新影,
李雪梅 编著. —北京:人民出版社,2019.12
(高校思想政治工作研究文库)
ISBN 978 - 7 - 01 - 021488 - 7

Ⅰ.①四…　Ⅱ.①刘… ②王… ③李…　Ⅲ.①研究生教育-思想政治教育-
案例-中国　Ⅳ.①G643.1

中国版本图书馆 CIP 数据核字(2019)第 247985 号

“四个统一”视域下研究生导师立德树人案例汇编
SIGE TONGYI SHIYUXIA YANJIUSHENG DAOSHI LIDE SHUREN ANLI HUIBIAN

刘宏伟　王新影　李雪梅　编著

人民出版社 出版发行
(100706　北京市东城区隆福寺街 99 号)

中煤(北京)印务有限公司印刷　新华书店经销

2019 年 12 月第 1 版　2019 年 12 月北京第 1 次印刷
开本:710 毫米×1000 毫米 1/16　印张:20.25
字数:301 千字

ISBN 978 - 7 - 01 - 021488 - 7　定价:56.00 元

邮购地址 100706　北京市东城区隆福寺街 99 号
人民东方图书销售中心　电话 (010)65250042　65289539